HEYNE FILMBIBLIOTHEK

Meinolf Zurhorst

ROBERT DE NIRO

Seine Filme - Sein Leben

Originalausgabe

WILHELM HEYNE VERLAG
MÜNCHEN

HEYNE FILMBIBLIOTHEK
Nr. 32/108

Herausgeber: Bernhard Matt

Meinen Eltern
M. Z.

4. Auflage

Copyright © 1987 by Wilhelm Heyne Verlag GmbH & Co. KG, München,
und Autor
Umschlagvorderseite: Pandis Media/Angeli, München
Umschlagrückseite: Kinoarchiv Hamburg
Innenfotos: Archiv Lothar Just, München; Archiv Robert Fischer,
München, Kinoarchiv Hamburg
Umschlaggestaltung: Atelier Ingrid Schütz, München
Printed in Germany 1998
Herstellung: H + G Lidl, München
Satz: Fotosatz Völkl, Puchheim
Druck und Verarbeitung: Ebner Ulm

ISBN 3-453-00121-4

Inhalt

DANKSAGUNG

Mein besonderer Dank gilt Uwe Wilk und Anne Frederiksen, ohne deren Hilfe die Arbeit an diesem Buch sehr viel mühsamer geworden wäre. Außerdem danke ich für ihre Unterstützung Lothar Just, Karsten Prüßmann, Kirsten Bollmann, J. M. Thie und last but not least meiner Freundin, ohne deren Verständnis für geplatzte Termine dieses Buch nicht so reibungslos entstanden wäre.

KAPITEL 1

Der New Yorker

Von der Straße auf die Bühne

Kritiker bejubeln ihn, Regisseure loben ihn, und das Publikum bewundert ihn – Robert De Niro, ein Filmschauspieler, wie es noch keinen gab. Ein Star, den jeder kennt und keiner erkennt. Ein Darsteller, dessen Persönlichkeit hinter seinen Rollen verschwindet. Robert De Niro – das bedeutet die Abkehr vom romantischen Starmythos des traditionellen Hollywoodkinos. Es bedeutet auch den nahezu totalen Rückzug ins Private. Er scheut die Öffentlichkeit, und auch Interviews gibt er höchst selten, eigentlich so gut wie nie. Zu Gesprächen mit Journalisten läßt er sich nur herab, wenn ihm danach ist, und das ist fast nie der Fall. Für die Boulevardpresse ist er ein unbeschriebenes Blatt, das nur selten Gelegenheit bietet, es zu füllen. Liefern andere Hollywood-Stars und -Sternchen mit ihren Scheidungen, Affären und Skandalen doch immer reichlich Stoff für irgendeine Geschichte, die mit der Wahrheit nur selten, mit dem Genius oder auch nur dem Beruf eines Schauspielers meist gar nichts zu tun hat, so unterscheidet sich Robert De Niro auch in dieser Hinsicht von seinen Kollegen.

Es ist die selbstgewählte Verweigerung eines Stars, der keiner sein will, dem die schauspielerische Entwicklung viel mehr bedeutet als das Scheinwerferlicht des Ruhms. »Es ist eine Wahl«, sagte De Niro in einem seiner seltenen Interviews, »die man selber trifft. Man erträgt ja nur ein ganz bestimmtes Maß an Berühmtheit und Rummel. Ich weiß nicht, wie gewisse andere Leute mit einem Privatleben fertig werden, das sich in der Öffentlichkeit abspielt.«[1] Und doch ist er ganz Profi, weiß sich mit den Anforderungen, die sein Beruf *auch* stellt, zu arrangieren. »Aber ich beklage mich nicht. Man muß einfach lernen, damit zu leben. Viele können das nicht. Ich weiß nicht, ob man sich jemals daran gewöhnt, aber man kommt damit zurecht. Es gibt Augenblicke, in denen das sehr hart ist oder einen nervös macht und die körperlichen Kräfte aufzehrt. Aber man lernt, sich davon nicht auffressen zu lassen; das Leben ist zu kurz, als daß man sich dadurch Angst machen lassen sollte. Man kommt damit in Berührung, ohne sich davon verletzen zu lassen. Aber immer gelingt das nicht. Es gibt immer noch Dinge, an die auch ich mich gewöhnen muß.«[2]

Dabei faszinierte ihn, gerade zehn Jahre alt, vor allem der Ruhm, der dem Schauspieler winkt. »Mit zehn Jahren träumt man von der Show, der Schönheit, dem Ruhm. Man vergißt dabei die Wirklichkeit: studieren.«[3]

Robert De Niro wurde am 17.8.1943 in der Lower East Side (»Little Italy«) von New York City geboren. Seine Eltern Virginia Admiral und Robert De Niro Sr. sind heute bekannte Künstler. Beide waren Schüler des berühmten Hans Hoffman, in dessen Klasse in Princetown, Massachusetts sie sich in den späten dreißiger Jahren kennengelernt hatten. Der Vater ist heute ein anerkannter abstrakter expressionistischer Maler und Bildhauer in Amerika. Bilder der Mutter Virginia hängen unter anderem in Peggy Guggenheims venezianischer Sammlung, wo sie der junge Robert während eines Europaaufenthalts ausgestellt sah. Virginia Admiral war damals eine der wenigen amerikanischen Künstlerinnen, deren Gemälde vom Museum of Modern Art gekauft wurden. Gleichzeitig gab sie in Princetown eine literarische Zeitschrift namens »Experimental Review« heraus, in der Arbeiten damals noch unbekannter Autoren wie Anaïs Nin und Henry Miller veröffentlicht wurden.

De Niros Vater wird von Freunden aus jener Zeit als kunstbesessen beschrieben: »Robert ist leidenschaftlich, kultiviert und sehr komplex. Seine Beschäftigung mit seiner Kunst ist für ihn eine Frage von Leben und Tod.«[4] Arbeiten von Robert De Niro Sr. hängen heute im New Yorker Metropolitan Museum, im Mint Museum von Charlotte, North Carolina und im Joseph H. Hirschborn Museum and Sculpture Garden in Washington. Seine erste Ausstellung von Rang bekam er 1947 in Peggy Guggenheims Galerie zeitgenössischer

Jugendliche Unbeschwertheit, das Leben auf der Straße

Kunst, unter anderem zusammen mit Jackson Pollock und
Mark Rothko. Die New Yorker Galeristin Berta Walker hält
De Niro Sr. für einen großen Künstler. »Durch harte Arbeit
und Aufopferung hat er eine vollständige Kontrolle über
Licht, Farbe und Linie in seinen Landschaften und Stilleben
erreicht. Diese Fähigkeit, Handwerk und Wissen seiner
Kunst mit der Klarheit seiner Vision zu verbinden, ist die
Grundlage seiner Vollkommenheit als Maler – das Ergebnis
ein Werk der Liebe, ein Ausdruck seiner Erfahrung. Heute
zählt er wahrlich zu den amerikanischen Meistern.«[5]
Als Robert zwei Jahre alt war, ließen sich seine Eltern schei-
den. Der Junge zog mit seiner Mutter aus dem Apartment in
der Bleeker Street, das mehr Treffpunkt gleichgesinnter und

-gestellter Künstlerfreunde als Zuhause war. Sie nahmen sich eine Wohnung in der West 14th Street, wo Virginia Admiral, damals die Freundin des Filmkritikers Manny Farber, eine Druckerei eröffnete. »Seine Kindheit muß brutal und einsam gewesen sein« meint De Niros langjährige Freundin und Mentorin Shelley Winters. »Der Vater schlug sich mehr schlecht als recht mit seiner Malerei durch, die Mutter hatte nach der Scheidung eine kleine Druckerei eröffnet. Es reichte nicht zum Leben und nicht zum Sterben, Robert hatte keine Bezugsperson, seine Heimat war die Straße.«[6] Es heißt, daß der junge Robert De Niro, den man wegen seiner Blässe »Bobby Milk« rief, sehr scheu war. Er flüchtete sich entweder in Phantasiewelten oder auf die Straße. »Wie so viele Kinder dieser unheimlich starken New Yorker Nachkriegskünstler-Generation«, erinnert sich ein Freund der Familie, »wurde auch der junge De Niro von seinen Eltern nicht gerade verwöhnt. Als Kind war Bobby viel auf der Straße. Aber er war nicht aufsässig.«[7] Ein Jugendfreund erinnert sich daran, den jungen De Niro meist mit einem Buch unter dem Arm gesehen zu haben, während die Wohnung an der 14. Straße als voll mit Hüten und Kostümen beschrieben wird.

Im Alter von zehn Jahren spielte der junge Robert De Niro in einer Schüleraufführung des musikalischen Märchens »The Wizard of Oz« an Manhattans P.S. 41 den »Cowardly Lion«. Es hatte ihn gepackt. Fortan blieb er dem Schauspielen treu, auch wenn seine Mutter es eine Zeitlang lieber gesehen hätte, wenn ihr Sohn Biologe geworden wäre. »Ich wollte schon mit zehn Jahren Schauspieler werden.« Er erinnert sich: »Meine Eltern waren Maler, und ich hielt sie für Bohemiens. Um mich von ihnen zu lösen und auch aus Rebellion führte ich anfangs ein sehr konventionelles Leben. Aber dann bin ich, eine richtige Entscheidung, auf eine Theaterschule gegangen – ich wußte, daß nur gesellschaftliche Gründe mich auf die Universität geführt hätten. Ich hatte mich entschlossen, nur das zu tun, was ich wollte: den Beruf des Schauspielers zu lernen. Meine Eltern haben mich unterstützt und verstanden. Ihnen gefiel es, daß ich kein Versicherungsagent wurde und mich nicht mit einer klassischen beruflichen Laufbahn zufriedengab.«[8] Er wechselte an die Rhodes High School und dann für ein Semester an die High School of Music and Art. Mit 16 verließ er die Schule. Er ergatterte ein erstes professionelles Engagement für eine High-School-Tournee mit Tschechows »Der Bär«, die ihn durch New England und New York führte. Weitere schauspielerische Praxis sammelte er in den folgende Jahren auf Tourneen durch den Süden der USA und in Dinnershows. »Ich reiste durch den Süden und trat in Dinner-Theatern auf – in Komödien in der Art von Neil Simon und Ähnlichem.«[9] Auf dem Programm standen Stücke wie »Cyrano de Bergerac«, »Long Day's

In der Pose des erwartungsvollen Liebhabers

Journey Into Night«, »Generation« und »Tchin-Tchin«, worin er jeweils größere Rollen spiele. Bereits 1960 hatte er damit begonnen, an Schauspielkursen teilzunehmen, darunter auch in denen der berühmten Schauspiellehrerin Stella Adler.

1968 dann spielte Robert De Niro in der Off-Broadway-Produktion »Glamour, Glory and Gold« von Jackie Curtis. Der Untertitel des Stückes umreißt den Inhalt. »The Life and Legend of Nola Noonan: Goddess and Star«. Darin geht es um eine Kellnerin, die zum Hollywood-Star avanciert, dann aber durch ihre haltlose Sauferei alles wieder verliert. Robert De Niro spielte in fünf Rollen die wechselnden Liebhaber und Schauspielpartner Nolas. Sally Kirkland, die mit De Niro zwei Jahre später in dem Shelley-Winters-Stück »One Night Stands of a Noisy Passenger« auftrat, hatte ihren zukünftigen Partner auf der Bühne erlebt: »Ich habe noch niemals so etwas Brillantes gesehen. Ich ging hinter die Bühne und sagte ihm: ›Weißt du, daß du einer der unglaublichsten Stars sein wirst?‹ Er war ungeheuer schüchtern. Ich dachte, daß ich ihn damit vielleicht in Verlegenheit brachte. Aber ich merkte, daß er dies mehr als alles andere wollte.«[10] Auch die Kritik, die dem Stück ansonsten eher skeptisch gegenüberstand, bescheinigte De Niro großes Talent und empfahl, seine weitere Karriere im Auge zu behalten.

In Shelley Winters' Dreiakter »One Night Stands of a Noisy Passenger« trat Robert De Niro – inzwischen hatte er bereits in einigen Filmen mitgespielt – erneut auf der Bühne in Erscheinung, allerdings nur sieben Tage lang, denn danach wurde das am 30. Dezember 1970 am New Yorker Actors Playhouse uraufgeführte Pop-Stück mangels Zuschauerzuspruchs abgesetzt. Shelley Winters, einer der Stars unter den Schauspielern des Method Acting, eine einst sehr schöne Frau, die mit zunehmendem Alter an Figur verloren hatte und sich nun aufs Charakterfach verlegte, wobei sie einen bewundernswerten Mut zur Häßlichkeit bewies, hatte De Niro in einem experimentellen Hinterhof-Theater entdeckt. »Wenn er sich über die Bühne bewegte«, erinnert sie sich, »fühlte man Blitze zucken. Es prickelte. Ich hatte so etwas

seit den Vierzigern nicht mehr gefühlt und gesehen, seit ich
Brando in einem Stück, daß nach vier Aufführungen abge-
setzt wurde, gesehen hatte.«[11]
Die Schauspielerin Sarah Miles *(Blow Up, Ryan's Daughter,
The Big Sleep)* war es, die Shelley Winters auf De Niro aufmerksam gemacht hatte. Die Winters schlug ihren neuen
Protegé dann dem Regisseur und Produzenten Roger Corman für die Rolle einer ihrer Söhne in *Bloody Mama* vor.
Corman wurde vielleicht weniger bekannt durch die Qualität
seiner Low-Budget-Filme, eher wohl als Förderer solch be-
rühmter Regisseure wie Martin Scorsese und Francis Ford
Coppola. Ihre mütterlichen Gefühle im Film übertrug Shelley Winters dann auch aufs Privatleben.»Lassen Sie es uns so
ausdrücken. Ich hatte mit Bobby eine größere Romanze als
mit irgendeinem meiner Liebhaber. Machen Sie daraus besser ›als irgendeiner meiner Ehemänner‹. Nein, ich glaube,
Liebhaber ist doch besser. Ich bin Bobbys italienische Mutter. Oder vielleicht bin ich auch seine jüdische Mutter, und
wenn ich das bin, dann ist er mein jüdischer Sohn. Bobby
braucht jemanden, der sich um ihn kümmert. Er trägt noch
nicht einmal einen Mantel im Winter. Wußten Sie, daß er, als
wir *Bloody Mama* da unten in den Ozarks drehten, keine Ah-
nung hatte, wieviel Gage er dafür bekommen sollte? Als ich
herausbekam, wie wenig sie ihm bezahlten, verlangte ich,
daß man ihm wenigstens seine Auslagen ersetzte. Natürlich
war Bobby pleite, aber er wird sich nie etwas leihen, deshalb
muß man Wege finden, ihm Geld zu geben, ohne daß er
merkt, daß man ihm Geld gibt.«[12]
Das Stück von Shelley Winters, in dem Robert De Niro auftrat, bestand aus drei Einaktern. Im ersten – »The Noisy Passenger« – ging es um eine junge, aufstrebende Schauspielerin
(Sally Kirkland), deren politisches Bewußtsein sich durch
eine Bekanntschaft mit einem Marxisten (Richard Lynch)
entwickelt. Der zweite Teil »Une Passage« beschrieb das
Verhältnis der gleichen Schauspielerin, nun dargestellt von
Elizabeth Franz, das diese ein paar Jahre später in Rom zu
einem verheirateten Produzenten (Sam Schacht) unterhält.
Die letzte Episode zeigte wiederum die gleiche Schauspiele-

Demonstration des Durchsetzungsvermögens

rin, nun ein »Oscar«-preisgekrönter Star (und dargestellt von Diane Ladd), die auf dem Höhepunkt ihrer Karriere in eine Krise gerät und sich nach einem Rauschgifttrip im Bett eines Hippies (Robert De Niro) wiederfindet, der nicht nur das Method Acting übt, sondern überdies auch noch ein bisexueller Karatespezialist ist. De Niros 15minütiger Auftritt beinhaltete die Zerschlagung eines Brettes durch einen gezielten Karateschlag. Dafür übte er mehrere Monate die asiatische Kampfsportart.

Trotz des unverkennbar autobiographischen Stoffes aus der

wechselhaften, skandalträchtigen Karriere von Shelley Winters wurde das Stück nach nur sieben Spieltagen abgesetzt. Die Kritik verriß die Reflexionen einer alternden Schauspielerin einhellig, lobte aber wiederum den Nachwuchsdarsteller Robert De Niro. Ein im Dezember 1970 ausgebrochener Schauspieler-Streik tat ein übriges, das Stück durchfallen zu lassen.

Nicht viel besser erging es ein Jahr später dem Stück »Kool-Aid« von Merle Molofsky, das am 3. November 1971 vom Repertory Theatre am Lincoln Centre herausgebracht wurde. Nach nur drei Tagen und sechs Aufführungen wurde der Zweiakter wieder abgesetzt. Robert De Niro, zusammen mit Kevin O'Connor der Star der Produktion, spielte darin zwei Rollen. In »Three Street Koans« lungert er in einer Gruppe von Rauschgiftsüchtigen an Manhattans Upper West Side herum, die eine der ihren nach einer tödlichen Überdosis in den Hudson warfen. In »Grail Green« spielte er einen Bewohner des Wassermann-Zeitalters, der Schwierigkeiten mit seinem Guru hat. Beide Einakter demonstrierten in aufgesetzter, penetranter Symbolik die angeblichen Gefahren für die junge Generation: Rauschgift, Hippietum und Mystizismus – Zeichen einer Zeit, in der sich in den USA (durch den Vietnamkrieg) die Werte veränderten und die Gesellschaft verunsichert wurde. In seinen Filmen mit Martin Scorsese, vor allem *Mean Streets* und *Taxi Driver,* sollte Robert De Niro kurze Zeit später zum idealen Interpreten dieser Strömungen werden.

Auch mit seinem vorläufig letzten Stück, dem am Manhattan Theatre Club am 13. Juni 1973 uraufgeführten »Schubert's Last Serenade«, hatte De Niro wenig Erfolg. Bereits am 17. Juni wurde das Stück wieder abgesetzt, Robert De Niro spielte darin den Bauarbeiter Alfred, der eine Liebesaffäre mit einer Studentin (Laura Esterman) hat. In einem Restaurant versuchen die beiden ihrer Beziehung auf den Grund zu gehen. Sie fragten sich, ob es sich dabei wirklich um Liebe handle, wer in wen verliebt und ob es Zufall oder Bestimmung gewesen sei. Autorin und Regisseurin des Stückes war die Schauspielerin Julie Bovasso, die sich noch gut an den

Star ihrer Aufführung erinnert, den sie im übrigen bereits seit dessen siebten oder achten Lebensjahr kannte: »In den ersten Probewochen dachte ich: ›Oh mein armes Stück.‹ Er erarbeitete seine Darstellung auf Wegen, die manchmal sehr verschlungen schienen. Eine Szene wollte er spielen, während er auf Brotstücken kaute. Voller Zweifel ließ ich ihn, und drei Tage lang verstand ich kein Wort meines Stückes – es war alles durch Brotstücke verstümmelt. Aber ich sah, daß etwas passierte, daß er zu irgend etwas eine Verbindung herstellte, zu einer Art clowneskem Element. Bei der Kostümprobe kam er ohne die Brotstücke. Ich fragte ihn: ›Bobby, wo sind die Brotstücke?‹ Und er antwortete einfach nur: ›Ich brauche sie nicht mehr.‹«[13]

In diese Zeit fielen auch De Niros erste große Filmerfolge *Bang the Drum Slowly* und vor allem Scorseses *Mean Streets*. Und es war die Zeit, als er Diahnne Abbott kennen- und liebenlernte. Freunde hatten den scheuen De Niro auf eine Party mitgenommen. »Sie mochte mich sofort, und ich mochte sie, also haben wir uns davongemacht. Am Ende des ersten Monats stellten wir fest, daß wir so viel Zeit zusammen verbrachten, daß es am besten schien, wenn sie in meine Wohnung zog. Ich lud sie ein, sie kam.«[14] Die Hochzeit zwischen dem aufstrebenden Jung-Star aus Little Italy und der nahezu unbekannten schwarzen Sängerin und Schauspielerin fand im Frühjahr 1976 in der New Yorker Ethical Culture Society statt. Traugäste waren De Niros Freunde und Kollegen Shelley Winters, Julie Bovasso, Sally Kirkland, Harvey Keitel und »seine« Regisseure John Hancock, Martin Scorsese, Elia Kazan sowie die Produzenten Sam Spiegel und Joseph Papp. Die Ehe nahm aber bald einen anderen Verlauf, als gemeinhin zu erwarten war, was vor allem an De Niros Einstellung zur Rolle seiner Frau zu liegen scheint. »Freund, Weib, Frau – in dieser Reihenfolge. Obwohl wir verschiedene Backgrounds haben, passen wir ideal zusammen – nicht nur in den großen Dingen, sondern auch wenn es um die einfachen Freuden geht: essen, Musik hören, Tennis, Golf. Unsere Beziehung ist wie ein Puzzle. Das Ganze ist erfreulicher als die Einzelteile.«[15]

»Der Fahrer ist allem Unerwarteten aufgeschlossen«

1977 beziehen die De Niros ein komfortables, weiträumiges Ranchhaus in Brentwood bei Los Angeles. Zusätzlich haben sie noch eine Wohnung im Greenwich Village. Nach ihrer Hochzeit verbringen beide ihre Zeit häufig voneinander getrennt in den verschiedenen Wohnungen. De Niro bevorzugt New York, während Diahnne Abbott mit ihrer Tochter Drina und dem gemeinsamen Sohn Raphael meist in Kalifornien lebt, wo sie eine eigene Karriere aufzubauen versucht. Ihre Ehe macht ihr dies nicht gerade leicht. »Mit einem Star verheiratet zu sein, kann gut und schlecht sein. Ich kann mehr

17

Leute treffen. Aber sehr oft denken Produzenten bei der Besetzung nicht an mich. Sie halten mich einfach nur für die Frau eines Stars ... Ich versuche es alleine, so als ob ich alleinstehend oder nur mit einem Krankenpfleger verheiratet sei. Mein Mann kennt das alles und fühlt mit mir. Aber er ist für mich auch eine Quelle der Inspiration. ... Jetzt glaube ich, daß es möglich ist, eine gute Arbeit zu machen, kreativ zu sein, seine Integrität zu bewahren und trotzdem dabei in Amerika berühmt zu werden.«[16]

Gelegentliche Affären scheinen das Verhältnis nicht zu stören. Zusammenleben tun beide nur, wenn ihnen danach ist. Ihre Trennungen sind häufig, aber nie von langer Dauer oder gar endgültig. »Robert und ich haben unsere eigenen Standpunkte«, sagt Diahnne Abbott, »und das bedeutet nicht immer, daß wir die ganze Zeit zusammen sein müssen.«[17]

1982 verbreitet die amerikanische Regenbogenpresse, daß Robert De Niro Vater einer kleinen Nina sei, der Tochter der schwarzen Sängerin, Songwriterin und früheren Background-Stimme Bob Dylans, Helena Springs. Demnach soll De Niro Helena Springs mit Geschenken und Geld überhäuft und seiner angeblichen Tochter Nina bei ihrer Geburt einen Wertfonds eingerichtet haben. Helena Springs dementierte im »Rolling Stone«, daß De Niro Vater ihres Kindes sei, wenngleich sie ein Verhältnis mit dem Star eingestand, aber über dessen Veröffentlichung sehr ungehalten war.[18] Und 1986 sagte ihm die Boulevardpresse ein Verhältnis mit Ali MacGraw *(Love Story)* nach.[19]

Zur Bühne kehrte Robert De Niro erst 1986 zurück. In dem ersten aufgeführten Stück des Nachwuchsautors Reinaldo Povod spielte er Joseph Cuba, einen Einwanderer aus Mittelamerika, der seinen Lebensunterhalt als Rauschgifthändler verdient und Schwierigkeiten mit seinem Sohn Teddy hat. Cubas größtes Anliegen aber ist, sein Haus in Ordnung und Sauberkeit zu halten und seine religiösen Pflichten zu erfüllen. Er übersieht darüber lange Zeit, daß sein Sohn rauschgiftsüchtig ist und mit Heroin experimentiert. Außerdem versteht er nichts von Teddys Bemühungen, Dramatiker zu werden und einen »Tony« (den amerikanischen Theater-

»Oscar«) zu gewinnen. So kommt es zur unausweichlichen Konfrontation zwischen Vater und Sohn.

Das Stück war schon voŕ seiner Uraufführung am 18.5.1986 im New Yorker Public Theater ausverkauft. Der Grund war sicherlich die Besetzung der Hauptrolle mit Robert De Niro, dem in New York seit seinen Filmen *Mean Streets* und *Taxi Driver* schon fast kultische Verehrung entgegengebracht wird. Dennoch kommentierten die Kritiker De Niros Auftritt eher zurückhaltend. »De Niro hat auf der Bühne nicht die bezwingende Kraft, die man immer wieder in seinen Filmen bewundern kann. Er spielt den Joseph, und er spielt ihn glaubhaft in seinem Schwanken zwischen sinnloser Gewaltandroherei und liebevoller Fürsorge für das Fortkommen des Sohnes. Doch das Stück liefert einfach zu wenige Anlässe für dramatische Charakterentfaltung, am ehesten noch gegen

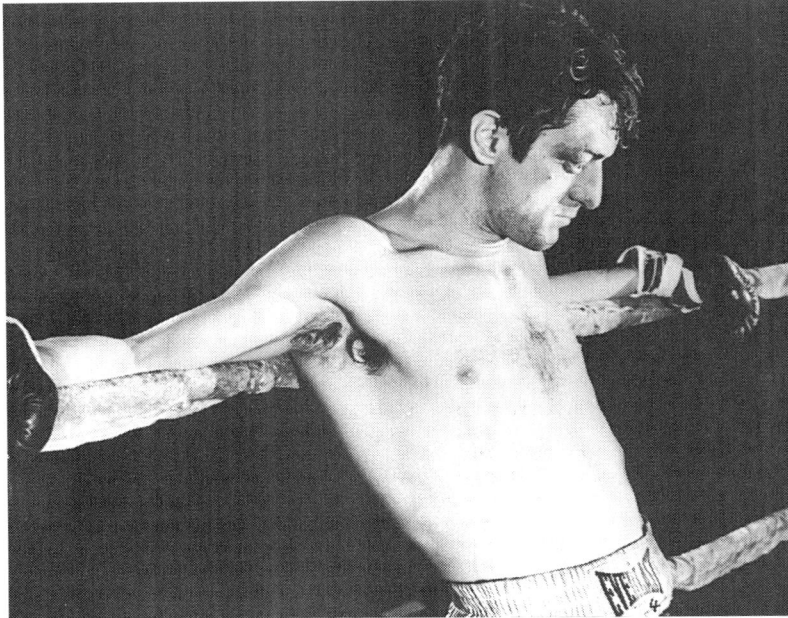

Die Lust an der Qual

Ende des zweiten Aktes in einer heftigen Auseinandersetzung mit dem Sohn, dessen Neigung zu Rauschgift und Dichtkunst dem Alten bis dahin verborgen geblieben war. Was einem Dustin Hoffman oder Al Pacino in vergleichbaren Fällen sehr wohl gelungen ist: ein schwaches Stück ›durchzuziehen‹ – Robert De Niro schafft es hier nicht.«[20] Und ein anderer: »De Niro ist ein brillanter Schauspieler, eine nicht vorausberechenbare Mischung aus Gewalt und Zärtlichkeit. Bei seiner Rückkehr auf die Bühne, nach einer viel zu langen Abwesenheit, zeigt er eine irdische Natürlichkeit und eine Fähigkeit, sein Star-Charisma aufzuheben. Kunstvoll ordnet er sich in die Schauspielgruppe ein. Zweierlei jedoch kann er nicht: Trotz seiner struppigen Ähnlichkeit zu Fidel Castro scheint er niemals ein Hispano zu sein, und es gelingt ihm nicht, Cubas Geschichte zwingend zu vermitteln. Das Stück hat eine authentische Atmosphäre, und die Darstellungen gewinnen in beinahe jeder Hinsicht durch ein realistisches Verhalten. Im Kern aber ist dies eine überaus schematisierte Geschichte von einem ungebildeten eingewanderten Vater und seinem mißverstandenen Sohn. Sowohl Inhalt wie Moral der Geschichte sind unpräzise, während das Stück selbst für seine engen Dimensionen zu lang ist.«[21]

Überdies bemängelten die New Yorker Kritiker, daß dem Stück von Reinaldo Povod die lebendige Authentizität eines ebenfalls von der Hispano-Minderheit handelnden Dramas wie »Short Eyes« von Miguel Pinero fehle, einem Autor, der als kolumbianischstämmiger Rauschgiftboß Calderone in einigen Epidosen der TV-Serie *Miami Vice* mitwirkte. Nach dem dennoch riesigen Erfolg an der relativ kleinen Greenwich-Village-Bühne kam die Joseph-Papp-Produktion wenig später an den Broadway, wo sie mit 525.000 Dollar Vorverkaufseinnahmen der Renner des schwachen New Yorker Theatersommers 1986 war.

Neben Robert De Niro wirkten eine Reihe anderer bekannter Darsteller mit. Den Sohn Teddy spielte Ralph Macchio, der durch seine beiden *Karate-Kid*-Filme, die zu den großen Erfolgen des US-Kinos in den achtziger Jahren zählen, zu einem weltberühmten Teenie-Star avancierte. Für ihn be-

In Christus-Pose

deutete die Rolle des Teddy sein Bühnendebüt. So erstaunt es nicht, daß seine Darstellung als zu künstlich und offensichtlich kritisiert wurde. Allgemein bejubelt wurde Burt Young als Jackie, der Partner Cubas. Young zählt zu den renommiertesten und gefragtesten Nebendarstellern im Hollywood-Kino. Weltbekannt wurde der untersetzte Schauspieler mit Glatze und einigen Löckchen als Sylvester Stallones fetter, schmieriger Schwager in den *Rocky*-Filmen.

Noch ist nicht abzusehen, ob Robert De Niro, durch den Erfolg von »Cuba« ermutigt, in weiteren Bühnenaufführungen mitwirken wird. Doch er scheint auch gemerkt zu haben, daß die Fähigkeiten eines Filmschauspielers nicht unbedingt für das Theater ausreichen. Vielleicht, weil auch er aus einer schauspielerischen Schule stammt, die als »Method Acting« vor allem dem amerikanischen Film seit den fünfziger Jahren ein anderes Gesicht gegeben hatte – die Psyche des Menschen gewann in ihren Darstellungen erstmalig einen Ausdruck auf der Leinwand.

21

KAPITEL 2

Transformation der Persönlichkeit

Die Schauspiel-Methode

Auch Robert De Niro hat Vorbilder. Es sind Schauspieler, die eine Epoche prägten. James Dean etwa oder Montgomery Clift. Vor allem aber Marlon Brando. Schauspieler, die ihren Rollen eine bis dahin im Kino nahezu unbekannte psychologische Realität verliehen, die durch ihre darstellerische Leistung und ihre physische Leinwandpräsenz zu Stars, mehr noch, zu Ikonen avancierten. Es sind Darsteller, die in ihren Rollen aufgingen und sich ihnen in ennervierenden Proben und Wiederholungen zu nähern versuchten. Robert De Niro verkörpert das Extrem dieser Methode. Seine Persönlichkeit verschwindet nahezu völlig hinter der Filmfigur. Seine Darstellungen sind intensives Erleben eines Rollencharakters. Seine Physis unterwirft sich auch körperlichen Veränderungen bis an die Grenze der Belastbarkeit. »Er lebt in den Körpern anderer Leute«, sagt der Drehbuchautor (u. a. von *Taxi Driver*) und Regisseur Paul Schrader über De Niro.[1] Und Marlon Brando: »Ich bezweifle, daß er weiß, wie gut er wirklich ist.«[2]

Ebenso wie die jungen Brando und Dean verkörpert auch der junge Robert De Niro das Bild eines unruhigen Amerikas (in dem Falle der Vietnamkriegs- und der Vor-Reagan-Ära) auf der Suche nach einer eigenen Identität. Doch während die beiden Stars der Fünfziger zunächst auf einen Rollentypus (den des rebellischen, fragenden Jugendlichen) festgelegt wurden, entzieht sich De Niro schon seit Beginn seiner Karriere von Film zu Film mehr einer eingrenzenden Schematisierung. Von Rolle zu Rolle stärker nimmt der Schauspieler die Persönlichkeit seiner Rollen an – es gibt kein klar umrissenes Bild mehr von seiner Person, er geht in vielen verschiedenen Charakteren auf, sein Bild verwischt sich so sehr, daß er auch heute noch unerkannt durch New York oder Pa-

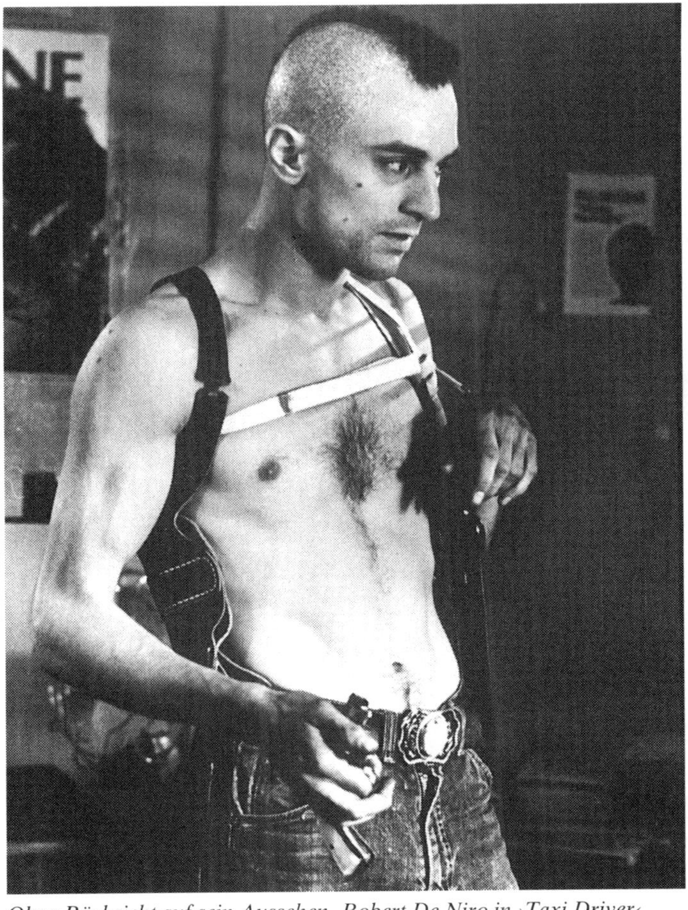

Ohne Rücksicht auf sein Aussehen, Robert De Niro in ›Taxi Driver‹

ris, wohin er häufig fährt, schlendern kann. Der Star ist hinter seinen Rollen zurückgetreten.

Robert De Niro ist ein schockierender Schauspieler, dessen unbändige Energie sich vor allem auf die Darstellung negativer Charaktere konzentriert. Das sind keine Schurkenrollen nach dem hergebrachten, traditionellen Schema von Gut und

Böse – De Niro bringt mit instinktiver Sicherheit und beängstigender Plastizität die verborgene Psyche des Menschen, seine inneren Konflikte und Schwächen auf die eindimensionale, flächige Leinwand.

1960 hatte er mit seinen Schauspielstudien an Stella Adlers Conservatory, an dem auch Marlon Brando eingeschrieben war, begonnen. Zwischen 1973 und 1976 war er häufig an dem von Lee Strasberg (der 1982 verstarb) und Elia Kazan gegründeten Actors Studio Gasthörer. An diesen beiden Schauspieler-Labors wurde vor allem nach Methoden und Möglichkeiten gesucht, das komplizierte Innenleben eines Menschen glaubhaft und realistisch darzustellen. »Die Bekanntschaft des Schauspielers mit der Rolle gleicht der Begegnung zweier zukünftiger Ehegatten«, schrieb der sowjetische Theaterpädagoge und Schauspieltheoretiker Konstantin Sergejewitsch Stanislawski in seinem Buch »Die Arbeit des Schauspielers an der Rolle.«[3] »Meine Methode ist auf der Verschmelzung des Inneren mit dem Äußeren aufgebaut.« Adler und Strasberg orientierten sich in ihrer Arbeit an dieser Devise. Strasberg hatte die Stanislawski-Truppe vom Moskauer Künstlertheater Ende der zwanziger Jahre in New York erlebt und war seitdem von dessen Arbeit und theoretischen Überlegungen überzeugt.

In seinem Buch beschreibt Stanislawski durch die fiktive Figur des Regisseurs Arkadi Nikolajewitsch Torzow die vielfältigen Prozesse, Bedingungen, Voraussetzungen und die Methodik schauspielerischer Techniken. Am Anfang aller Arbeit auf der Bühne oder vor der Kamera steht bei ihm die Analyse einer Rolle durch ihren Darsteller. »Der Zweck der Analyse besteht darin«, schrieb Stanislawski, »die Erreger der künstlerischen Begeisterung zu suchen, ohne die man sich der Rolle nicht schöpferisch nähern kann. Der Zweck der Analyse besteht außerdem darin, sich eindringlich *in die Seele der Rolle zu vertiefen,* um ihre einzelnen Elemente, ihre Natur, ihre ganze innere Welt und das ihr innewohnende *geistige Leben* zu studieren. Der Zweck der Analyse besteht ferner darin, die äußeren Lebensverhältnisse und Ereignisse des Stückes zu studieren, soweit sie auf das innere Leben der

Rolle einwirken. Endlich besteht der Zweck der Analyse
darin, in der eigenen Seele die gemeinsamen und der Rolle
verwandten Gefühle, Empfindungen, Erlebnisse und Elemente für die Annäherung zu suchen, kurz, das für unser
Schaffen erforderliche Material auszuwählen.« Dazu analysiert der Schauspieler einen Stoff, indem er seine Rolle zer-
gliedert, jedes Einzelteil untersucht und hernach das Ganze
unter verschiedenen Gesichtspunkten neu erschafft. Neben
der Dramaturgie der Geschichte ist die Atmosphäre eines
Stoffes dabei von Bedeutung: Lebensform, Sitten und Ge-
bräuche des Charakters, die – auch wenn sie historisch sind –
recherchiert und gefühlt werden sollen. Darüber hinaus forderte Stanislawski von seinen Schauspielern die Beschäfti-

*Auch die Kultfigur James Dean (In Elia Kazans ›Jenseits von Eden‹)
lernte im Actors Studio*

gung mit den psychologischen Fragen, Fragen nach der Stimmigkeit und Logik von Gefühlen und innerer Charakterzeichnung. Doch auch mit der physischen Erscheinung und Beschaffenheit ihrer Rollenfigur sollen sich die Schauspieler nach Stanislawski auseinandersetzen. Das beinhaltet für die schauspielerische Arbeit die Beschäftigung mit Maske, Kostüm, Umgangsformen, Angewohnheiten, Aussehen und Ähnlichem.

Die Analyse wird bei Stanislawski zu einem Werkzeug der Erkenntnis, die für einen Schauspieler der Empfindung gleichzusetzen ist. Nur die Empfindung ermöglicht es ihm, alle Nuancen einer Rolle ebenso aufzuspüren wie die verborgenen Erfahrungen der eigenen Psyche. Die Erarbeitung einer Rolle wird für den Schauspieler zu einer Reise in sein schöpferisches Unterbewußtsein, zu einer archäologischen Erkundungsfahrt in verborgene Bereiche seiner Intuition.

»Natürlich bringt man immer etwas von sich selbst in einen Part ein«, erläutert De Niro seine Methode, »aber für mich heißt Schauspielen, verschiedene Rollen darzustellen und sich der Realität eines Charakters so weit wie möglich zu nähern: seinen Lebensstil zu erfassen, zu lernen, wie er seine Gabel hält, wie er sich durchsetzt, redet, sich gegenüber anderen Leuten verhält. Das fällt schwer, denn man muß immer Ausschau halten. Manchmal entdeckt man gar nichts, manchmal ist man inspiriert und sieht eine Menge aufregender Dinge. Deshalb reise ich gerne umher, bevor ich eine Rolle spiele ... so habe ich das Gefühl, daß ich so gut es geht vorbereitet bin.«[4]

Die Beschäftigung mit dem Detail, das Einbringen persönlicher Erfahrungen ist nach Stanislawski wichtig für den Schauspieler, der über die Konstruktion des »physischen Lebens« zum Ausdruck des »seelischen Lebens« findet. Der Schauspieler wird in dieser Phase zu seinem eigenen Regisseur. »Man muß dabei von Fall zu Fall vorgehen«, meint De Niro, »denn jede Situation beinhaltet besondere Probleme. Bezogen auf die Rollen kann die Vorbereitung sehr physisch sein oder, im Gegensatz dazu, völlig introvertiert. Manchmal muß man das Kostüm anziehen, das die Rolle verlangt, um das Verhalten zu begreifen und die Art des Gehens, die einen glaubwürdig macht. Im Prinzip treffe ich diese Entscheidungen alleine, je nachdem, was ich für die Figur für richtig halte. Aber das bedeutet auch, daß der Regisseur dich hundertprozentig unterstützt, auch wenn er selbst noch zweifelt.«[5]

Das intensive Erproben, die minutiöse Vorbereitung auf eine Rolle, für die De Niro zum einen bewundert, zum anderen (vor allem wohl von Produzenten) gemieden wird, läßt den Schauspieler nach Stanislawski eine Echtheit der Handlungen erreichen, die zur Voraussetzung von glaubwürdigen Gefühlen und intuitivem Erleben wird. Strasberg erweiterte diese Methode um die psychologischen Erkenntnisse Freuds. Mittels Konzentrations- und Erinnerungsübungen versuchte er das psychische Reservoir eines Schauspielers anzuzapfen. »Wenn der Künstler sich physisch richtig eingelebt hat«, dozierte Strasberg, »muß das Gefühl in geringerem oder stärkerem Grade darauf reagieren. Und demnach ruft das *körperliche Leben,* das aus der Rolle entnommen ist, ein analoges *seelisches Leben* dieser Rolle hervor. Die Folgerung ist, daß das *körperliche Leben* der Rolle wesentlich dazu beiträgt, ihr *seelisches Leben* herauszubilden. Wie Ihnen bekannt ist, spiegelt sich das Leben des Geistes im Leben des Körpers wider und umgekehrt: Auch das Leben des Körpers kann sich im Leben des Geistes widerspiegeln. Die direkte Einwirkung auf den launenhaften inneren schöpferischen Apparat des Künstlers ist schwieriger, unfaßbarer und weniger fühlbar als die unmittelbare Einwirkung auf den physischen Apparat, der einem Befehl williger folgt. Es ist leichter, über den Körper zu gebieten als über das Gefühl. Wenn daher das *seelische Leben* der Rolle nicht von selbst entsteht, dann schaffen Sie ihr das *körperliche Leben.* (...) Aber das genügt noch nicht, denn meiner Methode liegen noch weit wichtigere Erfahrungen zugrunde. Sie bestehen darin, daß das körperliche Leben nicht umhinkann, auf das geistige Leben zu reagieren: natürlich unter der Bedingung, daß der Schauspieler auf der Bühne wahr, zweckdienlich und produktiv handelt. Und diese Voraussetzung ist deshalb so ganz besonders wichtig, weil in der Rolle, mehr als im Leben selbst, beide Linien – die innere

Montgomery Clift in ›Ein Platz an der Sonne‹ von George Stevens:
Psychologie auf der Leinwand

und die äußere – übereinstimmen und zusammen zum gemeinsamen schöpferischen Ziel hinstreben müssen.«
Auch Stella Adler, die wohl einflußreichste Lehrerin De Niros, hielt ihre Studenten dazu an, eine eigene kreative Imagination zu entfalten und ihren Charakteren eine Biographie
und ein Alltagsleben zu geben. Dazu ist nach Stella Adler nötig, daß sich ein Schauspieler mit seiner Umwelt beschäftigt,
mit der Natur, aber auch mit religiösen und philosophischen
Fragen. »Man muß wissen« lehrt sie, »wie der Mensch sich
entwickelt, wie er Gebäude und Kirchen errichtet, wie er sich
mit einer Armee umgeben hat. Alles muß von Anfang an aufgebaut werden, so daß der Schauspieler von der Kultur einer
Zeit vollständig beherrscht wird. Wenn man Versailles und

den König nicht kennt, weiß man nicht, was Macht ist.« Im Unterschied zu Strasberg, der – näher an Stanislawski – von seinen Schülern forderte, sich zunächst mit ihrem Innenleben zu beschäftigen, probt Stella Adler die Verinnerlichung externer Anregungen. »Adler weist ihre Studenten an, innerhalb des Handlungsortes und der Situation eines Stücks zu bleiben. Ihre Vorstellung ist, daß der Schauspieler sich nicht die Aussagen eines Autors durch die Selbstanalyse aneignet, wie es im Actors Studio geschieht, sondern daß er schrittweise aus sich herausgeht und seiner Imagination erlaubt, sich frei aufgrund der Hinweise des Autors zu entfalten.«[6] Auch Robert De Niro betrachtet ein Drehbuch nur als Anhaltspunkt für seine Arbeit, die aus dem literarischen Gerippe ein Stück Leben entstehen lassen soll. »Viele Drehbuchautoren wissen nicht mehr über eine Figur als man selbst. Handelt es sich um einen Autor, der sehr persönlich schreibt, hat man vielleicht den Eindruck, daß er seine persönlichen Gefühle in eine Figur legt. Es könnte (aber auch) ein Baseball-Spieler sein. Er weiß aber nicht, wie diese Leute sich in einer bestimmten Situation professionell verhalten. Dann muß man es selbst herausfinden, weil man weiß, daß er es nicht kennt. Mit anderen Worten, es liegt an dir als Schauspieler, diese Details für dich herauszufinden.«[7]

De Niros enger Freund und Schauspielerkollege Harvey Keitel, mit dem zusammen er durch die Scorsese-Filme *Mean Streets* und *Taxi Driver* bekannt wurde, erläuterte in einem Interview ihre Methode. »Man bekommt das Drehbuch und analysiert es. Man gräbt sich darin ein, um zu entdecken, woher der Charakter kommt, was sein Hintergrund ist, was er tut, was seine Wünsche und Ängste sind, wie er lebt – man analysiert das, was der Autor sich vorgestellt hat. All das sind Hausarbeiten. Und *dann* sind da noch vor den Dreharbeiten die Proben, auf denen man herausfindet, was die anderen Schauspieler vorhaben und ob das zusammenpaßt. Und wenn die Kameras laufen, gibt es immer etwas Improvisiertes, Spontanes. (…) Man muß wissen, wie sich Vater und Mutter der Filmfigur miteinander vertragen haben, wie seine Kindheit und sein Zuhause war. Ich muß wissen, ob er nicht aufs College gegangen ist oder warum er nur ein Jahr blieb oder ob er graduierte. Ich muß seine Ansichten zu den verschiedensten Dingen kennen. Der Schauspieler erschafft diese Dinge; der Schauspieler kreiert die Vergangenheit des Charakters. Meistens ist nichts davon im Drehbuch. Es gibt Andeutungen, aber ein Drehbuch ist grundsätzlich nur ein Gerüst.«[8] Vor den Dreharbeiten zu Michael Ciminos *The Deer Hunter* bereiste Robert De Niro Schauplätze des Films, um das Milieu, in dem er einen Stahlarbeiter verkörpern sollte, zu ergründen. De Niro lebte mit ihnen zur Rollenvorbereitung vor Ort und wurde nahezu selbst einer von ihnen. »Schauspieler müssen sich ihrer Umgebung kompromißlos aussetzen und davon in ihrem Denken besessen sein. Früher oder später kommen dann die Ideen, ein Gespür, ein Anhaltspunkt, oder irgend etwas passiert, das man später in einer bestimmten Szene verwenden kann. Ich beobachte immer alles ganz genau. Wichtig ist, daß man darüber auch nachdenkt, es genau analysiert. Manchmal schreibe ich meine Gedanken auf. Die Zeit dafür muß man aufbringen, auch wenn es langweilig scheint. Aber man ist dann sicher, daß man alles bedacht hat, wenn man an den Aufbau der Rolle geht. Manchmal praktiziere ich den Lebensstil einer Person, die ich zu spielen habe. Das habe ich für die Rolle des Michael in *The Deer Hunter* beispielsweise getan.«[9]

Dennoch – das »Method Acting« verbindet sich für die meisten mit dem Namen von Marlon Brando und ist nicht zuletzt für dessen Mythos verantwortlich. 1954 kam für Brando endgültig der Starruhm. Für seine Darstellung des Terry Malloy in Elia Kazans *On the Waterfront* (Die Faust im Nacken) erhielt Brando 1955 den »Oscar« als bester männlicher Hauptdarsteller. Es war die Würdigung der Entwicklung eines neuen Rollentypus auf der Leinwand, eines auf den ersten Blick durchschnittlichen Amerikaners mit einem ungebändigten Drang zur Freiheit, dessen Darstellung sich indes durch einen bislang ungewohnten psychologischen Realismus auszeichnete. Bisher hatten Filmstars, auch so »realistisch« wirkende wie James Cagney, Spencer Tracy oder Gary Cooper, zwar in der amerikanischen Umgangssprache gespielt, dies

Der klassische »Method Actor«: Marlon Brando in Elia Kazans ›Faust im Nacken‹ (On the Waterfront)

aber trotz aller Slangvokabeln immer noch in reinster Theatermanier. Die Schauspieler waren Angestellte eines Studios, sie erfüllten eine Funktion innerhalb des Systems der Traumfabrik, waren mehr Typen oder Entertainer als vielschichtige Persönlichkeiten. Brando hingegen brachte zum ersten Mal komplizierte psychologische Vorgänge auf die Leinwand – in einer Weise zudem, bei der sich nicht mehr unterscheiden ließ zwischen Rollen- und persönlichen Elementen. Sein Sprachstil war ungeschliffen, nuschelnd und schwer verständlich und stand dem deklamatorischen Rhythmus einer antrainierten Bühnensprache entgegen. Statt der theatralischen Tradition bei der Bildung eines Charakters zu gehorchen und in Szenen und Dialogen einen dramatischen Bogen zu formen, erarbeitete Brando ein gefühlsmäßiges Gesamtkonzept und weckte das Interesse an seinen Rollen durch die Offenbarung der dahinterstehenden Idee. Berühmte britische Schauspieler-Größen wie Sir Laurence Olivier, Sir John Gielgud, Charles Laughton, aber auch ein Jeremy Irons, mit dem De Niro in Roland Joffés *The Mission* zusammenspielte, sind in der Lage, eine Figur allein durch ihre Sprechweise und ihre Sprache zu charakterisieren. Am Actors Studio lernte Brando, wie er die Erkenntnisse des »Method Acting« vor einer Kamera für ein unbestechliches Objektiv umsetzen mußte.

Dabei war sein Lehrer Elia Kazan viel eher dem Theater zugetan. Er zählte zu den Mitgliedern des 1931 gegründeten »Group Theatre«, eine Repertoiretheater, das die Doktrin Stanislawskis und des Moskauer Künstlertheaters für die amerikanischen Verhältnisse der Großen Depression adaptieren wollte. Die Poesie des Alltags hieß es mit den gerade popularisierten Thesen Freuds zu verbinden – mit dem Resultat, die Natur des menschlichen Wesens und seine Eingebundenheit in die sozialen Verhältnisse besser herauszuarbeiten. Doch aus der angestrebten Veränderung des amerikanischen Theaters wurde eine tiefgehende Umwandlung des Kinos – die Zerstörung der Traumfabrik. Natürlich trug dazu auch der Zerfall des starren Studiosystems, der Krieg und seine desillusionierten Heimkehrer sowie das Aufkommen des Fernsehens bei, doch in den fünfziger Jahren verlagerten sich die filmischen Schauplätze meist auf die Straße und in verkommene, dunkle Hinterhöfe. Der Glamour der Dreißiger wurde in vielen Filmen durch einen semidokumentarischen Realismus abgelöst. Eine neue Schauspielergeneration trat an, fast alle aus dem 1947 von Kazan, Robert Lewis und Cheryl Crawford mit ins Leben gerufenen Actors Studio oder gleichartigen Schulen wie der von Stella Adler und dem von Shelley Winters gegründeten Sanford Meisner's Neighborhood Playhouse (an dem auch De Niro war) kommend. In ihren unverbrauchten, frischen Gesichtern spiegelte sich die neue Ästhetik wider.

Elia Kazan war die wichtigste Persönlichkeit bei der Einführung des Method Acting in den Film. Vor allem seine Zusammenarbeit mit Marlon Brando wirkte prägend; über die reine schauspielerische Technik hinaus entwickelte sich in der Folge ein neuer filmischer Stil, eine neue Ästhetik – der psychologische Realismus. Die Vielfalt der Darsteller des Method

Paul Newman in ›Haie der Großstadt‹ von Robert Rossen. Links: George C. Scott

Acting ist dabei beeindruckend. Viele, etwa Montgomery Clift, pflegen eine von geheimnisvoller Zwiespältigkeit geprägte Introvertiertheit, während andere, wie Rod Steiger als auffälligstes Beispiel, die darzustellenden psychischen Konflikte in lauten Ausbrüchen vortragen, deren Outriertheit die Glaubwürdigkeit beeinträchtigt. Für Lee Strasberg waren vor allem die Schauspieler, die nur versuchen, sie selbst zu sein, die besten Beispiele für die Theorien Stanislawskis.

Einer der bekanntesten Darsteller dieser Richtung ist wohl Paul Newman (geb. 1925), der ebenfalls in den frühen fünfziger Jahren am Actors Studio, dessen Präsident er 1984 wurde, lernte. Denkt man an das Method Acting als eine extrovertierte Psychologisierung, kommt einem kaum die ruhige, unprätentiöse Art von Newman in den Sinn. Tatsächlich jedoch kommt sie Stanislawski am nächsten, der von seinen Schauspielern Zurückhaltung im Ausdruck forderte, um die Glaubwürdigkeit nicht zu beeinträchtigen. Paul Newman versteht es, die psychischen Konflikte einer Figur ohne Überzeichnung darzustellen, das »Normale« – oder wenn man will »Realistische« – einer Person zum Mittel seiner Charakterisierung werden zu lassen. Newman ist kein Schauspieler, der wie De Niro sein Publikum schockiert. Was bei ihm als darstellerische Indifferenz oftmals kritisiert wurde, ist nichts anderes als eine Geradlinigkeit seiner Figuren. Ihr Innenleben offenbart wenig Geheimnisvolles, es liegt offen da, und seine Tragik ist deutlich erkennbar. Das hat Newman davor bewahrt, in den Narzißmus eines Brando oder Steiger zu verfallen, und vielleicht ist er deshalb bis heute ein *vielbeschäftigter* Star.

Viele Stars der letzten beiden Dekaden entstammen dem Actors Studio. Jack Nicholson (geb. 1937) zum Beispiel, der einige Zeit das Method Acting studierte. In seinen besten Rollen, etwa der des J. J. Gittes in *Chinatown* (Roman Polanski, 1974) oder in Mike Nichols' *Heartburn* (Sodbrennen, 1986), ist sein Spiel sehr realistisch; in anderen Filmen wie *Shining* (Stanley Kubrick, 1979) oder *One Flew Over the Cuckoo's Nest* (Einer flog übers Kuckucksnest, Milos For-

Der Minimalist: Robert Duvall in Ulu Grosbards ›Fesseln der Macht‹
(True Confessions)

man, 1975) stören seine effekthascherischen Mätzchen, die nicht selten Gefahr laufen, zur reinen psychologisierenden Grimassenschneiderei zu verkommen. Mittlerweile jedoch stellt Nicholson nicht mehr unbedingt Figuren, mehr wohl sich selbst dar.

35

Robert Duvall (geb. 1931), der mit De Niro in *The Godfather, Part II* (Francis Ford Coppola, 1975) und dem psychologischen Krimi *True Confessions* (Ulu Grosbard, 1981) spielte, ist wie Paul Newman überzeugend in der realistischen Darstellung. Selten findet sich bei ihm ein extrovertierter Psychologismus, vielmehr zeichnet sich seine Rollengestaltung durch einen nahezu dokumentarisch-naturalistischen Ansatz aus. Das schauspielerische *Empfinden* wird bei ihm durch die Rationalität bestimmt, emotionale Äußerungen finden sich nur selten. Sein Stil scheint wie der Newmans von Indifferenz bestimmt, leidenschaftslos, sezierend, von handwerklich hoher Qualität. Und doch läßt er – stärker als Newman – seelische Abgründe bei seinen Charakteren erahnen. Die scheinbare Emotionslosigkeit seines Ausdrucks schafft Distanz zum Zuschauer. Robert Duvall ist – und das läßt sich in *True Confessions* im Vergleich mit De Niro deutlich erkennen – ein minimalistischer Schauspieler: Die Psyche seiner Figuren ist wie unter einem Mikroskop erst in der Vergrößerung zu erkennen.

Dustin Hoffman (geb. 1937) dagegen verkörpert die Gegenseite. Unter den Darstellern des Method Acting ist er der vielleicht am wenigsten realistische. Denn in vielen seiner Rollen, vor allem wohl in seinem größten Erfolg *Tootsie* (Sydney Pollack, 1982), demonstriert er – in einer Geschlechtertausch-Rolle – beinahe aufdringlich seine schauspielerische Virtuosität. Und in Schlöndorffs Arthur-Miller-Verfilmung *Death of a Salesman* (Tod eines Handlungsreisenden, 1985) dominiert seine zweifellos vorhandene darstellerische Brillanz die menschliche Tragik des Protagonisten. Dem Zuschauer bleibt kein Raum mehr für seine Anteilnahme, er beobachtet vielmehr den Parforceritt eines Stars. Dustin Hoffman setzt seine Charaktere nicht mehr in eine Beziehung zu ihrem *seelischen Leben;* er – und darin ist ihm Robert De Niro manchmal ähnlich – stilisiert die Realität.

Al Pacino (geb. 1939), wie De Niro New Yorker/italienischer Abstammung, stellt als Schauspieler ein Bindeglied zwischen dem Stilisierungswillen eines Hoffman und der Entpersönlichung eines De Niro dar. Auch er ein Verfechter des Method

Acting, ist er doch bemüht, eine Rolle aus sich selbst heraus entstehen zu lassen. Während De Niro in *The Godfather, Part II* den darstellerischen Vorgaben durch Marlon Brando folgte (auch folgen mußte), was außer ihm wohl kein anderer

Der Stilist: Dustin Hoffman in ›Tod eines Handlungsreisenden‹ von Volker Schlöndorff

vermocht hätte, fasziniert Pacino im gleichen Film durch ein Gangsterporträt, dessen emotionale Authentizität dem Charakter eine realistische Ausstrahlung verlieh. Pacino, der sich wie De Niro ausführlich auf eine Rolle vorbereitet, kann indes nicht verhindern, daß sich bei seinem Spiel eine demonstrative Künstlichkeit einschleicht. Sein kubanisch-stämmiger Gangster in Brian De Palmas Howard-Hawks-Remake *Scarface* (1982) folgt nicht der vorgegebenen Darstellung von Paul Muni, dem Hauptdarsteller aus Hawks' Film (wie die von De Niro Brandos in *The Godfather, Part II)*, er adaptiert zwar (im Original) die Aussprache des Milieus, kreiert seinen Gangster aber übertrieben extrovertiert – eine Karikatur, die mit dem psychologischen Realismus des Method Acting nichts mehr gemein hat und nur auf ihre eigene Künstlichkeit verweist.

Robert De Niro gilt als der Höhepunkt des Method Acting und als schauspielerischer Erbe Marlon Brandos. Dabei ist weniger die Tatsache von Bedeutung, daß beide bei Stella Adler und am Actors Studio studierten als vielmehr der Umstand, daß der Jüngere die Spuren des Älteren variiert und fortführt. So in Francis Ford Coppolas *The Godfather, Part II* und in *Raging Bull,* wo der fett gewordene Jake La Motta alias Robert De Niro in seiner Garderobe jene berühmte Taxi-Szene rezitiert, die Marlon Brando als Terry in *On the Waterfront* spielte. Vergleicht man De Niro in *Raging Bull* mit dem jungen Brando aus Kazans Film, scheinen die Darstellungen zunächst nichts gemeinsam zu haben. Und doch ist die des Jüngeren wie ein Kommentar zu der des Älteren. Und auch die Unterschiede werden deutlich. Vor allem in seinen letzten anspruchsvollen Rollen, in Bernardo Bertoluccis *Dernier Tango à Paris* (Der letzte Tango in Paris, 1972) und den beiden Coppola-Filmen *The Godfather* (Der Pate, 1971) und *Apocalypse Now* (1976/79), demonstrierte Brando, wie intensiv er in einer Rolle aufgehen und sie als einen zutiefst persönlichen, emotionalen Ausdruck verstehen kann und sie zugleich doch in eine universelle Gültigkeit zu transportieren vermag. Der späte Marlon Brando ist mit seiner Persönlichkeit in einer Rolle präsent und verschmilzt mit seiner Rollen-

Der Künstliche: Al Pacino in ›Revolution‹ von Hugh Hudson

gestalt auf komplexe psychologische Weise, während De Niro seine Persönlichkeit hinter seiner Rolle zu verbergen sucht. Brandos Bedeutung als Schauspieler gründet nicht wie etwa bei Dustin Hoffman auf einer künstlichen Brillanz und Virtuosität, sondern ergibt sich aus der Perfektion der Stanislawski-Methode, die Erfahrungen (mit) der eigenen Persönlichkeit mit dem Charakter einer Rollengestalt zu verbinden. Brando wie De Niro bringen einen verborgenen Teil ihrer Persönlichkeit in ihre Rollen ein, doch der Jüngere ist es, der die Formulierungen Stanislawskis wörtlicher nimmt und der mittels einer inneren Psychotechnik nicht nur das komplexe *seelische* wie *körperliche Leben* des Charakters evoziert, sondern die Persönlichkeit seiner darzustellenden Figur annimmt. Der aufgedunsene La Motta *ist* zugleich De Niro. Der psychologische Realismus des Marlon Brando erfährt hier unter De Niro seine extremste Variation – seine Verkehrung in einen physischen Realismus.

Wohl noch nie verschmolz ein Schauspieler mit seiner Rolle so sehr wie Robert De Niro. Sein Bestreben ist die weitestgehende Identifikation mit einer Rollengestalt, wobei nicht selten eine vielleicht notwendige Distanz abhanden kommt. Seine darstellerische Leistung lenkt nicht selten ab von der wirklichen Tragik seiner Charaktere und vermittelt dem staunenden Zuschauer ein Gefühl der Ohnmacht. Was ihm da an Wandlungsfähigkeit auf der Leinwand vorgeführt wird, reicht in ein Gebiet unzugänglicher, schwer nachvollziehbarer Magie. Der Schauspieler wird zum Hexenmeister. Wiederum Stanislawski folgend, ist sich De Niro seiner Mittel bewußt und spielt mit ihnen auf meisterlicher Weise. Das Publikum indes reagiert subtil. De Niro weiß das. »Es ist wie bei Leuten, die über ihre Familien reden. Ihre Mutter wurde von einem Auto angefahren und ist gestorben und so weiter, und sie drehen auf und klagen und stöhnen und all das. Und bei anderen: Ein Mann erzählte mir, wie seine Frau ermordet worden war, und er erzählte es ganz ausdruckslos. Natürlich war es, so fühlte ich, vorüber, war Vergangenheit. Hätte er es jemandem kurz darauf erzählt, wäre er wahrscheinlich zusammengebrochen; in dieser Situation tat er es nicht. Aber ein Schauspieler mag dies für eine kraftvolle, emotionale Szene halten und sich sagen, ich muß etwas mehr geben. Aber sobald er zuviel gibt, schaltet das Publikum ab.«[10] »Je weniger man zeigt, desto besser.«[11]

Vielleicht rührt daher das Gefühl der Unvollständigkeit, das man bei De Niro, der *alles* zeigt und offenbart, verspüren mag. Seine zwingende Gestaltung der Oberfläche, des Äußerlichen, verhindert ein Erkennen der darunter liegenden Motive eines Charakters. So bleiben die Beweggründe von Travis Bickle, dem *Taxi Driver,* häufig im dunkeln. »Ich mache es für mich glaubwürdig, aber ich muß nicht verstehen, warum ein Charakter so handelt. Ich würde es nicht tun. Andererseits kann ich ihn in gewisser Weise verstehen, und ich muß einen Weg finden, es herauszuarbeiten.«[12] Ähnliches gilt für seine Darstellung des Jake La Motta in *Raging Bull*, in der die Motive des Protagonisten nicht berührt werden, statt

Die totale Identifikation des Schauspielers mit seiner Rolle: Robert De Niro in ›Wie ein wilder Stier‹ (Raging Bull)

dessen versucht wird, über die physischen Veränderungen das Innenleben der Figur herauszukristallisieren. Unter all den Schauspielern des Method Acting ist Robert De Niro wahrscheinlich derjenige, der am wenigsten psychologischen Methoden folgt. Die Identifikation des Zuschauers mit einer der von De Niro dargestellten Figuren kommt meist nicht zustande – weder bieten sie psychologische noch physische Gemeinsamkeiten oder Errungenschaften, die der Zuschauer akzeptieren würde. Das liegt nicht etwa an einer mangelnden Fähigkeit de Niros, sein Publikum zur Identifikation zu zwingen – es liegt wohl eher an seinen Rollen, die sich allesamt, und das macht seine schauspielhistorische Bedeutung aus, mit den dunklen Seiten einer Persönlichkeit auseinandersetzen, die Schattenseiten eines Charakters zeigen.

Sicherlich repräsentiert Robert De Niro den Höhepunkt des Method Acting. Es läßt sich eigentlich keine Steigerung seines realistischen Anspruchs mehr denken, der ohnehin die Gefahr des Verlustes der Phantasie in sich birgt; seine fast wissenschaftlich exakte *Verhaltens*forschung ist etwa in *Raging Bull* in ein Extrem getrieben. »Ich weiß nicht, wie ich es definieren soll, aber es ist sicher, daß mich irgend etwas in diese Richtung stößt, und jedesmal ein wenig tiefer und intensiver.«[13] Für sein schauspielerisches Überleben indes muß De Niro den Weg zurück zu den Motiven seiner Charaktere finden, muß vielleicht auch den Exklusivitätsanspruch seiner Berufsauffassung – »Wenn man wirklich in einem Film ist, verschwindet der Rest der Welt. Keine Verpflichtungen, kein Telephon, keine alltäglichen Kleinigkeiten, keine Sorgen. Plötzlich sind die Dreharbeiten abgeschlossen, und die Wirklichkeit hat dich wieder. Jetzt hat man die Zeit für sich selbst, die Quelle neuer Schwierigkeiten«[14] – überwinden. Jüngste Nebenrollen wie in *Brazil* (1984) oder *Angel Heart* (1986) sind vielleicht ein Hinweis darauf, daß Robert De Niro ebenfalls die Notwendigkeit grundlegender Veränderungen empfinden mag.

KAPITEL 3

Ein unbekanntes Duo

Die Filme mit Brian De Palma

Bei seinem ersten Auftritt in einem Film war Robert De Niro noch minderjährig. Nichts deutete darauf hin, daß hier ein späterer »Oscar«-Gewinner zu sehen war. Doch nicht allein für Robert De Niro war *The Wedding Party* ein Anfang. Der Regisseur, Ko-Produzent, -Autor und -Cutter Brian De Palma gab mit diesem Film sein Spielfilmdebüt, nachdem er zuvor einige 16-mm-Kurzfilme realisiert hatte. De Niro erhielt

›The Wedding Party‹. Der Hinterkopf links gehört Robert De Niro

für sein Mitwirken ganze 50 Dollar. »Plus einer Beteiligung an den Einspielergebnissen, wovon ich natürlich nie etwas sah« erinnert er sich. »Ich dachte, daß ich 50 Dollar die Woche bekäme, aber meine Mutter las den Vertrag und meinte: ›Nein … es sind insgesamt 50 Dollar.‹ Ich war noch zu jung, um zu unterschreiben, was sie dann machte.«[1] Brian De Palma erinnert sich noch an das Vorsprechen des Jungdarstellers, der damals bei Stella Adler Schauspielunterricht nahm. »Er war sehr leise, scheu und bescheiden. Er fragte, ob er eine Szene aus seiner Schauspielklasse spielen könnte. Er verschwand für 15 Minuten, kam zurück und brachte eine schwere Lee-J.-Cobb-Nummer.«[2] *The Wedding Party* erzählt die Geschichte des jungen Charlie (Charles Pfluger) am Vorabend seiner Hochzeit mit der wohlhabenden Josephine Fish (Jill Clayburgh).

Gemeinsam mit seinen beiden Freunden Cecil (De Niro) und Alistair (William Finley) besucht Charlie seine Braut und deren Eltern auf ihrem Insel-Anwesen. Zwei Tage vor der Hochzeit geben die Fishs (Valda Setterfield, Raymond McNally) eine große Party für ihre Tochter und ihren Schwiegersohn in spe. Statt der erhofften Zweisamkeit mit Josephine findet Charlie jede Menge Leute vor und außerdem eine Amme, die Josephine keine Sekunde aus den Augen läßt. Während Mrs. Fish sich nur um ihre Gäste kümmert und keine Zeit für Charlie hat, hält ihm Josephines Vater eine Gardinenpredigt. Cecil und Alistair gelingt es nicht, ihren Kumpel Charlie zu einer letzten Junggesellenparty zu überreden. Also feiern sie allein. Als ein Vikar (John Braswell) dem verlobten Paar auch noch unerbetene moralische Ratschläge mit auf den Weg gibt, ein ehemaliger (Hindu)-Liebhaber von Josephine auftaucht und Charlies Versuch, die Organistin und Nichte des Vikars (Judy Thomas) zu verführen, auf große Bereitschaft stößt, verläßt er fluchtartig den Schauplatz des chaotischen Geschehens. Zu Fuß, auf dem Fahrrad, per Anhalter und mit einem Ruderboot hofft er, dem Trautermin zu entkommen. Doch seine Freunde holen ihn nach einer wilden Verfolgung ein und schaffen ihn gerade noch rechtzeitig zu seiner Trauung.

Der Film zeigt in seiner Machart die ganze Unerfahrenheit seiner Mitwirkenden. De Palma versuchte sich stilistisch an den Filmen von Jean-Luc Godard zu orientieren, mußte aber sein Scheitern eingestehen. Alle Darsteller besaßen nahezu keine Erfahrung, und das ist ihrem Spiel auch anzumerken. Dennoch machten viele der Schauspieler später eine große Karriere. Bis auf den Hauptdarsteller Charles Pfluger. De Niro und Jill Clayburgh *(An Unmarried Woman*/Eine entheiratete Frau; Regie: Paul Mazursky, 1978, wurde ihr größter Erfolg und brachte ihr im gleichen Jahr wie De Niro für *The Deer Hunter* eine »Oscar«-Nominierung ein) wurden zu Stars. Später sollten beide 1981 in *Continental Divide* (Zwei wie Katz und Maus; Regie: Michael Apted) zusammen spielen, doch anderweitige Verpflichtungen machten dies unmöglich. Andere Darsteller tauchten in den späteren Filmen De Palmas auf. William Finley in *Blood Sisters* (Die Schwestern des Bösen, 1972) und *Phantom of the Paradise* (Das Phantom im Paradies, 1974) und Jennifer Salt in *Hi, Mom!* (1969) und *Blood Sisters.*

The Wedding Party entstand 1964 am Sarah Lawrence College in New York, an dem De Palma mit einem MCA-Stipendium Drehbuchschreiben studierte (und wo er später mit seinem ehemaligen Lehrer Wilford Leach den Studentenfilm *Home Movies* drehte). »Ich machte ihn *(The Wedding Party,* Anm. d. A.) mit meinem Lehrer (Wilford Leach) und einem Mädchen aus meiner Klasse (Cynthia Monroe)«, erinnert sich De Palma. »Eine Menge Leute spielten darin mit, mit denen ich später wieder arbeitete: Bill Finley, Bob De Niro, Jennifer Salt, Jill Clayburgh – alles Leute, die heute in der Branche etwas darstellen. Wir arbeiteten über einen Zeitraum von zwei Jahren daran, aber der Film kam erst nach *Greetings* heraus. ... Technisch war er sehr bizarr, obgleich seine Geschichte eher konventionell war. Er beruhte auf einem Erlebnis, das ich machte, als mein bester Freund heiratete. Aber er ist voller sprunghafter Schnitte und improvisierter Szenen, Zeitraffer und Zeitlupe. Natürlich montierte ich den Film selbst, so daß praktisch all diese experimentellen Techniken dringeblieben sind. Schließlich, vier Monate nach

Greetings, brachten wir den Film selbst in die Kinos. Er lief nur sechs Wochen, bekam einige nette Kritiken und verschwand dann wieder.«[3] Nach seiner kurzen Kinoauswertung 1969 kam der etwa 100.000 Dollar teure Film dann 1983 in Großbritannien als Videokopie heraus, auf deren Cover man De Niro und Clayburgh fälschlicherweise als die Stars anpries.

Robert De Niros zweite Zusammenarbeit mit De Palma – *Greetings* (Grüße) – entstand unter ähnlichen Bedingungen. Für den jungen Schauspieler war es zugleich sein zweiter Film, auf den er lange hatte warten müssen. (Französischen Quellen zufolge soll De Niro 1965 als Statist in New York in Marcel Carnés *Trois Chambres à Manhattan* (Drei Zimmer in Manhattan) mitgewirkt haben.) Das Warten sollte sich gelohnt haben. Als Voyeur Jon Rubin spielte De Niro eine der Hauptrollen.

Im Mittelpunkt von *Greetings* stehen drei junge New Yorker: Paul Shaw (Jonathan Warden), Lloyd Cray (Gerritt Graham) und Jon Rubin. Nachdem Paul seinen Musterungsbescheid bekommen hat, diskutiert er mit seinen beiden Freunden Möglichkeiten, sich vor der Einberufung nach Vietnam zu drücken. Jon und Lloyd üben mit ihm schon ein, einen rechtsradikalen Homosexuellen vorzutäuschen, doch Paul entschließt sich zur klassischen Methode: ein paar Tage Schlaflosigkeit vereint mit übertriebenem Medikamentenkonsum. Jon hat vor, sich bei der Musterung als Angehöriger einer paramilitärischen Organisation auszugeben. Während die beiden Freunde auf ihre Ergebnisse warten, gehen sie ihren verschiedenen Interessen nach. Paul trifft sich mit einer Reihe über einen Computer ausgewählter Frauen, ohne dabei aber auf seine Kosten zu kommen, während Lloyd obskuren Theorien über die Kennedy-Ermordung nachgeht und dabei einen angeblichen Zeugen der Tat gefunden haben will. Auf dem Weg zu einem Treffpunkt mit diesem Zeugen, wird Lloyd allerdings erschossen, als er die Fähre zur Freiheitsstatue besteigt. Jon dagegen betätigt sich als Voyeur und filmt Frauen, während sie sich entkleiden. Von einem schmuddeligen Händler (Allan Garfield) kauft er später

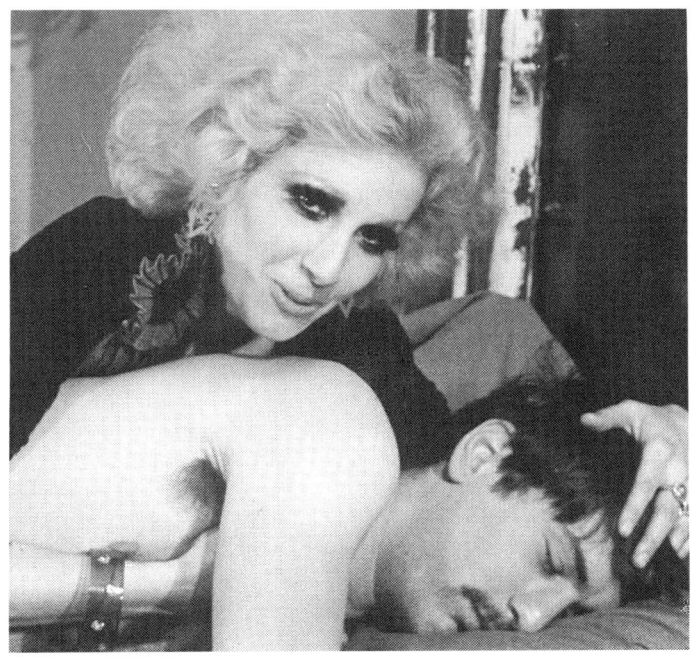

›Greetings‹

einen Pornofilm, in dem sein Freund Paul mit einer seiner
Verabredungen zu sehen ist. Jon wird schließlich nach Vietnam eingezogen, wo ihn ein Fernsehreporter filmt, als er
versucht, eine gefangene Vietcong zu einem Striptease zu
zwingen.

Auch *Greetings,* der auf den Berliner Filmfestspielen 1969
einen Silbernen Bären gewann, wurde weithin als ein amerikanisches Pendant zu Jean-Luc Godard begriffen und auch
gelobt. Tatsächlich war dessen *Masculin-Féminin* (1966) für
De Palma und seinen Produzenten und Ko-Autor Charles
Hirsch das Vorbild. De Palma hatte zudem detaillierte stili-
stische und inhaltliche Vorstellungen, die sich nicht nur an
Godard, sondern auch an Alfred Hitchcock orientierten,
dessen eifrigster Epigone er bei seinen späteren Erfolgen

werden sollte: »Wenn man genügend Filmmaterial für 90 Minuten hat und nur sehr wenig Zeit, den Film zu machen, muß man ihn in großen Blöcken konzipieren. Deshalb wurden die meisten Szenen in Plansequenzen gedreht, in denen zwei Dinge gleichzeitig geschehen und sich andauernd gegenseitig ausspielen. Normalerweise drehe ich keine Einstellungen ohne Grund. Ich glaube sehr fest daran, daß die Kamera den Inhalt widerspiegeln muß. Mir ist das Verhältnis der Kamera gegenüber dem Stoff immer bewußt. Godard wußte das schon vor bald zehn Jahren (das Interview entstand 1969, Anm. d. A.). Aber auch wir lernten das kennen, und vielleicht sogar intensiver. Jede Einstellung sollte ihre Rechtfertigung besitzen, eine Rechtfertigung bezogen auf den Stoff. ... Dennoch ist *Greetings* lang und geschwätzig geworden. Das stört mich. Ich mag Filme, die mit Schnitten Spannung erzeugen. Davon gibt es nicht viel in *Greetings*. Aber das konnten wir, als wir anfingen, noch nicht ahnen. ... (1976) Ich glaube, der Film steht immer noch ganz gut da, er funktioniert immer noch: Er wird wohl noch eine ganze Weile zu sehen sein. Ich glaube, daß er eine der akkuratesten Widerspiegelungen jener Zeit ist, von den Kindern der Mittelklasse, die ins College gehen und sich Sorgen machen wegen der Einberufung. – Ich kenne keinen, der tatsächlich ging, jeder drückte sich irgendwie. Außerdem zeigt der Film viele der Gefühle, die die aktuellen Vorgänge bei der jungen Generation hervorriefen: der Liberalismus der Zeit, die Ermordung Kennedys, die sexuelle Befreiung, Computerverabredungen und Pornofilme. All das wird meiner Meinung nach exakt widergespiegelt. Der Film erfaßt diese Gefühle besser als alles, was ich kenne, durch die Art wie er gedreht wurde, frei und unorthodox.«[4]
Hirsch war zu jener Zeit ein Talentscout der Universal Pictures und hatte in dieser Eigenschaft De Palma kennengelernt. In ihr Drehbuch flossen gleichermaßen autobiographische Elemente wie persönliche Obsessionen ein. Von Eltern und Freunden pumpte sich Hirsch ein wenig Geld; er verkaufte seine Bolex-Kamera und trieb insgesamt fast 20.000 Dollar auf. Die restlichen 23.000 Dollar des Budgets konnten

als Zahlungsaufschub ausgehandelt werden. De Palma begann, den Film auf 16 mm zu drehen, stellte aber nach einer Woche fest, daß das Kopierwerk ihr Material wie das von Amateuren behandelte. Er drehte alles nochmal neu im 35-mm-Format. Der Film wurde zu einem überraschenden Erfolg und spielte die für einen experimentellen Undergroundfilm erstaunliche Summe von 150.000 Dollar ein.

Bereits bei seinem zweiten Engagement lernte Robert De Niro eine ungewöhnliche Methode der Vorbereitung kennen. In wochenlangen Proben, die auf Tonband mitgeschnitten wurden und deren Ergebnisse dann in die Rollengestaltung einflossen, schuf man die Grundlage einer kontrollierten Improvisation. De Niro identifizierte sich physisch bereits in einem Maße mit seiner Rolle – etwa als er den militanten

›Greetings‹. Robert De Niro mit Brille und Schnauzer

Rechten bei der Musterung spielte –, daß Publikum und Regisseur gleichermaßen überrascht waren. »Als er kam, um diese Szene zu spielen«, erinnert sich De Palma, »erkannte ich ihn nicht. Wir mußten ihm ein Namensschild umhängen, um das Publikum daran zu erinnern, daß es ihn schon früher im Film gesehen hatte. Es waren Make-up und Kostüm, aber es war auch mehr – er lebt einfach in einem Charakter und verändert sich auch physisch.«[5]

Nach dem überraschenden Erfolg von *Greetings*, der seinem Verleiher Sigma III 80 Prozent des Gewinns einbrachte, bekamen De Palma und Charles Hirsch von Martin Ransohoff, dem Besitzer des Verleihs, das Angebot, einen weiteren Film zu machen. Mit 95.000 Dollar war das Budget von *Hi, Mom!* bereits mehr als doppelt so hoch wie zuvor. Die von De Palma und Hirsch geschriebene Story mit dem ursprünglichen Titel »Son of Greetings« konzentrierte sich auf nur eine Person des vorangegangenen Films. Jon Rubin (De Niro) soll nach seiner Rückkehr aus Vietnam für den Pornoproduzenten Joe Banner (Allan Garfield) das Intimleben einer Reihe von Leuten filmen, die er von seiner Wohnung aus beobachten kann. Darunter ein Playboy und seine Freundin, der revolutionäre Student Gerrit Wood (Gerritt Graham), eine Mittelschichtsfamilie und eine Gruppe von Mädchen, unter denen sich die hübsche Judy (Jennifer Salt) befindet. Jon plant, Judy zu verführen und dies von einer vorbereiteten Super-8-Kamera aufnehmen zu lassen. Da sein Annäherungsversuch schneller als erwartet Erfolg bringt, die Kamera aber auf eine andere Zeit programmiert war, verdrückt sich Jon noch einmal unter dem Vorwand, Kondome kaufen zu müssen. Als er schließlich seine Aufnahmen präsentieren will, stellt sich heraus, daß die Kamera im entscheidenden Augenblick umgefallen ist. Mit Jons Karriere als Filmemacher ist es vorläufig zu Ende. Zusammen mit Gerritt tritt er einer schwarzen Theatergruppe bei, in deren Stück »Be Black Baby« er einen weißen Polizisten spielt. In einer Aufführung beginnen die schwarzen Darsteller, ihr weißes Publikum zu beschimpfen und zu belästigen. Später aber werden sie, nun bereits als Stadtguerillas, bei dem Versuch, das Haus zu stür-

›Hi, Mom!‹. »Läuft die Kamera auch?«

men, das Jon beobachtet hat, von dem Familienvater erschossen. Nun stellt sich heraus, daß auch Jon, als Versiche-
rungsvertreter getarnt, dort wohnt, zusammen mit der
schwangeren Judy. Eines Tages aber hat er von allem genug
und sprengt das gesamte Gebäude in die Luft.
De Palma beginnt seinen Film zunächst als weiteres Zitat von
Jean-Luc Godard, doch immer stärker schieben sich Hitch-
cocksche Elemente in den Vordergrund. *Hi, Mom!* entpuppt
sich als Paraphrase auf *Rear Window* (Das Fenster zum Hof,
1953) und formuliert De Palmas persönliche Obsessionen,
vor allem Voyeurismus und unerfüllte Sexualität, die er auch
in seinen späteren Filmen *Dressed to Kill* (1980), *Blow Out*
(Blow Out – Der Tod löscht alle Spuren, 1981) und *Body
Double* (Der Tod kommt zweimal, 1985) zum Thema machte. De Palma spielte schon in *Hi, Mom!* mit verschiedenen

Ebenen. »Ein bißchen ähnelt das *Murder à la Mod* – drei filmische Realitäten, die sich immer wieder vermengen und
entflechten. In jedem weiteren Film habe ich einen Weg zu
finden versucht, es funktionieren zu lassen. Unglücklicherweise ist *Hi, Mom!* zu unausgeglichen, es funktioniert nicht.
Wie *Greetings* ist der Film eine zeitgenössische Aussage über
das, was mir und um mich herum passierte. Der Produzent
hielt ihn für einen anderen *The Graduate* (Die Reifeprüfung)
und startete den Film am Broadway. Ich versuchte ihn vom
Gegenteil zu überzeugen, aber ohne Erfolg. Loews dachte,
daß der Film eine riesige Menge Geld einspielen würde.
Doch er ging in dieser großen Kinohöhle unter. (...) Von
Dionysis in 69 hatte ich eine Menge über die dokumentari-
sche Realität dieser Art von Theater (wie es die Truppe von
»Be Black Baby« machte, Anm. d. A.) erfahren. In *Hi,
Mom!* wollte ich zeigen, wie man ein Publikum richtig einbe-
ziehen kann. Man nimmt eine absurde Prämisse – ›Be Black
Baby‹ –, bezieht das Publikum total ein und erschreckt es zur
gleichen Zeit. Das ist sehr im Sinne Brechts ... Die ›Be Black
Baby‹-Sequenz in *Hi, Mom!* ist das vielleicht wichtigste Stück
Film, das ich je gemacht habe.«[6]
Robert De Niro ließ sich von der Improvisationsfreudigkeit
seines Regisseurs sofort begeistern und lieferte eine spontan
wirkende Darstellung mit selbstparodistischen Untertönen.
Eine Freiheit, wie er sie später nur noch bei seinem Freund
Martin Scorsese wiederfinden sollte. Doch zunächst kamen
für ihn die Jahre des Broterwerbs, in denen nicht selten die
schauspielerische Ambition auf der Strecke blieb. Und doch
sollten es Jahre werden, die den Darsteller De Niro zu jener
faszinierenden Leinwandpersönlichkeit formten, die er heute ist.
Erst 1986 fanden sich De Palma und der Star seiner ersten
Filme wieder. »Wir blieben eng befreundet, und ich suchte
schon seit geraumer Zeit etwas, das wir gerne zusammen machen könnten. Capone wurde uns vorgeschlagen«, erinnerte
sich der Regisseur des Gangsterfilms *The Untouchables*, der
mit einem Budget von 24 Millionen Dollar dann in Szene gesetzt wurde.[7] Vorlage der Geschichte waren die authenti-

schen Figuren der Verbrechenshistorie und die gleichnamige, legendäre Fernsehserie aus den Jahren 1959 bis 1963. Die Unbestechlichen, die Untouchables, das waren die Agenten des Schatzamtes und einige Polizisten, die im Chicago der dreißiger Jahre gegen den legendären Gangsterboß Al Capone zu Felde zogen und es schafften, daß dieser wegen Steuerhinterziehung für viele Jahre hinter Gittern verschwand. Capone starb am 25.1.1947 an einem Gehirnschlag, doch schon zuvor war er unheilbar an Syphilis er-

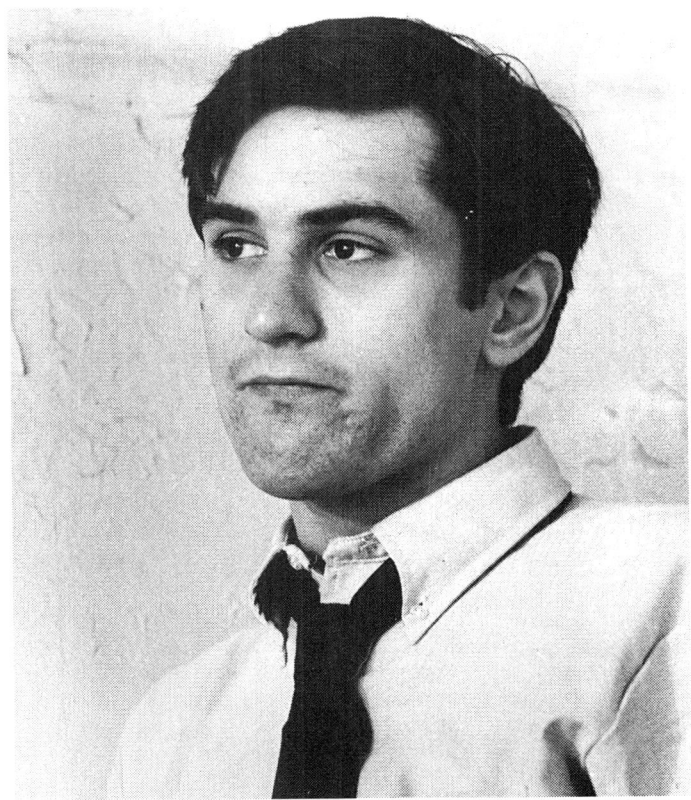

Als Jon Rubin in ›Hi, Mom!‹

krank und zeitweise geistig umnachtet. Doch 1930, auf dem Höhepunkt seiner Macht, enorm reich geworden durch den Alkoholschmuggel in der Prohibition, war er einer der gerissensten und brutalsten Gangster seiner Zeit, der absolute Herrscher in Chicago, dem Polizei und Stadtverwaltung gehörten.

50 Dollar hatte De Niro als Gage für seine Mitwirkung in De Palmas Spielfilmdebüt *The Wedding Party* bekommen. Jetzt setzte der Regisseur für seinen Freund eine Gage in Höhe von 1,5 Millionen Dollar durch, gegen den Widerstand des Studios, das der Meinung war, eine derartige Summe stehe in keinem Verhältnis zu den vielleicht sechs, sieben Szenen mit Capone. Doch sind es vor allem diese Szenen, die *The Untouchables* zu einem faszinierenden Film machten und einmal mehr beweisen sollten, daß das Wort Schauspieler bei Robert De Niro nicht mehr ausreicht. Drei Monate bereitete er sich auf Al Capone vor, für eine Drehzeit von zwei Wochen. Eine Vorbereitung, deren Intensität typisch für die Anhänger des »Method Acting« ist, dennoch deren gewöhnliches Maß an Einleben in eine Rollenfigur bei weitem übersteigt. In diesen drei Monaten legte De Niro wieder an Gewicht zu, wie er es schon für Scorseses *Raging Bull* getan hatte. Wieder verschlang er Unmengen an Fleisch, Kartoffeln und süßen Desserts und nahm in fünf Wochen zwölf Kilo zu. Nicht genug, wie er sich beklagte, weshalb ein Latexpanzer seinen Körperumfang noch vergrößern mußte. Als langhaariger Teufel hatte er gerade Alan Parkers *Angel Heart* abgedreht, jetzt mußten die Haare fallen, mehr noch, die vordere Stirn mußte ausrasiert werden, bis ihre Form der Capones verblüffend ähnelte. Nicht nur die Kleidung Capones wurde nachgeschneidert, De Niro trug für die Rolle wie dieser sogar seidene Unterwäsche und suchte lange nach identischen Zigarren. Wie nur wenige Schauspieler lebte er sich in die Psyche, in das Wesen des Gangsters ein und zeigte am Ende die bislang überzeugendste Darstellung dieses Monsters. »Ich wollte schon immer Capone verkörpern«, so De Niro, »weil ich ihn im Kino noch nie so gesehen habe, wie er meiner Überzeugung nach sein mußte. Capone war nicht nur teuf-

lisch, er war auch ein bedachter Politiker, ein guter Verwalter, und es schien, daß er seine Angst überwunden hatte. Er muß sicherlich einen ein wenig verrückten Charme besessen haben. In der Sequenz, in der ich eine meiner rechten Hände mit einem Baseballschläger töte, war ich selbst irritiert, weil ich im Begriff war, es zu machen. Glücklicherweise gibt es auch schwarzen Humor und Ironie in der Schreibweise von David Mamet, weshalb ich den Film schließlich gemacht habe.«[8]

Die Hauptrolle als Eliot Ness spielte Kevin Costner, der seitdem einen rapiden Weg zum Superstar hinter sich brachte und mit seinem Regiedebüt *Dancing With Wolves* (1990, Der mit dem Wolf tanzt) einen vorläufigen, spektakulären Höhepunkt hatte. Eliot Ness soll Al Capone, den unumschränkten Herrscher über Chicago, hinter Gitter bringen. Doch seine ersten Versuche, Capones Schnapslager auffliegen zu lassen, sind vergeblich. Zu korrupt ist die Polizei. In dem irischstämmigen Jim Malone, gespielt von Ex-James-Bond Sean Connery, dem Novizen George Stone, dessen Darsteller Andy Garcia danach ebenfalls eine beachtliche Karriere machte, und dem Buchhalter Oscar Wallace (Charles Martin Smith) findet er drei Männer, die so unbestechlich sind wie er selbst. Ihr Feldzug gegen Capone beginnt und wird erfolgreich. Als sie einen von dessen Buchhaltern finden und ihn dazu bringen, gegen seinen Boß auszusagen, ist der Gangster machtlos. In Eliot Ness hat er seinen Bezwinger gefunden. De Palma und sein Drehbuchautor David Mamet kümmern sich nur vage um die historische Authentizität, verändern die Wirklichkeit zugunsten eines zwingenden dramaturgischen Konzepts, dessen Klimax eine Schießerei im Bahnhof ist. Eine Szene, in der De Palma der Not gehorchend – die Produzenten versagten ihm einen historischen Zug – Sergej Eisensteins berühmten *Panzerkreuzer Potemkin* (1925) zitierte und einen Kinderwagen langsam die Treppe hinunterrollen ließ, zählt zu den Höhepunkten dieses an Höhepunkten nicht armen Films.

Höhepunkte aber sicherlich sind die Szenen mit Robert De Niro. Der Film beginnt mit ihm. Von oben bewegt sich die

›The Untouchables‹ (Die Unbestechlichen). Robert De Niro als Al Capone

Kamera auf einen korpulenten Mann zu, dessen Gesicht verhüllt ist und der auf einem Barbierstuhl sitzt, umgeben von Journalisten, denen er sein Credo vom sauberen, gewaltfreien Geschäftsmann verkündet. Doch wenig zuvor, als ihm der Barbier in die Wange schnitt, blitzte seine animalische Brutalität durch, gezähmt nur durch eisernen Willen und ein Gesicht, dessen plötzliche Wildheit sich ebenso plötzlich zu einem freundlichen Lächeln verändert. Nach den ersten Erfolgen Ness' gegen seine Organisation erläutert Capone im Stil des erfolgreichen Geschäftsmannes seinen Leutnants die Bedeutung der Teamarbeit für den Einzelspieler. In seiner

Hand schwingt ein Baseballschläger, den er urplötzlich auf den Schädel eines seiner Leutnants schlägt und mit dem er dessen Kopf zertrümmert. De Niro beherrscht in Szenen wie dieser – oder jener in der Oper, als ihm einer seiner Killer Vollzug meldet, er noch Tränen der Rührung in den Augen hat, dann aber beginnt, maliziös zu lächeln – perfekt den abrupten Wechsel von Gefühlen. Miene und Augen verhärten sich, und deutlich wird hinter der Maske des Bürgers der Gangster, der seine wahre Identität nur schwer unterdrücken kann. De Niros Darstellung brachte ihm positive Kritiken ein, bewundert wurde einmal seine ungeheure Wandlungsfähigkeit, die die schauspielerische Technik nicht mehr erkennen läßt, sondern den Schauspieler in seiner Rolle zur fast authentischen Figur macht. Doch einen derartigen Parforceritt in der Vorbereitung unternahm De Niro zunächst nicht wieder. »An Gewicht zuzunehmen ist ein Leidensprozeß. Außerdem sehr deprimierend, und ich werde es nicht wieder machen.«[9]

Waren die ersten drei Filme, die De Niro mit De Palma drehte, Anfängerarbeiten auf beiden Seiten, markierte *The Untouchables* den Aufbruch zu neuen Ufern. De Palma rückte auf in den Status eines der erfolgreichsten Hollywood-Regisseure – der Film spielte in den USA in 21 Wochen mehr als 76 Millionen Dollar ein –, und De Niro begann eine überaus arbeitsreiche Phase, in der er das Spektrum seiner Filme immer mehr erweiterte und zunehmend in klassischen Hollywood-Mainstream-Produktionen mitwirkte, dabei aber als Genre-Darsteller überzeugte.

KAPITEL 4

Broterwerb und Lehrzeit

Rollenauswahl nach Angebot

Waren seine ersten drei Filme eher die Gehversuche eines Schauspieldebütanten, so wie sie studentische Stilübungen ihres Regisseurs Brian De Palma waren, so können die darauffolgenden sechs Filme zwischen 1970 und 1973 als die Anstrengung begriffen werden, die Vielfalt des darstellerischen Ausdrucks auszuprobieren und auszuarbeiten. Eine Phase des Experimentierens unter professionellen Bedingungen. Die Lehrzeit mußte zugleich den Broterwerb sichern. »Nicht ich suchte (Rollen) aus, ich wurde ausgesucht«, erinnert sich Robert De Niro an seine Anfangsjahre. »Man bekommt bestimmte Angebote und nimmt sie an, weil man glücklich ist, einen Job zu haben. Wenn es eine gute Rolle ist, denkt man nicht daran, was alles falsch ist. Aber ich lehnte manches ab, von dem ich wußte, daß es falsch war. Ich spielte auch einige Hauptrollen. Aber dann kam ein Regisseur, mit dem ich arbeiten wollte. Auch wenn es nur eine kleine Rolle war, nahm ich sie an, weil ich mit ihm zusammenarbeiten wollte.«[1] Es war dies eine Zeit, in der De Niro die Mechanismen der Branche kennenlernte. Auf sich allein gestellt, ohne einen Agenten, ohne den heutzutage in den USA kein Film mehr zustande kommt, machte er die Klinkenputzer-Tour – eine Erfahrung, die jedem hoffnungsvollen Jungschauspieler unfreiwillig zuteil wird. Deprimierende Wartezeiten in den Vorzimmern der Produzenten werden da in Kauf genommen, nur um seinen Lebenslauf und ein Photo abgeben zu können oder im günstigsten Fall vorsprechen zu dürfen. De Niro konnte sich durchsetzen. Mit kalkulierter Chuzpe präsentierte er zum Beispiel kein retouchiertes Glamourporträt-Photo, sondern bot mehrere Bilder, die ihn in verschiedenen Rollen zeigten.

Eine der ersten Produktionsfirmen, die ihn für eine Rolle en-

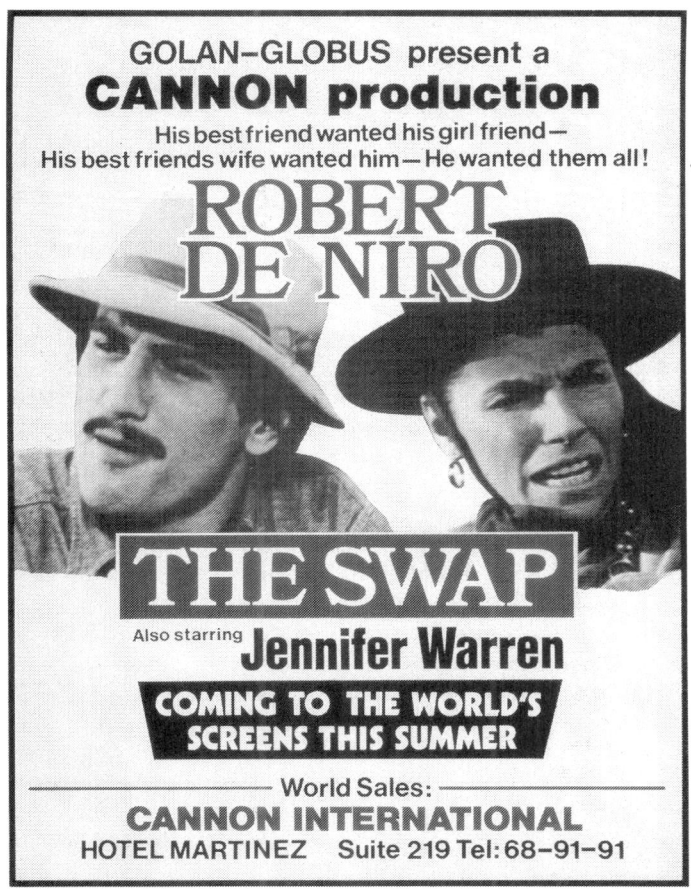

Der merkwürdigste Film in seiner Karriere: ›Wer die Killer ruft‹ (The Swap/Sam's Song)

gagierten, war die in Los Angeles beheimatete Cannon Production. Unter dem Pseudonym John Shade drehte 1969 der Regisseur Jordan Leondopoulos den Krimi *Sam's Song* (Wer die Killer ruft), den John C. Broderick später noch um einige Szenen erweiterte. Robert De Niro steht im Mittelpunkt der

59

ebenso simplen wie schematischen Handlung, obgleich er nur in einigen Rückblenden zu sehen ist. Als Pornofilmregisseur Sammy Nicoletta wird er von einem Unbekannten ermordet. (Die Rückblenden schildern seine letzten Stunden.) Zehn Jahre später wird sein Bruder Vito (Jerry Mickey) aus dem Gefängnis entlassen und hat gleich nichts Besseres vor, als Sammys mysteriösen Tod näher zu untersuchen. Seine Nachforschungen wirbeln einigen Staub auf und bringen ihn selbst in Schwierigkeiten. Nach anfänglicher Zurückhaltung ist Sammys alte Freundin Erica Moore (Jennifer Warren) bereit auszupacken. Doch bevor sie Vito etwas verraten kann, wird auch sie erschossen. Obgleich er dabei selbst verletzt wurde, kann Vito den Mörder verfolgen und schließlich stellen. Es ist Ericas Ex-Mann, ein ambitionierter Politiker, der zum Gouverneur gewählt werden will. Er hatte als damals noch Unbekannter in einem von Sammys Pornofilmen mitgewirkt, was nun seiner Karriere hätte schaden können. Um dies zu vermeiden, mußten die Leute, die davon wußten, ihr Leben lassen. (In einer anderen Version ist Robert De Niro ein New Yorker Cutter, der an einem Dokumentarfilm über Richard Nixon arbeitet und mit Freunden ein stürmisches Wochenende feiert. Die Variante mit dem Pornofilmregisseur kam in Deutschland als Videopremiere auf den Markt – sie zeugt von einem besonders skrupellosen Umgang mit dem Medium Film.)

Der Krimi bleibt weitgehend ohne Spannung, nicht zuletzt dadurch bedingt, daß seine Auflösung von Beginn an offensichtlich ist. Der offenbar überaus billig produzierte Film kam erst 1974 unter dem Titel *The Swap* in wenige Kinos. Herausgebracht wurde er von den israelischen Produzenten Menahem Golan und Yoram Globus, die im gleichen Jahr die marode Pleite-Firma Cannon aufgekauft hatten, um sie in der Folge zur am schnellsten expandierenden Produktionsfirma der Welt zu machen. Die merkwürdigste Sequenz des Films bestreitet De Niro. In einer kleinen Soloeinlage spielt er Killer und Opfer zugleich – eine lockere Stilübung im Ausdruckswechsel.

Schon zu Beginn seiner Karriere lag ihm seine schauspielerische Ausdrucksfähigkeit mehr am Herzen als der mögliche Ruhm, dem so viele vergeblich hinterherjagen. Auf Vermittlung seiner mütterlichen Freundin Shelley Winters bekam er nach *Sam's Song* eine kleine Rolle in einem Streifen des Billig-Film-Königs Roger Corman, aus dessen Mitarbeiterstab Hollywoods neue Generation der siebziger Jahre hervorging, darunter Martin Scorsese und Francis Ford Coppola.

Bloody Mama erzählt die blutige Geschichte der Kate »Ma« Barker (Shelley Winters), die mit ihren vier Söhnen den Staat Arkansas in den frühen dreißiger Jahren unsicher machte. Nachdem ihre mißratenen Söhne Herman (Don Stroud), Arthur (Clint Kimbrough), Freddy (Robert Walden) und Lloyd (Robert De Niro) ein Mädchen aus der Nachbarschaft vergewaltigt haben und vom Sheriff festgenommen

›Bloody Mama‹. *Shelley Winters mit Tommy-Gun und ihren vier Söhnen Clint Kimbrough, Robert Walker und Don Stroud, Robert De Niro*

werden sollen, verläßt Ma mit ihnen Mann (Alex Nicol) und
Farm, um in der Folge durch kleine Überfälle den Unterhalt
ihrer Lieblinge zu sichern. Bei dem Versuch, den Spenden-
topf einer Wohltätigkeitsveranstaltung zu rauben, werden
Herman, ihr Ältester, und Freddy festgenommen und ins
Gefängnis gesteckt. Ma unternimmt mit ihren anderen Söhnen einen Banküberfall, um das nötige Geld für die Anwalts-
kosten aufzutreiben. Als Herman und Freddy, der im Gefängnis eine homosexuelle Beziehung zu Kevin Dirkman
(Bruce Dern) eingegangen ist, wieder frei sind, nimmt die
Barker-Gang Gestalt an. Ma treibt ihre Jungs, die sie ebenso
zu sich ins Bett holt wie Kevin, zu weiteren Überfällen an.
Die Bande wird zu einer der meistgesuchten. Der schmächti-
ge Lloyd aber wird zu ihrem Sorgenkind. Als sich die Bande
an einem einsamen See versteckt, lernt der drogenabhängige
Lloyd ein Mädchen kennen und entführt es in den Unterschlupf der Gang. Ma beschließt, das Mädchen zu töten, um
ihre Tarnung nicht auffliegen zu lassen. Doch keiner der Söhne wagt es, ihren Befehl auszuführen. So ertränkt Ma
schließlich selbst das unschuldige Mädchen. Lloyd sitzt der-
weil teilnahmslos, mit Drogen vollgestopft herum. Nächster
Coup der Bande ist die Entführung des Millionärs Sam
Adams Pendlebury (Pat Hingle), den Ma nach kassiertem
Lösegeld dennoch umbringen lassen will. Doch ihre Söhne
widersetzen sich ihrem Befehl und täuschen die Ermordung
Pendleburys nur vor. Der Niedergang der Barkers zeichnet
sich von nun an immer stärker ab. Herman entmachtet seine
Mutter, die Bande flieht nach Florida, wo der verrückt ge-
wordene Lloyd an einer Überdosis Heroin stirbt, während
Herman mit einer Maschinenpistole Jagd auf Alligatoren
macht. Wenig später hat die Polizei den Unterschlupf der
Gang umstellt. Ein blutiges Inferno beginnt, bei dem die Barkers, zuletzt Ma, der Reihe nach erschossen werden oder,
wie Herman, sich selbst eine Kugel durch den Kopf jagen.
Cormans Film orientiert sich nur grob an den historischen
Fakten, auch wenn die zwischengeschnittenen Dokumentar-
aufnahmen aus den dreißiger Jahren einen anderen Eindruck
vermitteln. Vielmehr ist seine blutige Fabel eine zynische

›Bloody Mama‹. Robert De Niro links

Würdigung des amerikanischen Matriarchats (die Schlußtitel
laufen über eine Drei-Cent-Briefmarke: »In Memory and
Honor of the Mothers of America«). Die Barker-Karpis-
Bande erreichte indes tatsächlich während der Depressionszeit eine große Publizität. »Zum einen ließen sich um die inzestuöse, neurotische Beziehung zwischen Ma Barker und
ihren Söhnen Legenden ranken, die den puritanischen Mut-
terkult paraphrasierten, zum anderen war das kurze, wilde
und gewaltsame Aufbegehren der Barker-Karpis-Gang ein
Ausdruck des Protestes gegen die tatsächlich vehemente
Verelendung und gesellschaftliche Entwurzelung der Bevölkerung in den ländlichen Gebieten des Mittelwestens, die gelegentlich zu einer blutigen Wiedergeburt der archaischen
Lebens- und Denkformen des ›Wilden Westens‹ führte.

63

Schließlich konnte der Erfolg der oft durchdachten und auf genauer Ortskenntnis basierenden Coups Bewunderung in einer Zeit erwecken, in der es mit einer öffentlichen Moral nicht allzu weit her war.«[2]

Shelley Winters war in der Titelrolle die beherrschende Figur des Films. Zwischen eiskalter Brutalität und liebevoller Sorge um ihre Jungs schwankend, ist ihre Darstellung eine schauspielerische Tour de Force. Meisterlich spielt sie auf einer Gefühlsklaviatur, einfühlsam, bitter, mörderisch, mütterlich – Shelley Winters Verkörperung der Kate Barker ist zugleich ein exzellentes Beispiel für die Ausdrucksstärke des »Method Acting«.

Auch Robert De Niro gibt einen ersten Beweis seiner darstellerischen Potenz. Natürlich kam ihm entgegen, daß seine Rolle des rauschgiftsüchtigen Lloyd einem Schauspieler einiges abverlangt, gerade weil darin die Gefahr der Überzeichnung liegt. De Niros Rolle ist zunächst die klassische Darstellung des irren Gangsters. Von seiner Mutter wird er wie ein kleiner Junge gebadet, sein liebstes Hobby ist das Zusammenbasteln von Modellflugzeugen, was jeweils von einem irren Grinsen begleitet wird. Endgültig wahnsinnig wird er, als er das Mädchen am See kennenlernt. »Ich bin nicht wie ein normaler Mensch«, sagt er zu ihr, bevor er sich auf sie stürzt und dabei doch die Erfahrung seiner Impotenz macht. Und doch, er liebt das Mädchen, auch wenn er es sich gewaltsam gefügig macht. Ihre Ermordung durch Ma bedeutet auch für ihn den Tod. Zunächst stumm, später dann vollends verrückt, nimmt er seine Umwelt nur wie durch einen Schleier war. De Niro versteht es, seinem sonst so sympathischen Lächeln eine psychopathische Note zu verleihen. Seine Darstellung des graduellen Wahnsinns wird um so beeindruckender, als er auf heftiges Grimassieren oder übertriebene Ausbrüche verzichtet. Schon in seiner ersten anspruchsvolleren Filmrolle demonstriert er die vornehme Technik der Zurückhaltung, wie sie auch Stanislawski von seinen Schauspielern gefordert hat. »Er ist der fügsamste Schauspieler, den ich je gesehen habe«, charakterisiert ihn Shelley Winters, »er muß nur seinen eigenen Weg finden, etwas zu entwickeln.«[3] Auch schon in seinen Anfangsjahren war De Niro ein Pefektionist bei Vorbereitung und Dreharbeiten. »Er fuhr in einem alten Volkswagen nach Arkansas«, erinnert sich Winters, »um dort Sprachaufnahmen zu machen. Er verlor 40 Pfund in drei Monaten, er bekam Schorf auf dem Gesicht und kratzte daran. Als ich eine Szene an seinem Grab hatte, bestand er darauf, selbst im Grab zu sein.«[4] »Bobby kommt zum Kern, zur Seele einer Rollengestalt, und er weigert sich, es locker zu nehmen ... Die Person, die er in *Bloody Mama* spielte, sollte körperlich verfallen. Bobby wurde so schwächlich, daß wir alle Angst bekamen. Sein Gesicht wurde kreidebleich, und auf seiner Haut bildeten sich häßliche Entzündungen. Wenn wir abends zum Essen gingen und uns vollstopften, saß Bobby nur da und trank *Wasser*. Ich glaube nicht, daß er während der gesamten Dreharbeiten überhaupt etwas aß.«[5] Die Dreharbeiten dauerten im übrigen fünf Wochen.

Im Anschluß daran trat De Niro am New Yorker Actors Playhouse in Shelley Winters erfolglosem Stück »One Night Stands of a Noisy Passenger« auf. Seine nächste Filmrolle spielte er dann 1971 in Noel Blacks *Jennifer On My Mind*. Allerdings war seine Rolle als Taxifahrer derart winzig, daß er in den Stabsangaben nur weit unten aufgeführt wurde. Erst später, als der Name De Niro ein Begriff wurde, erinnerte man sich an seine bescheidene Mitwirkung. *Love Story*-Autor Erich Segal schrieb das Drehbuch zu dieser Mischung aus Liebesschnulze und Drogendrama. Der aus reichem jüdischem Elternhaus stammende Marcus (Michael Brandon), der noch nichts mit sich und der Welt anzufangen weiß, lernt in Venedig die gelangweilte Jenny, eine Tochter aus besserem Hause, kennen und dann auch lieben. Ihre Beziehung wird in Rückblenden geschildert, die den Erinnerungen folgen, die Marcus in ein Tonbandgerät spricht, nachdem er Jenny auf deren Bitten hin eine Heroindosis verabreicht hatte, die zu ihrem Tode führte. Der Film besitzt eine unfreiwillig parodistische Note, bedingt vor allem durch die zeitweise lächerlichen Monologe und den unpassenden Musikbrei, der daruntergelegt wurde. Bezogen auf den gesamten Film indes kehren sich diese Elemente letztendlich gegen sich selbst und nehmen ihm jeglichen Ansatz von Interessantheit. *Jennifer On My Mind* wurde an der Kinokasse ein Flop, ebenso wie De Niros übernächster Film *Born to Win*.

Im Dezember 1971 kam jedoch zunächst die Gangsterfilm-Parodie *The Gang That Couldn't Shoot Straight* (Wo Gangster um die Ecke knallen) in die amerikanischen Kinos. Der Mafiaboß Baccala (Lionel Stander) hat nicht nur Angst vor einem Mordanschlag – weshalb er seine Frau immer den Wagen starten läßt –, er hat auch Ärger mit seinem tolpatschigen Unterboß von der Südseite: Salvatore »Kid Sally« Palumbo (Jerry Orbach). Kid Sally nämlich will auf Betreiben seiner hartnäckigen Großmutter Big Momma (Jo Van Fleet) zum Syndikatsboß aufsteigen. Erst jedoch soll er für Baccala ein Sechs-Tage-Rennen mit italienischen Radrennprofis organisieren. Unter den Pedaltretern ist auch Mario Trantini (De Niro), der, kaum in New York angekommen, alles in die Tasche steckt, was nicht nagelfest ist: Handtücher, Seife und Zuckerstückchen. Als das Rennen durch Kid Sallys Unfähigkeit nicht zustande kommt, will Baccala den Nachwuchsgangster beseitigen lassen. Doch der plant mit seinem Boß gleiches. Alle Anschläge von Sallys Bande aber schlagen fehl, und die Gang verliert langsam einen nach dem anderen. Währenddessen hat sich Mario mit Sallys Schwester Angela (Leigh Taylor-Young) angefreundet. Als falscher Priester geht Mario die Italo-Amerikaner von Brooklyn um Spenden für einen »Kollegen« im fernen Italien an, der ein Waisenheim leitet. Die barmherzig erteilten Gelder landen natürlich in seiner Tasche. Unfreiwillig wird er zum Beschützer von Baccala, als wieder mal ein Anschlag von Kid Sally scheitert. Doch nun kennt ihn auch die Polizei und schiebt ihn, da er illegal im Lande ist, nach Italien ab. Angela sieht ihm traurig auf dem Flughafen nach.

Zur Vorbereitung auf seine Rolle als schlitzohriger Kalabrese reiste Robert De Niro auf eigene Kosten nach Italien, um den entsprechenden Dialekt zu lernen. Im Film nämlich mimt er den des Amerikanischen Unkundigen, der Geschworenen und Polizei unverständliche Erklärungen auf italienisch gibt. Unter der Regie von James Goldstone (*Roller-*

›Wo Gangster um die Ecke knallen‹. *Robert De Niro und Leigh Taylor-Young*

coaster, 1977) entwickelte er dabei nicht nur komisches Talent, sondern gestaltete seine Rolle des Mario vor allem als eine Art Vorstudie zu der Figur des Johnny Boy in Scorseses *Mean Streets*, die er im Jahr darauf anging. Quirlig bewegt er sich durch den Film, mit einer ausgeprägten Gestik, einem versteckten Augenzwinkern da, einem Nicken oder Schulterzucken dort, mit einem jungenhaften Lächeln die Sympathien auf sich lenkend – ein komischer »small time crook«, im ansonsten eher belanglosen, mit ethnischen wie kinematographischen Klischees überladenen Film die Ausnahme und das einzig Sehenswerte.

Eine wiederum nur kleine Rolle als Polizist Danny spielte Robert De Niro noch im gleichen Jahr in *Born to Win*, dem ersten amerikanischen Film des exiltschechischen Regisseurs Ivan Passer. George Segal und Jay Fletcher verkörperten in den Hauptrollen zwei drogensüchtige Fixer, denen jedes Mittel recht ist, zu ihrem Stoff zu kommen und die am Ende in den Händen der Polizei landen. Die stereotype, überdies moralisierende Handlung wies keinerlei Spannung auf, was mit satirischen Einschüben vergeblich überspielt werden sollte. Hinzu kamen inhaltliche Unglaubwürdigkeiten, die offenbar einzig dem konstruierten Fortgang der Handlung dienen sollten. Für Robert De Niro war mit diesem Film aber die Phase der Erfolglosigkeit vorüber. Denn sein folgender Film *Bang the Drum Slowly* erzielte 1973 an der Kinokasse einen Achtungserfolg.

In dem zweiten Film des vormaligen Theaterregisseurs John Hancock verkörperte De Niro Bruce Pearson, einen etwas dümmlichen Baseballspieler aus dem Hinterwäldlerstaat Georgia, der an der tödlichen Hodgkin-Krankheit leidet. Als Fänger bei den New York Mammoths ist er nur Durchschnitt. Doch sein Freund, der Pitcher (Werfer) Henry Wiggen (Michael Moriarty), kann, nachdem er als einziger von der Krankheit weiß, durchsetzen, daß Bruce vom Team gehalten wird, auch wenn er nur auf der Bank sitzt. Er macht das Engagement von Bruce sogar zum Bestandteil seines eigenen Vertrages. Als Bruce schließlich zusammenbricht und die Mannschaft und ihr mißtrauischer Trainer Dutch Schnell (Vincent Gardenia) die Wahrheit erfahren, haben alle Mitleid. Wenig später hat sich Bruce etwas erholt und darf noch einmal für seine Mannschaft aufs Feld, in einem entscheidenden Spiel, das prompt gewonnen wird. Kurze Zeit darauf erliegt er seiner Krankheit. Nur Henry erscheint zu seiner Beerdigung. Die Mannschaft hat ihn schon vergessen.

Bereits 1956 war die Geschichte fürs Fernsehen verfilmt worden. Paul Newman spielte darin die Rolle des Henry Wiggen. Auch die Vorlage von Mark Harris stammt aus den fünfziger Jahren, in denen das Kino vielfach den Generationenkonflikt thematisierte, was sich hier in der komplexen Beziehung von Bruce zu seinem Vater widerspiegelt. *Bang the Drum Slowly* ist aber auch einer jener typisch amerikanischen Sportlerfil-

me, in denen der unbeugsame individuelle Wille als Synonym
für den Erfolg der amerikanischen Gesellschaft gepriesen
und die Kameradschaft unter gleichgesinnten Männern be-
schworen wird. Der Stärkere nimmt hier den Schwächeren
unter seine Fittiche und verteidigt ihn gegen alle (ungerech-
ten) Angriffe. »Wir erkennen die uns vertraute, erfundene
Struktur des Männerfilms: Frauen, normalerweise giftig oder
verdorben oder beides, wird das Eindringen in diese männliche Beziehung verwehrt.«[6]
Auf seine Rolle als etwas dümmlicher Baseballspieler aus der
Provinz bereitete sich Robert De Niro intensiv und aufwendig vor. »Ich ging mit einem Tonband in den Süden und arbeitete mit den Leuten dort das ganze Drehbuch durch.

›Wo Gangster um die Ecke knallen‹. Robert De Niro als falscher Priester,
Jerry Orbach mit schwarzer Brille und Lionel Stander

69

Dann hielt ich immer nach kleinen Merkmalen Ausschau, die ich gebrauchen konnte. Und ich spielte Baseball. Wir übten drei oder vier Wochen lang im Central Park. Als ich in Florida war, übte ich ebenfalls eine Menge, sogar mit der Schlagmaschine. Außerdem schaute ich mir die Spiele im Fernsehen an. Man schaut die ganze Zeit auf den Fänger und sieht, wie entspannt er in gewissem Sinne ist. Die Hauptsache ist, daß es aussieht, als schmeiße man ihn (den Ball, Anm. d. A.) richtig weg. Ich bin vom Üben überzeugt und machte es immer und immer wieder. Denn wenn man es immer wieder macht, kann man ihn schließlich werfen.«[7] Regisseur Han-

Mit Michael Moriarty in ›Bang the Drum Slowly‹

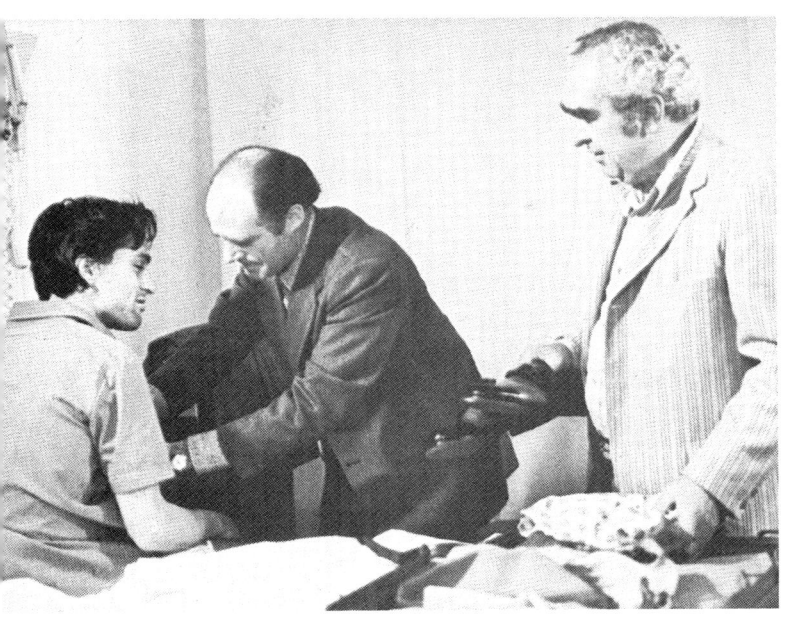

›Bang the Drum Slowly‹. Links Robert De Niro

cock und seine Darsteller bezogen überdies eine Zeitlang in
Clearwater, Florida Quartier, wo die US-Profi-Baseball-
Teams vor Beginn ihrer Saison ins Trainingslager gehen.
Dennoch stieß die Milieubeschreibung des Films auf Kritik.
»Baseball hat eine lange und ehrenvolle Tradition von rüdem
Verhalten; jeder, der schon einmal in der Umkleidekabine
eines Spitzenteams war, auch als Beobachter oder Journalist,
weiß, daß die Spieler keine lieben Kerle sind, daß ihre Soli-
darität und Zuneigung zueinander wahrscheinlich eine Form
von irrsinnigen Faxen annehmen wird.«[8]
Die schauspielerische Leistung von Robert De Niro indes
fand weithin Beachtung, wenngleich ihm an einigen Stellen
von Michael Moriarty *(Holocaust)* die Szene gestohlen wurde. Doch erstmals ließ er ahnen, welche darstellerischen
Möglichkeiten in ihm steckten. Wahrscheinlich ist es Han-

›Bang the Drum Slowly‹

cock, einem Regisseur mit einem Gespür für Schauspieler, zu
verdanken, daß De Niro seine Karriere auf erstaunliche Weise fortsetzen konnte. »Bobby versteckt sich«, meinte Han-

cock über den Star seines Films. »Wie viele Schauspieler, gibt er nur etwas von sich preis, wenn er eine Maske tragen kann. Bobby ist sehr intelligent, aber er glaubt, er sei's nicht. In *Bang the Drum Slowly* versuchte er darzustellen, wie es ist, wenn man dumm ist und bei anderen Leuten ankommen will. Um Bruce Pearson zu spielen, den Fänger, hatte er wirklich dumme Augen. Die meisten Schauspieler spielen eine dumme Figur mit weitaufgerissenen Augen und einem sanften Aussehen. Bobby aber wußte, wie dumme Augen wirklich sind. Man schaut vorsichtig herum, in der Hoffnung herauszufinden, was vor sich geht, aber man will nicht dabei überrascht werden, wie man guckt.«[9]
Für Joe Cutler, De Niros Double, offenbarte sich schon früh die Faszination des Schauspielers. »Er ist unnahbar. Bob arbeitet andauernd. Er denkt nach. Er will nicht belästigt werden. Als er den Bruce Pearson in *Bang the Drum Slowly* spielte, schien er selbst in dem Maße schwächer und krank zu werden, wie sich seine Figur dem Tode näherte. Ich habe mit Bobby keine Probleme, außer ich versuche, am Drehort zu viel seiner Zeit in Anspruch zu nehmen. Er haßt es, aus einer Rolle herausgerissen zu werden, auch nachts oder an Wochenenden (...). Zuerst beobachtete ich Bobby von den Seitenlinien. Er war völlig unbeeindruckend. Dann aber, während der Szene, in der er auf seinem Bett sitzt, zu schwach, seine Hosen auszuziehen, ging ich näher zur Kamera. Schließlich saß ich unter der Kamera, auf dem Dolly. Unter dem Objektiv hockend, machte ich eine faszinierende Entdeckung. Wenn ich meinen Kopf ein paar Zentimeter von dem Objektiv fortbewegte, sah ich nicht viel aus De Niro herauskommen. Er sah langweilig aus. Aber wenn ich meinen Kopf unter das Objektiv hielt, sah ich einem Genie zu. Er war nur brillant, wenn ich unter dem Objektiv saß. Bob ist ein Typ, den die Kamera liebt.«[10] Der Regisseur Martin Scorsese, der in den Jahren seit 1973 zum Freund und wichtigsten Partner De Niros wurde und der mit ihm zusammen beider größte Erfolge schuf, erkannte das Genie sofort und wußte es in seinen Filmen als die Projektionsfläche seiner eigenen Anliegen kongenial zu nutzen.

KAPITEL 5

Transfiguration des amerikanischen Traum(a)s

Die Filme mit Martin Scorsese

Eine der kreativsten und wohl bedeutsamsten Partnerschaften des jüngeren amerikanischen Films ist die von Robert De Niro mit dem Regisseur Martin Scorsese. Bereits mit ihrer ersten Zusammenarbeit *Mean Streets* (Hexenkessel, 1973) setzten sie Maßstäbe und prägten das Erscheinungsbild des künstlerisch anspruchsvollen US-Kinos der siebziger und frühen achtziger Jahre. Keiner hat den »loner«, den einsamen Helden der Großstadt, dessen Kampf gegen seine Umwelt und die Dämonen der eigenen Persönlichkeit sich meist in eruptiver Gewalt entlädt, so überzeugend dargestellt wie De Niro. Und kein Regisseur hat dafür so präzise wie stimmige visuelle Metaphern gefunden wie Scorsese.

Als Sohn von Textilarbeitern aus der zweiten Generation italienischer Einwanderer wurde Martin Scorsese 1942 in Flushing/Long Island geboren. Die Familie zog schon bald an die Lower East Side von New York, nach »Little Italy«, dem Italienerviertel der Millionenstadt. Aufgrund seiner schwachen Gesundheit konnte der asthmatische Junge nur sporadisch am Leben in seiner Nachbarschaft teilnehmen. Während sich auf den Straßen die Jugendlichen in Banden organisierten und in Kämpfen ihre Machtpositionen zu sichern versuchten und dabei nicht selten in die kriminelle Struktur ihres Viertels Eingang fanden, lag der junge Martin kränkelnd im Bett und zeichnete Story Boards für imaginäre Filme oder wurde von seinem Vater ins Kino mitgenommen, wo er die schwarzweißen Musicals, Melodramen und Gangsterfilme der vierziger und später dann die Technicolor-roten Traumprodukte der fünfziger Jahre in sich aufnahm. »Ich schnitt Papprahmen aus und malte Filmszenen aufs Papier, die schob ich dann in den Rahmen. Strips machte ich nicht, weil ich sie nicht clever genug bewegen konnte. Das machte ich bis 13. Alles in Farbe. Eine Riesenproduktion. Mit zwölf entwarf ich die Kostüme zu einem Quo Vadis-Film, indem ich sie von der Leinwand kopierte. Ich machte sogar die Säulen nach. Und manchmal kopierte ich Szenen aus kleinen B-Pictures in Schwarzweiß oder Sepia.«[1]

Seine streng katholischen Eltern schickten ihren Sohn auf eine katholische Schule, wo sich Scorsese entschloß, anschließend ein Priesterseminar zu besuchen. »Ich wollte Priester werden ... Meine Freunde waren völlig hin. Sie sagten: ›Jesus, Marty, glaubst du wirklich den ganzen Quatsch, den die Priester verzapfen?‹ Ja, ich glaubte jedes Wort. Ich hätte an einem Freitag niemals Fleisch angerührt, und ich glaubte, ich käme in die Hölle, wenn ich am Sonntag die Messe versäumte. Also ging ich nach der Hauptschule in ein Seminar. Da warfen sie mich nach einem Jahr wieder 'raus, weil ich während des Gebets Unfug gemacht hatte. Sie hielten mich für einen Rowdy. Aber gläubig blieb ich.«[2] Scorsese besuchte statt dessen die New York University, an deren Filmabteilung er zwischen 1962 und 1964 studierte und wo er auch seine ersten Kurzfilme drehte. Danach arbeitete Scorsese als Cutter für CBS-News und überwachte 1969 unter anderem den Schnitt des *Woodstock*-Films. In seinem ersten Spielfilm *Who's That Knocking at My Door* (Wer klopft da an meine Tür?, 1965−68) spielte der junge Harvey Keitel die Hauptrolle. Keitel war dann auch Scorseses erste Wahl für sein Spielfilmprojekt *Mean Streets*. Die zweite Hauptrolle, die auf die Kritik übrigens den stärkeren Eindruck machte, besetzte er mit seinem Freund Robert De Niro.

»Ich kannte Bobby schon«, erinnert sich Scorsese, »als wir 15 Jahre alt waren, wir verloren dann jedoch den Kontakt und wurden einander erst wieder von Jay Cocks und seiner Frau Verna Bloom vorgestellt. Bei einem Weihnachtsessen 1970 in seinem Hause trafen wir uns auf Veranlassung von Brian De Palma wieder. De Palma hatte De Niro vor Jahren entdeckt und ihm Rollen in seinen Filmen *The Wedding Party, Greetings* und *Hi, Mom!* gegeben. Bob erkannte mich wieder, und wir sprachen über alte Zeiten; wir waren daran in-

Martin Scorsese mit Freund Robert De Niro und Judie Foster bei den Dreharbeiten zu ›Taxi Driver‹

teressiert, einen Film über Italo-Amerikaner zu machen. Ich hatte an *Mean Streets* bereits acht Jahre gearbeitet und hatte das Drehbuch zusammen mit Mardik Martin beinahe fertig.«[3] De Niro selbst kann sich nicht erinnern, Scorsese aus seiner Jugend her zu kennen, obgleich er im selben Viertel aufwuchs. Doch nach ihrem (Wieder-)Treffen sollten weitere drei Jahre vergehen, in denen De Niro mit *Bang the Drum Slowly* einen ersten schauspielerischen Publikumserfolg feierte und Scorsese für Roger Corman die Gangstersaga *Boxcar Bertha* (Die Faust der Rebellen, 1971) drehte.

Den endgültigen Anstoß zu *Mean Streets* gab der von Scorsese sehr bewunderte Schauspieler und Regisseur John Cassavetes nach einer Vorführung von *Boxcar Bertha*. Cassavetes, eine der wichtigsten Figuren des New Hollywood, riet dem talentierten Nachwuchsfilmer Scorsese, etwas Eigenständiges zu drehen und auf weitere Kommerzfilme zu verzichten. Zu dieser Zeit hatte das Drehbuch noch den auf einem Donovan-Song basierenden Titel »The Season of the Witch«. »Und als ich sagte, das einzige, was ich in der Richtung habe, ist ›Season of the Witch‹, sagte er: ›Schreib's um.‹ Sandy (Weintraub, Scorseses damalige Frau, Anm. d. A.) und ich schrieben es um. Sie wollte, daß ich mehr konkrete Beschreibung einfüge. Ich warf dafür ein bißchen von den religiösen Dingen raus, kürzte es und zeigte das Buch dann herum. Roger Corman war der erste, dem ich es brachte. Seine Dramaturgen liebten das Buch. Ich fragte: ›Wollen wir's zusammen machen?‹ Roger sagte: ›Marty, ich verstehe ja, daß alle Leute von deinem Script begeistert sind, aber ich hab's nicht gelesen. Gibt es Gangster drin?‹ Ich sagte: ›Ja.‹ Er sagte: ›Waffen?‹ Ich sagte: ›Ja.‹ Er sagte: ›Gewalttätigkeiten, Sex?‹ Ich sagte: ›Ja.‹ Er sagte: ›Mein Bruder Gene hat gerade einen solchen Film gedreht, *Cool Breeze* (Regie: Barry Pollack, 1972), seinen ersten, mit dem er Geld verdient hat.‹ Er sagte: ›Wenn du dich ein bißchen kleiner machst, dann gebe ich dir 150.000 Dollar und du drehst die Geschichte mit einem Studententeam in New York. Nur – du mußt einen Film über Schwarze machen‹ … Ich sagte zwar noch o. k., aber als ich das Büro verließ, wußte ich, daß ich das nicht machen wollte. (…)

In der gleichen Woche ging ich mit der Frau meines Freundes Jay Cocks, Verna Bloom, abends essen. Sie stellte mir einen jungen Mann vor: ›Das ist Jonathan Taplin, er ist Roadmanager für Bob Dylan gewesen, er will ins Filmgeschäft. Er ist 26.‹ Taplin fragte: ›Was für Drehbücher haben Sie denn?‹ Ich dachte mir, den verschrecke ich, und sagte: ›Ich habe da dieses ‚Season of the Witch', wollen Sie es sehen?‹ Er sagte ja und wollte dann im Laufe der Woche alle meine bisherigen Filme sehen. ›Na, wenn ihn schon das Drehbuch nicht abschreckt, tun's wenigstens die Filme‹, dachte ich. Er las das Buch. Es gefiel ihm. … ›Wenn Roger Corman uns schriftlich gibt, daß er den Verleih übernimmt, kann ich aus Cleveland das Geld für den Film kriegen.‹ Ich sagte: ›O. k.‹ Wir gingen zu Roger, der sagte: ›Hier habt ihr den Schrieb!‹ Jonathan

fuhr nach Cleveland und rief mich an: ›Tolle Nachrichten!‹ Ich fragte: ›Wieviel?‹ Er: ›300.000 Dollar.‹ Ich: ›Toll.‹«[4]
Das Geld sollte von dem 24jährigen E. Lee Perry kommen, der gerade eine Erbschaft gemacht hatte. Doch einige Zeit später hieß es »Kein Geld«. Die Familie des Jungen hatte Taplins Eltern angerufen und sich beschwert, daß Taplin ihren Sohn betrügen wolle. Doch nachdem Scorsese sich mit Perry getroffen hatte, wurde ihnen das Geld gegeben, allerdings nur 175.000 statt der versprochenen 300.000 Dollar. Der Rest mußte durch zurückgestellte Dienstleistungen, etwa des Kopierwerks, erbracht werden. »Die einzigen«, erzählte Scorsese, »die den Film rasch machen konnten und so, daß er teurer aussah, als er war, das waren Paul Rapp, Peter Fain und ihre Leute von Roger Corman. Das wußte ich. Sie überprüften die Kosten und sagten: ›Wenn du den Film für 300.000 Dollar machen mußt, dann mußt du ihn in Los Angeles drehen.‹ Ich: ›Wieso in Los Angeles?‹ Sie sagten: ›Fahr’ für vier Tage nach New York, schieß ein bißchen Material und komm für die Innenaufnahmen hierher. Wir können keinen Autozusammenstoß in New York drehen, wir können die Gewerkschaften nicht zahlen, also müssen wir hier einen Ort für die Nachtaufnahmen finden.‹«[5] Tatsächlich wurden an sechs Tagen in New York nur die Außenaufnahmen gedreht, während die gesamten Innenaufnahmen in Los Angeles entstanden. Insgesamt betrug die Drehzeit 27 Tage, wobei das regnerische Wetter die Dreharbeiten erheblich beeinträchtigte. Von einem Zwölf-Stunden-Arbeitstag konnten nur vier Stunden ausgenutzt werden. Die New Yorker Straßenszenen, vor allem die, die während des San-Gennaro-Festes spielen, wurden mit versteckter Kamera gedreht, was den realistischen Charakter des Films noch verstärkte. Als Berater und Statisten wirkten Scorseses Verwandte und langjährige Bekannte aus der »Nachbarschaft« mit.
Mean Streets folgte nicht dem traditionellen Erzählschema des Hollywoodkinos. Scorsese schuf die lockere Struktur des Films nach dessen beiden Protagonisten Charlie (Keitel) und Johnny Boy (De Niro). Er schildert anhand einiger alltäglich scheinender Ereignisse das Leben der Schmalspurganoven

Robert De Niro als »Johnny Boy« in ›Hexenkessel‹ (Mean Streets)

von »Little Italy«, die noch für sich selbst ihre kleinen Deals abwickeln, aber wohl schon bald für die Mafia arbeiten werden. Der Traum eines jeden von ihnen ist, das enge Viertel verlassen und sich wie die Mafiabosse auf der anderen, besseren Seite der Brooklyn Bridge niederlassen zu können. Was aus kleinen Gangstern später wird, zeigt dann Francis Ford Coppolas *The Godfather.*
Treffpunkt von Charlie, Johnny Boy und Michael, dem Geldhai (Richard Romanus), ist die Bar von Tony (David Proval). Während Charlie, von Schuldkomplexen bedrängt, immer wieder in die Kirche geht, dort auch mal eine Kerze ansteckt, um seine Hand in einem Akt von Selbstkasteiung deren Flamme (Fegefeuer) auszusetzen, wird Michael bei einem illegalen Deal übers Ohr gehauen und sprengt Johnny

Boy übermütig einen Briefkasten in die Luft oder wirft groß-
sprecherisch und gewalttätig einen Junkie aus Tonys Kneipe.
Doch Johnny Boy ist ein Außenseiter – »Der einzige Außenseiter in dieser Gruppe von Außenseitern«, charakterisiert
ihn Scorsese. »Ein verspielter Feigling, durchaus in der Lage,
etwas Verrücktes zu machen. Ein Typ, mit dem man Mitleid
hat und vor dessen mühsam unterdrückter Gewalttätigkeit
man sich auch fürchtet. Seine mutigste Entscheidung, die
Flucht, läßt er konsequenterweise von Charlie organisieren.
Passiv bis zur Größe.«[6]
Immer wieder versucht Charlie, Johnny Boy aus Schwierigkeiten herauszuhalten, sehr zum Mißfallen seines Mafia-On-
kels Giovanni (Cesare Danova), der ihn zum Restaurantma-
nager machen möchte. Doch Johnny, dessen größtes Problem darin besteht, Michael seine Schulden zurückzubezah-
len, kümmert sich keine Sekunde um Charlies Vorhaltungen.
»Werd' erwachsen«, bedeutet ihm Charlie einmal. Doch
Johnny Boys Lebensphilosophie ist eine andere. »Weißt du«,
sagt er, »ich pump' mir Geld in der ganzen Nachbarschaft,
links und rechts, und nie zahle ich zurück, so krieg' ich von
niemandem mehr Geld, klar?« »Wenn man zu viele Feinde
hat, ist man in Gefahr, einfach auf jeden loszuballern, der da-
herkommt.« Für Charlie, dessen Vorbild der Heilige Franz
von Assisi ist und der auf einem Priesterseminar (!) war, ist
Johnny Boy, der Cousin seiner heimlichen Freundin Teresa
(Amy Robinson), sein Lämmchen, dem zu helfen ihm Aufgabe und Buße ist. Doch Johnny wird zusehends irrer.
Nachts steht er auf einem Dach und schießt auf die Lichter
des weit entfernten Empire State Building. In einer Billard-
kneipe, wo Charlie und seine Freunde eine Schuld eintreiben
wollen, bricht er unvermittelt eine Schlägerei vom Zaun, und
Michael bedroht er mit einer Pistole, statt seine Schuld zu-
rückzubezahlen. Johnny hält sich an keine der ungeschriebe-
nen Regeln von Little Italy, er wird zu einer Gefahr für alle,
die mit ihm zu tun haben. Charlie weiß, daß es mit seinem
Freund und Schutzbefohlenen ein schlimmes Ende nehmen
wird. Er lädt ihn und Teresa in ein Auto und will die Nachbarschaft verlassen. Doch sie werden von Michael eingeholt,

aus dessen Wagen ein Killer (Scorsese) auf das Trio schießt. Johnny Boy wird am Hals verletzt, Charlie an der Hand. Ihr Auto gerät außer Kontrolle und schleudert gegen einen Hydranten, aus dem sich eine hohe Fontäne über das nächtliche Schlachtfeld ergießt.

Das Bild des wasserspeienden Hydranten läßt Scorseses inszenatorische Vorbilder erkennen. Es sind die Sozialdramen der dreißiger Jahre, deren häufiger Hauptdarsteller James Cagney eine ebensolche physische Unruhe (als Spiegel innerer Unsicherheit) besitzt wie Robert De Niro als Johnny Boy. Scorsese machte den vibrierenden, immer in Bewegung befindlichen De Niro zum ersten Male zu der Projektionsfläche seiner Themen und Gefühle. *Mean Streets* wurde ein sehr persönlicher Film des Regisseurs. Nicht nur die vielen Hin-

Mit Freund und Partner Harvey Keitel in ›Hexenkessel‹ (Mean Streets)

weise auf den Katholizismus mögen dafür ein Hinweis sein, vor allem sind es die zahlreichen Details in der Beschreibung von Milieu und Charakteren. Scorsese zeichnet noch einmal ein Bild seiner Jugend auf der Straße, die sich für ihn allerdings mehr in der Phantasie als tatsächlich abspielte. »*Mean Streets* ist kein Film aus dem Leben. Er ist wie eine Oper: überraschend, intensiv und gewalttätig, und er ist sowohl ultra-realistisch wie ultra-naturalistisch, an vielen Stellen angepaßt und doch sehr stilisiert.«[7] Mit leichter Slow Motion, etwa wenn Johnny Boy mit zwei Mädchen im Arm in Tonys Bar kommt, schafft Scorsese eine irreale Atmosphäre, verdichtet die Realität des »Hexenkessels« zur Imagination. Der Akzent liegt dabei auf der Beziehung zwischen Charlie und Johnny Boy, deren Verhalten als Spiegel ihrer Psyche nicht geradlinig nachvollziehbar ist, sondern nur durch seine Brüche erkennbar wird. »Einige Leute glauben ... daß Charlie Johnny Boy am Ende in sein Schicksal zwingt. Sie glauben, daß Charlie ihn verkauft, so daß Michael ihn erschießt. Viele denken das. Aber das ist überhaupt nicht der Fall. Der Grundgedanke ist die reine, wahllose Gewalt, und die Idee ist, daß sie verfolgt wurden. Charlie würde Johnny aber niemals auf diese Art verkaufen. Wenn das unklar bleibt, ist es ein Fehler des Films. Aber die Leute versuchen wirklich zu sagen: ›Charlie hintergeht Johnny.‹ Außerdem meinen sie, daß beide am Ende tot seien. Sie sind es nicht. Sie sind es nicht. Oder sie sagen, daß Johnny tot und Charlie nur verwundet sei. Sie sind es nicht. Sie sind nicht tot. Tatsächlich müssen sie weitermachen. Das ist das Schlimmste. Das ist alles. Weitermachen. Diese beiden Sachen möchte ich klarstellen. Charlie verkaufte Johnny Boy nicht, und beide leben.«[8] Zwar ist Harvey Keitel, der auch in früheren Filmen Scorseses mitgewirkt hatte, die zentrale Figur von *Mean Streets,* doch zum eigentlichen Mittelpunkt entwickelte sich Robert De Niro, der hier erstmalig die unglaubliche Potenz seiner schauspielerischen Ausdruckskraft demonstrieren konnte. Robert De Niro spielt nicht, er *ist* Johnny Boy. Seine Darstellung wirkt wie befreit von schauspielerischer Technik, die eigene Persönlichkeit geht in der Rollengestalt auf. Physische

›Taxi Driver‹

Attraktivität hat für ihn keinerlei Bedeutung, die Aktion
zählt. Sein Eintauchen in die Rolle macht ihn zum idealen
Partner der Kamera, die der Person und ihren Handlungen
folgen kann, ohne zum Spiegel ihrer schauspielerischen Ei-
telkeit zu werden, wie es etwa bei einem Robert Redford der
Fall ist. De Niro hat den Mut zu Emotionen, und er weiß sie

83

in den improvisiert wirkenden Dialogen mit Harvey Keitel effektvoll einzusetzen. Was da auf den ersten Blick so hingeworfen und spontan wirkt, entpuppt sich bei näherem Hinsehen als psychologisch einfühlsame Studie von Außenseitern.

Fortgeführt und intensiviert wurde dies von De Niro und Scorsese in ihrem zweiten gemeinsamen Film *Taxi Driver* (1975). Travis Bickle (De Niro), der Taxifahrer, wurde zum Synonym für ein entwurzeltes, orientierungsloses Amerika zur Zeit des Vietnamkrieges. Mit dem durch die nächtlichen New Yorker Straßen gleitenden gelben Taxi (auch hier wieder der Einsatz von leichter Slow Motion) wurde eine der sinnfälligsten Metaphern des Kinos für Einsamkeit und Suche nach der eigenen Identität geschaffen.

Es ist Nacht in New York, Dampf steigt aus den Kanalschächten auf, ein Taxi schiebt sich langsam ins Bild hinein. Sein Fahrer ist Travis Bickle, ein Ex-Marine, der nach seinen Vietnam-Erlebnissen nicht mehr schlafen kann und deshalb begonnen hat, in der Nachtschicht eines Taxi-Unternehmens zu arbeiten. Travis ist der Stadt und ihren Menschen gegenüber voll dumpfer Wut, er findet keinen Platz mehr in dieser Gesellschaft. »Endlich hat es geregnet«, notiert er in sein Tagebuch. »Dreck und Abfälle wurden von der Straße gespült. Ich hoffe, eines Tages wird ein großer Regen den ganzen Abschaum von der Straße spülen.« Und dann, als er den Präsidentschaftskandidaten fährt, den er später zu erschießen versucht, sagt er: »Der Präsident sollte diese Stadt abbrennen oder eine große Toilette runterspülen.« Scorsese charakterisiert New York als Alptraum und inszeniert eine irreale Atmosphäre. »Als wir den Film auf den Straßen drehten, unter den Nutten, Zuhältern und Rauschgiftsüchtigen, sahen wir Dinge, die wir nie in den Film hätten einbringen können. Die Wirklichkeit ist noch viel schlimmer, als wir sie uns vorstellten. Abgesehen davon ist der Stil nicht realistisch. Er ist sehr, sehr unrealistisch. Wie bei *Mean Streets*. Unter der Oberfläche ist es häufig eine Phantasie, eine Arbeit der Imagination.«[9] Häufige Slow Motion, rote Neonlichter, die sich auf den nassen Straßen spiegeln, aufsteigender Dampf, regennasse Scheiben, die die wahrzunehmenden Konturen und

Gestalten verwischen: »Wir sehen New York mit den Augen eines Wahnsinnigen und wissen zugleich, daß wir nichts sehen als das wirkliche New York – ein genialer Verfremdungseffekt, der uns erleben läßt, welch wahnsinnige Züge unsere unwirtlichen Städte bereits in Wirklichkeit angenommen haben.«[10] Schnell wird klar, daß es sich bei den derart stilisierten Fahrten nicht um die Schilderung von Travis' Tagesablauf handelt, sondern um die langsame Einführung in seine psychische Konditionierung.

Travis entdeckt eines Tages Betsy (Cybill Shephard), die blonde Wahlhelferin des Präsidentschaftskandidaten Charles Palantine (Leonard Harris). Für ihn ist Betsy inmitten des Schmutzes der Großstadt eine Erscheinung aus einer anderen Welt, sie verkörpert für ihn die Unschuld (was Scorsese durch ihre weiße Garderobe explizit verdeutlicht). Und

›Taxi Driver‹. Robert De Niro, Cybill Shephard

85

doch weiß er nichts Besseres, als sie bei ihrem ersten Rendezvous in ein Pornokino zu führen – die einzige Art von Unterhaltung, die er kennt. Entsetzt läßt Betsy ihn stehen und weist auch in Zukunft seine Annäherungsversuche ab. Für Travis ist die blonde Betsy jetzt nicht mehr »besser« als jede andere, die er auf der Straße in einem moralischen Sumpf versinken sieht. Als ein Fahrgast (Scorsese) ihm eines Nachts erzählt, seine untreue Frau mit einer 44er Magnum erschießen zu wollen, brechen bei Travis die Hemmungen vor Gewaltanwendung. Er kauft sich ein ganzes Arsenal von Waffen und beginnt vor dem Spiegel in seinem schäbigen Apartment mit den Exerzitien. »Wiedersehen, Killer«, ruft ihm einer seiner Kollegen einmal hinterher. Als Travis in einem Drugstore einkauft, wird er Zeuge eines Überfalls und erschießt den Täter. Später rasiert er sich den Schädel bis auf einen Streifen in der Mitte (Irokesenfrisur) und beschließt, den Präsidentschaftskandidaten umzubringen. Doch Sicherheitsbeamte verhindern das Attentat. Travis kann entkommen und fährt zu dem Zuhälter (Harvey Keitel) der zwölfjährigen Prostituierten Iris (Jodie Foster), die er zuvor kennengelernt hatte und die er aus ihrem Elend befreien will. Es kommt zu einer Schießerei, in deren Verlauf Travis den Zuhälter und weitere Männer tötet, dabei auch selbst verletzt wird. Die Zeitungen machen ihn zu einem Helden, während Travis nach seiner Genesung – er erhielt wie Johnny Boy einen Schuß an den Hals – wieder Taxi fährt. Eines Abends steigt Betsy zu ihm in den Wagen, doch Travis setzt sie an ihrer Adresse ab, schenkt ihr den Fahrpreis und fährt in die Nacht davon.

Taxi Driver brachte De Niro nach seinem Nebenrollen-Oscar für *The Godfather, Part II* (1974) eine weitere Nominierung ein, diesmal für die beste Hauptrolle. »Der eigentliche Verdienst für *Taxi Driver* gebührt Robert De Niro, der auffälligste junge Schauspieler des amerikanischen Kinos«, schrieb ein Kritiker. »Der Film läuft auf einen grotesken Pas de deux zwischen Travis und der Stadt hinaus. De Niro besitzt die tänzerische Qualität der meisten großen Filmschauspieler, sei es ein Allegro wie bei Cagney oder ein Largo wie

›Taxi Driver‹

bei Brando. De Niro kontrolliert seinen Körper wie eine sich
bewegende Skulptur. Einmal, als er vor Frustration kocht,
trinkt er einen Schluck aus einer Bierbüchse, und sein Kopf
verfällt vor unterdrückter Wut in schnelle, komplexe Zuk-
kungen ... Aber als er damit fertig ist, hat sich De Niro ein to-
tales Verhaltensmuster für seinen Untergrundmann geschaffen, vieles erinnert an eine makabre Komödie. Im Gegensatz
zu den meisten anderen Schauspielern drückt De Niro nicht
nur eine Persönlichkeit aus, er erschafft sie. Wenn die besten
Schauspieler die psychologischen Fragen der Zeit widerspiegeln, dann verkörpert De Niro den Wunsch der Menschen

von heute, sich eine authentische Identität zu schaffen. Seine kraftvolle und verwirrende Kreation von Travis Bickle, eines Mannes, der keinen Platz in der Gesellschaft hat, wird zu einem Emblem all derjenigen, die versuchen, ein menschliches Wesen zu werden, während die Gesellschaft in Unordnung ist.«[11] De Niro spielt diesen modernen Helden, der in seinem Charakter an den ambivalenten Helden des »film noir« erinnert, mit einer Zurückhaltung, die der quirligen Unruhe von Johnny Boy entgegensteht. Die Augen häufig halb geschlossen, trotzdem intensiv beobachtend, kein Lächeln auf den zusammengepreßten Lippen, die Hände meist in den Taschen seiner Jeans vergraben, läßt er das finale, erlösende Blutbad als unausweichlich erscheinen. Travis gewinnt seine moralische Autorität – und darin unterscheidet er sich vom Helden des »film noir«, der am Ende immer die bürgerliche Ordnung siegen läßt – aus der konsequenten Fortführung seiner psychischen Defekte. »Der Taxifahrer kommt weder mit sich noch mit der Welt um ihn herum zurecht«, meint Scorsese. »Er ist unzulänglich, und was er in sich selbst und außerhalb von ihm sieht, ist schrecklich. Deshalb nimmt er das Gesetz in seine eigenen Hände und versucht, sich zu einer Lösung durchzuschießen. Das ist für ihn der einzige Weg. Das Schrecklichste aber ist, daß er zu einer Art Held gemacht wird. (...) Wenn einige Leute seine Handlungen für richtig halten, sind sie verrückt. Das auf der Leinwand sind Verrückte, und ich kann nichts dafür, wenn es die auch im Publikum gibt. Das beweist nur irgendwie meine Aussage. Die ihn einen faschistischen Film nennen, müssen Witze machen. Wenn Sie wollen, handelt er von einem Mann, der einen faschistischen Ausweg einschlägt. Und dafür kann man ihn nicht unbedingt verantwortlich machen, denn wie kann man einen Menschen so ohne weiteres verurteilen? Er kann eben nicht anders mit dem, was passiert, fertig werden.«[12]

Gewalt bei der Lösung alltäglicher oder psychischer Konflikte war eines der beherrschenden Themen des amerikanischen Films der siebziger Jahre. Der Verlust der gesellschaftlichen Wertvorstellungen, von den Politikern in Vietnam zynisch und brutal auf dem Schlachtfeld geopfert, machte es für den einzelnen schwierig, mit seinen Gefühlen fertig zu werden. Die zunehmende Isolierung des Individuums innerhalb des großstädtischen Gefüges erzeugte eine »Urbanangst«, initiierte einen Verdrängungsprozeß und schuf eine Unfähigkeit zur Selbstreflexion, wodurch es aus einem Übermaß an Frustration und Hilflosigkeit heraus zur Explosion kam. »Gewalt muß einfach, geradezu und schnell sein«, meint Scorsese. »Und unangenehm. Unangenehm und dumm aussehend, geradeso wie sie sich im wirklichen Leben abspielt.«[13]

Drehbuchautor Paul Schrader schuf den *Taxi Driver* nach autobiographischen Motiven. Nach dem Scheitern seiner Ehe und seiner Beziehung (die wiederum der Grund für das

›Taxi Driver‹. Freier Waffenverkauf

89

Scheitern der Ehe war) litt der streng calvinistisch erzogene Schrader unter Depressionen. Er fuhr nachts durch die Straßen von Los Angeles, von einer Bar zur anderen und anschließend in Pornokinos, die die ganze Nacht über geöffnet waren, bis er dann aufgrund eines Magengeschwüres in ein Krankenhaus mußte. Dort hörte er den Harry-Chapin-Song »Taxi«, in dem von einem Mädchen gesungen wird, das in das Taxi ihres alten Freundes steigt. »Mir wurde klar, daß dies die Metapher war, nach der ich gesucht hatte: der Mann, der

›Taxi Driver‹. »Are you talking to me?«

›Taxi Driver‹. Beim Training

jeden für Geld an jeden Ort bringt; der Mann, der sich durch
die Stadt bewegt wie eine Ratte durch den Abflußkanal; der
Mann, der andauernd von Menschen umgeben ist, aber keine
Freunde hat. Das absolute Symbol urbaner Einsamkeit. Das
hatte ich gelebt, das war mein Symbol, meine Metapher. Der
Film ist über ein Auto als das Symbol urbaner Einsamkeit,
ein metallener Sarg.«[14] In dieser Zeit wurde überdies auf den
rechtsextremen Präsidentschaftskandidaten George Wallace
ein Attentat verübt. Für Schrader waren beide Vorkommnis-
se der endgültige Anstoß für das Skript zu *Taxi Driver*.
Doch es sollte noch Jahre dauern, bis schließlich daraus ein
Film wurde. Martin Scorsese und vor allem Robert De Niro –
nach *The Godfather, Part II* und *1900* – waren »bankable«.

91

Dennoch kam *Taxi Driver* nur unter ungewöhnlichen Bedingungen zustande. Schrader: »*Taxi Driver* ist ein ganz besonderer Fall: Es ist ein Film, der gemacht wurde, weil alle daran Beteiligten große finanzielle Opfer brachten und lange Zeit daran festhielten. Die Gesamtkosten für Scorsese, De Niro, Michael und Julia Phillips und Tony Bill (die Produzenten), Peter Boyle, Jodie Foster und mich lagen bei etwa 150.000 Dollar; die Leute machten es praktisch umsonst.

»Wir warteten lange. Michael und Julia Phillips sahen das Drehbuch vor ungefähr drei Jahren (1973), ein Jahr, nachdem es geschrieben worden war. Es gefiel ihnen, sie nahmen eine Option darauf, ohne bereits zu wissen, was man damit machen könne. Dann sah ich eine Rohfassung von *Mean Streets*. Zu diesem Zeitpunkt dachten wir daran, *Taxi Driver* mit Robert Mulligan und Jeff Bridges zu machen. Ich war dagegen, weil es für mich keinen Sinn ergab. Aber es bestand ein Vertrag, und ich wollte weiß Gott den Film gemacht sehen. Doch auch Michael und Julia waren nicht sonderlich scharf darauf, aber es war da und hätte gemacht werden können. Ich sah *Mean Streets* und sagte: ›Das ist es. De Niro und Scorsese.‹ Sie schauten ihn sich an und sagten auch ›Das ist es.‹ Wir zogen keine anderen Möglichkeiten mehr in Betracht, für uns war es klar. (...) Kein Studio wollte den Film machen, aber wir boten ihnen einfach ein sehr gutes Geschäft. Das ursprüngliche Budget lag bei 1,3 Millionen (es wurden schließlich 1,9), und dafür bekamen sie alles zusammen.«[15] Robert De Niro erhielt zu dieser Zeit bereits Angebote von mehr als einer halben Million Dollar für einen Film, doch er lehnte alles zugunsten von *Taxi Driver* ab und war mit einer Gage von etwa 35.000 Dollar einverstanden. Um den starken persönlichen Bezug des Autors in den Film einzubringen, trug er Schraders Hemd, Stiefel und Gürtel und ließ ihn Travis' Tagebuchnotizen auf ein Tonband sprechen.

De Niro gab der Figur zudem jene Schizophrenie, die das Drehbuch nur andeutungsweise beschrieb. »... all diese schizophrenen Elemente kamen direkt aus seiner Persönlichkeit. In meinem Buch wurde die Figur auf eine geradlinigere Weise verrückt, als Bobby sie spielte; seine Darstellung verläuft im Zickzack.«[16] »Ich hatte die Idee, Travis sich wie eine Krabbe bewegen zu lassen«, sagt De Niro. »Es ist ein heißer, sonniger Tag. Wenn er außerhalb seines Taxis ist, das sein Panzer ist, befindet er sich außerhalb seines Elements. Er ist ganz heiß und trocken, schließlich bricht er zusammen. Ich hatte die Vorstellung von einer Krabbe, die sich unbeholfen nach der Seite oder zurück bewegt. Natürlich imitiert man keine Krabbe, aber die Vorstellung davon hilft einem bei der Arbeit. Sie vermittelt dir eine andere Art des Verhaltens.«[17] Schon immer hatte De Niro, vor allem natürlich in den Filmen Scorseses, sich an der Entwicklung des Drehbuchs intensiv beteiligt – das ist eins seiner Arbeitsprinzipien. »Wenn

›Taxi Driver‹. Harvey Keitel (links) und Robert De Niro

man einen Film macht, ändert es sich«, beschreibt er seine Vorgehensweise. »Man paßt es immer an und ändert es, wenn man bei den Dreharbeiten ist. Auch wenn es auf dem Papier gut aussieht, weißt du, daß es falsch wäre, es auch so zu drehen. Hast du auf dem Set eine andere Idee, nimmst du sie statt dessen. Paul Schrader gab uns eine sehr gute Struktur. Doch in *Taxi Driver* gab es eine Menge, was nicht im Skript stand, wir aber machten.

»Wenn ich auf Harvey Keitel zugehe und ihn erschieße, dann weiß ich nicht, ob es so im Drehbuch steht. Wäre da also ein Regisseur, der buchstabengetreu verfilmt, würde er sagen: ›Warum macht ihr es nicht so, wie es im Buch steht?‹ Wo liegt der Unterschied, wie man es macht. Man muß es einfach machen, solange es der Situation richtig entspricht. Grob geschätzt würde ich sagen, daß 20, 25 Prozent des Films vom Drehbuch abweichen.«[18] Nicht im Drehbuch stand beispielsweise Travis' Monolog in die Kamera, der für viele in New York einen Kultstatus gewann. »Are you talking to me? Are you talking to me? ... Well, I'm the only one here.« (In der deutschen Synchronfassung wurde daraus: »Du laberst mich an?«) Schrader hatte sehr großen Wert auf den an Robert Bressons asketischen Filmen orientierten Stil gelegt, der neben der Erzählperspektive (aus der Sicht von Travis) die Aufmerksamkeit vor allem auf Details des Alltags oder der Waffenhandhabung lenken sollte. Das Team schaute sich in der Tat mehrfach Bressons *Pickpocket* (1959) an. De Niros Improvisation in die Kamera gewann dieser stilistischen Poesie eine nahezu dämonische Qualität ab – es ist die vielleicht eindringlichste Szene des ganzen Films und einer der schauspielerischen Höhepunkte in De Niros Laufbahn. Um auch die weiteren Details seiner Rolle richtig kennenzulernen, erwarb er eine Taxilizenz und fuhr einige Zeit unerkannt durch New York. Nur einmal erkannte ihn ein Fahrgast und steckte ihm voller Mitgefühl für die Not arbeitsloser Schauspieler fünf Dollar Trinkgeld zu. Eine noch intensivere Rollenvorbereitung unternahm De Niro indes für seinen nächsten Scorsese-Film.

New York, New York sollte Scorseses erster Big-Budget-

›Taxi Driver‹. Die Metamorphose – Gewalt als Lösung der Probleme

Film und auch kommerziell ein Durchbruch werden. Das erste trat ein, das zweite nicht. Robert De Niro stellt in dieser Hommage der siebziger an das Musical der vierziger Jahre einen Saxophonisten dar. Dazu trieb sich der Schauspieler nicht nur monatelang in den verschiedensten Jazz-Clubs herum und beobachtete Musiker und Atmosphäre, er lernte auch – Perfektionist bis ins kleinste Detail –, Saxophon zu spielen: »Ich mußte nur so viel lernen, daß es nicht aussah, als wisse ich nicht, was ich mache. Ich arbeitete wirklich hart daran. Aber ich frage mich, ob ich meine Kraft nicht für andere Dinge sparen und mir keine Gedanken darüber hätte machen sollen, was zu sehen sein würde. Ich arbeitete wie der Teufel daran. Man muß es entweder so gut können, daß man es auch richtig machen kann oder man muß einen Weg finden, es so zu machen, daß man gerade genug weiß und sich doch damit zufrieden fühlt.«[19] Sein Lehrer wurde der Jazz-Veteran Georgie Auld, der in den Bands von Benny Goodman und Artie Shaw mitgespielt hatte. »Ich kann nicht erreichen«, meint De Niro, »wozu Georgie (Auld) so viele Jahre gebraucht hat. Aber ich kann so tun als ob, was mein Beruf als Schauspieler ist. Die musikalische Ausdrucksweise ist der des Schauspielers und seines Rhythmus sehr ähnlich. Einmal, bei einem Solo, hatte ich das Gefühl totaler Kontrolle. Es war kompliziert, aber ich übte es so lange, bis ich es fühlte, spürte und richtig reinkam.«[20] Auch Auld war von dem Talent und der Energie seines Schülers beeindruckt, wenn er ihn auch manches Mal wegen seiner Hartnäckigkeit zum Teufel wünschte. Aulds Frau Diane: »Wir dachten, er würde mit dem Saxophon zu uns ins Bett kommen.«[21] Innerhalb von drei Monaten lernte De Niro zur Verblüffung aller das Saxophonspielen so gut, daß ihm sein Lehrer bescheinigte, längst mehr als nur ein guter Amateur zu sein. Wenngleich im Film Georgie Auld alle Saxophonsolos spielte, wirkte De Niro als Jimmy Doyle doch überzeugend echt. Er bewegte nicht nur die Finger, sondern seine Griffe waren echt, er kannte die spezielle Atemtechnik und die Phonetik, und er wußte, welches Instrument in der jeweiligen Szene und Stimmung tatsächlich gespielt würde. Was von besonderer Bedeutung war, da seine Partnerin in diesem Film eine Vollblutmusikerin ist: Liza Minnelli. »Wenn ich nachts um elf oder zwölf das Studio verließ«, erinnert sie sich, »hörte ich das Klagen seines Saxophons. Als Musiker war er großartig. Die Art, wie er seine Figur fand, sie zusammensetzte. Ich glaube nicht, daß Bobby vergißt, was er musikalisch erlernt hat, denn er spielt

das Saxophon wirklich gern.«[22] Tatsächlich kaufte sich De
Niro nach dem Film selbst ein Saxophon; er begann das No-
tenlesen zu lernen und seine Technik zu verbessern.

New York, New York beginnt auf einer Siegesfeier am V-J
Day 1945. In der Starlight Terrace des Waldorf Astoria freu-
en sich die Menschen über das Ende des Krieges. Es ist die
Blütezeit des Swing. Zur Musik des Tommy-Dorsey-Orche-
sters tanzen Hunderte von frisch heimgekehrten Soldaten
mit ihren Frauen, Freundinnen oder Mädchen, die sie gerade
erst kennengelernt haben. Unter ihnen Jimmy Doyle (De Niro) in einem himmelschreiend bunten Hawaii-Hemd. Er will
die Gunst der Stunde nutzen und ein Mädchen aufreißen.
Doch alle sind in festen Händen. Da fällt sein Blick auf Francine Evans (Minnelli), die allein an einem Tisch sitzt. Unauf-

›New York, New York‹

gefordert setzt er sich dazu und versucht vergeblich, ihr Interesse zu wecken. »Sogar eine Klette würde jetzt verschwinden«, sagt sie verzweifelnd. Schließlich gibt Jimmy auf und verschwindet. Doch der Zufall führt sie in einer Hotellobby wieder zusammen. Jimmy ist gerade dabei, sich heimlich zu verdrücken. Francine entdeckt ihn, ebenso der Empfangschef. In einer umwerfend komischen Szene mimt De Niro einen Kriegsveteranen, wegen eines Holzbeins hinkend und mit nervösen Zuckungen einen psychischen Defekt vortäuschend. Schließlich gelingt es Jimmy, mit Francine aus dem Hotel zu entkommen und zu seinem Vorspieltermin in einer Bar zu fahren. Doch erst nachdem ihm Francine singend zu Hilfe gekommen ist, wird er engagiert. Am nächsten Abend jedoch erscheint seine unvermittelte Partnerin nicht. Von ihrem Agenten (Lionel Stander, der Mafiaboß Baccala aus *The Gang That Couldn't Shoot Straight)* erfährt er, daß sie mit Frankie Hartes (Georgie Auld) Band auf Tournee ist. Jimmy, der jetzt weiß, daß er Francine liebt, fährt ihr nach und erhält auf ihre Vermittlung einen Job in der Band. Eines Nachts entdeckt er ein Gedicht, das Francine über ihn geschrieben hat. Spontan fährt er mit ihr zu einem Friedensrichter und heiratet sie. Nachdem Frankie sich aus dem Geschäft zurückgezogen hat, übernehmen Jimmy und Francine die Band und führen sie zu großen Erfolgen. Bis Francine schwanger wird und nach New York zurückkehrt, während Jimmy weiter bei der Band bleibt, deren Erfolg nun rapide abnimmt. Auch die Geburt ihres Sohnes kann nicht mehr verdecken, daß Jimmy und Francine sich auseinandergelebt haben. Fortan gehen beide getrennte Wege. Francine wird zu einem umjubelten Hollywood-Star, Jimmy spielt zunächst in einem Harlem-Club (in dem De Niros Frau Diahnne Abbott als Sängerin auftritt; schon in *Taxi Driver* war sie als Popcorn-Verkäuferin in einem Pornokino zu sehen) und eröffnet später einen eigenen. Jahre sind vergangen, als Francine wieder zu einem Auftritt nach New York zurückkehrt. Als sie Jimmy im Publikum entdeckt, widmet sie ihm ihre erste gemeinsame Komposition »New York, New York« (das in der Interpretation von Frank Sinatra zu einem Welthit wurde).

›New York, New York‹. Romantik der 40er Jahre

Jimmy versucht noch einmal, ihre Ehe zu retten, doch Francine erscheint nicht zu ihrer Verabredung. Zu tief sitzen bei ihr noch die Verletzungen, die der impulsive Jimmy ihr zugefügt hatte.

Auf den ersten Blick erinnert diese konventionelle Geschichte über die Höhen und Tiefen einer Beziehung nicht an die New-York-Filme und Außenseiterporträts Martin Scorseses. Und doch ist auch *New York, New York* ein sehr persönlicher Film seines Regisseurs, der ihn noch vor *Taxi Driver* geplant hatte. »Das Leben der Musiker fasziniert mich. Sie gehören einer Subkultur an wie die Italiener in *Mean Streets* oder auch der *Taxi Driver*. Sie leben ein eigenes isoliertes Leben, bewegen sich auf einer eigenen Wellenlänge und sprechen ihre eigene Sprache.«[23] Während *Taxi Driver* das Leben auf der Straße reflektierte, ist *New York, New York* eher die Erinnerung an seine Kindheit, in der ihn sein Vater so häufig in die Musicals der vierziger Jahre mitgenommen hatte. Der Schriftsteller Earl MacRauch arbeitete zwei Jahre an dem Buch, doch es kam kein Drehbuch dabei heraus, nach dem sich ein Film hätte drehen lassen. Scorseses damalige Frau Julia Cameron überarbeitete zusammen mit MacRauch das Buch, doch der Autor steckte einen Monat vor Drehbeginn auf. Martin Scorsese beauftragte daraufhin seinen alten Freund Mardik Martin, ein drehfertiges Skript zu erstellen, nachdem De Niro und Scorsese zuvor selbst einige Änderungen vorgenommen hatten, die dem Film einen persönlichen Charakter verliehen. »Ich wollte mich selbst, unsere Beziehungen, unsere Ehen zur Grundlage machen. So war im Film die Frau des Protagonisten schwanger wie meine Frau und die von Bobby auch, es war eine verrückte Zeit.«[24]

Von Beginn aber hatte Scorsese Schwierigkeiten mit der Dramaturgie seines Films. »Es ist ein guter Film, nur ist er manchmal etwas verschlungen. Alle Szenen sollten die ganze Geschichte erzählen, aber ich wünschte mir, daß es uns gelungen wäre, zwei oder drei Szenen zu einer einzigen zu kombinieren. Das ist der Kniff; das hätte gemacht werden müssen. Aber auf diese Weise lernten wir wenigstens.«[25] Obwohl Scorsese den Film von viereinhalb auf zwei Stunden und 22 Minuten zusammenkürzte und der Verleih weitere 15 Minuten herausnahm, weist *New York, New York* immer noch einige Längen auf. Während der Montage wurden immer wieder Vorführungen arrangiert, bei denen sich Scorsese die Meinungen von Freunden und Kritikern einholte – mit dem Ergebnis, daß er am Ende so verwirrt war, daß er sich für einige Tage zum Nachdenken zurückziehen mußte. Schon während der Dreharbeiten in einer riesigen alten MGM-Halle, in der die berühmten Musicals des Studios entstanden waren, herrschte ein munteres Kommen und Gehen am Set. Sylvester Stallone, Lizas Vater Vincente Minnelli, Claude Lelouch und Milos Forman zählten zu den Besuchern in Judy Garlands alter Garderobe, in der nun ihre Tochter Liza untergebracht war; Jack Nicholson, Bernardo Bertolucci und Jeanne Moreau waren Gäste in Greta Garbos ehemaligem

Aufenthaltsraum, in dem sich jetzt Robert De Niro erholte oder vorbereitete.

Der vollständig im Studio gedrehte Film beruhte im wesentlichen auf der Improvisationskunst Scorseses und De Niros, die ein seltenes Vertrauensverhältnis zueinander besitzen. »In Martin hat Bobby eine Person gefunden«, erzählte Julia Cameron, »die sich eine Viertelstunde mit ihm darüber unterhält, wie eine Figur einen Schlips binden würde. Ich habe sie schon zehn ununterbrochene Stunden miteinander gesehen.«[26] Improvisation spielt in der Zusammenarbeit zwischen den beiden eine große Rolle. Doch improvisiert wird nicht vor der Kamera, sondern noch vor Drehbeginn in der Phase intensiver Proben. »Ich glaube«, sagt De Niro, »Proben sind wichtig. Das ist etwas, woran viele, vor allem neuere

Bei der Probe. Liza Minnelli, Robert De Niro, Martin Scorsese

Filmemacher, selten denken. Sie halten Proben nicht für wichtig. Es gibt alle möglichen Arten von Proben. (...) Das kann aber auch bedeuten, nur an einem Tisch zu sitzen und sich näher kennenzulernen. Manchmal braucht man nicht viel mehr, denn im Film werden nur ein paar Sätze gesprochen, und die Figur benötigt nur einen Ausdruck. Was soll man also proben? Das ist nicht wie bei einem Theaterstück, bei dem viel gesprochen wird und man die Sätze wörtlich auswendig lernen muß. Manchmal machen wir von Proben Videoaufzeichnungen und bekommen Material, das sogar noch besser ist als das, was geschrieben wurde. Wir nehmen das dann in die Szene herein.«[27] Die enge Beziehung zwischen dem Regisseur und seinem Star stieß gelegentlich auf Mißfallen bei anderen Schauspielern des Films. »Bobby nimmt Marty am Drehort völlig in Beschlag«, beobachtete einer der Mitwirkenden. »Marty gibt Bobby alles, was er braucht. Und was Bobby braucht, ist andauernde Aufmerksamkeit, sind andauernde Diskussionen über seine Rolle.«[28] »Früher redete ich mit ihm privat, ohne Zuhörer«, beschreibt De Niro sein Verhältnis zu Scorsese. »Manchmal bin ich gerne sehr persönlich mit einem Regisseur. Er kann anderen Schauspielern sagen, was er möchte, aber wenn wir reden, ist es untereinander. Wir haben jetzt so häufig miteinander gearbeitet, daß wir uns vertrauen. Nicht, daß wir uns nicht auch zuvor schon vertraut hätten, aber jetzt können wir auch reden, wenn eine andere Person dabei ist. Wir haben eine tiefgehende Verständigung. Aber trotzdem möchte ich manchmal einfach mit ihm reden, ohne daß ein anderer zuhört. Vielleicht über etwas, das ich ausprobieren möchte. Ich möchte, daß er darauf vorbereitet ist und es beobachten kann. Es ruft vielleicht eine Reaktion bei den anderen Schauspielern hervor, und dafür soll er bereit sein.«[29]

Die vielleicht eindrucksvollsten Szenen des Films sind zweifellos die seiner Exposition. »Der Beginn war für mich sehr wichtig – die große lange Anmachszene. Das war wie eine Musical-Nummer geplant. Die ganze Zeit wird geredet, sie hören nicht auf, und man weiß sofort, daß diese Leute dazu bestimmt sind, sich selbst zu zerstören. Ob sie es wissen oder

›New York, New York‹

nicht, sie kommen einander näher und kriegen sich, ob sie es
mögen oder nicht.«[30] Für Robert De Niro war es ein glanzvol-
ler Auftritt, bei dem er als pomadiger Möchtegern-Latin Lover seine aus *Mean Streets* bekannte nervöse und überdrehte
Dynamik dem ruhigen, verhaltenen Stil aller anderen Schauspieler, der ein bewußtes Zitat der vierziger Jahre darstellen
soll, entgegenstellt. Dieser Einbruch der unruhigen Siebziger
in den gepflegten Glamour der vergangenen Epoche wird
noch unterstrichen durch die ewig grelle, unpassende Kleidung Jimmy Doyles. So wie De Niros höchst emotionalisier-
te, die ganze Bandbreite zwischen Komik, Verzweiflung und
Brutalität markierende Darstellung – weder scheut er sich,
chargenhaft zu überziehen noch zu weinen oder in überra-
schendem Zorn zu explodieren – die schauspielerische Ent-

wicklung seit der Studioära demonstriert, so ist der Film auf seiner musikalischen Ebene die Beschreibung einer Wachablösung. Jimmy Doyle spielt bereits Bebop, während Francine dem vom Publikum gewünschten traditionellen Swing singt. Der Ko-Produzent Irwin Winkler *(Rocky)* produzierte 1985 übrigens einen weiteren Jazz-Film. In *Round Midnight* (Um Mitternacht) beschreibt Bertrand Tavernier die Ära des Bebop in Paris. In einer kleinen Rolle als quirliger, ewig quasselnder New Yorker Impresario ist Martin Scorsese zu sehen. *New York, New York* wurde an den Kinokassen trotz seiner Starbesetzung ein Flop, auch die Neuaufführung einer längeren Version konnte das kommerzielle Debakel dieser Acht-Millionen-Dollar-Produktion nicht verhindern. Drei Jahre lang konnte Scorsese keinen Spielfilm drehen (1978 führte er Regie bei den Dokumentarfilmen *The Last Waltz* und *American Boy: A Profile of Steven Prince*), während De Niro einen weiteren Höhepunkt seiner Karriere mit Michael Ciminos »Oscar«-gekröntem *The Deer Hunter* erlebte. Erst 1980 drehten beide wieder einen gemeinsamen Film, der für beide zu einem erneuten Triumph werden sollte. Martin Scorsese feierte mit *Raging Bull* (Wie ein wilder Stier) ein kraftvolles, Geschichte machendes Comeback, während De Niro für seine bis an die Grenzen des Vorstellbaren gehende darstellerische Leistung den »Oscar« als bester männlicher Hauptdarsteller erhielt. In Hollywood nennt man ihn seitdem »The Emperor«. Basierend auf der Autobiographie des »Stiers aus der Bronx«, des aus Little Italy stammenden Boxers Jake La Motta, schildert der Film nicht allein die berufliche Karriere, sondern vor allem das Privatleben des Mittelgewichtsmeisters der Jahre 1949−1951.

La Motta war kein eleganter Boxer. Seinen Spitznamen »Raging Bull« erhielt er, weil er ohne Rücksicht auf (eigene) Verluste fightete. Um selbst einen Treffer anbringen zu können, nahm er einige mehr in Kauf. La Motta konnte unglaublich viel einstecken, ging im stürmischen Verlauf seiner Karriere aber kein einziges Mal k. o. zu Boden.

Standhaft lehnt es im Film La Motta (De Niro) ab, im Unterschied zu seinem Bruder Joey (Joe Pesci), mit der Mafia zu paktieren. Als Boxer ist er eine Kampfmaschine, aggressiv bis unter den Haaransatz. Und auch zu Hause prügelt er zunächst seine Frau und fordert dann Joey auf, ihm ins Gesicht zu boxen. Als Jake in seiner Nachbarschaft das Mädchen

›Wie ein wilder Stier‹

Vickie (Cathy Moriarty) kennenlernt, heiratet er sie wenig später. Doch nun hat er nicht nur die Gegner im Ring zu bekämpfen, sondern vor allem seine Eifersucht. Um schließlich einen Weltmeisterschaftskampf (gegen Marcel Cerdan) zu bekommen, läßt sich Jake auf das Spiel der Mafia ein und verliert gegen einen unterlegenen Boxer. 1949 schließlich wird er Champion, doch seine Ehe leidet immer stärker unter seiner grundlosen Eifersucht. Nachdem er seinen Titel gewonnen hat, läßt Jake sich treiben, vernachlässigt sein Training, stopft Hamburger und Cola in sich rein und verliert seine Form. In einem Eifersuchtsanfall zerstreitet er sich dann auch noch mit seinem Bruder und prügelt Vickie fast aus dem Haus. 1951 verliert Jake La Motta seinen Titel gegen Sugar Ray Robinson, in einem mörderischen Kampf, in dem er fürchterliche Treffer einstecken muß, ohne indes zu Boden zu gehen. 1954 tritt Jake vom Boxsport zurück und beginnt eine neue Karriere – als »stand up comic« in seinem eigenen Nachtclub in Miami Beach. Aufgedunsen vom übermäßigen Essen und vom Alkohol reißt er vor immer spärlicher werdender Kulisse seine dünnen Witze. Vickie verläßt ihn schließlich, während Jake wegen angeblicher Beschäftigung einer minderjährigen Prostituierten zu einer Gefängnisstrafe verurteilt wird. »Warum, warum, warum?« ruft er verzweifelt in seiner Zelle, als er seinen Kopf gegen deren Mauern schlägt. 1964 ist Jake wieder in New York, als Witzemacher in einem drittklassigen Striplokal. Mit der verblühten Attraktion des Schuppens, einer alternden Stripperin, ist er das dritte Mal verheiratet.

Robert De Niro drehte gerade auf Sizilien *The Godfather, Part II,* als ihm La Mottas Autobiographie geschickt wurde. Von Anfang an war er an dem Stoff interessiert. »Boxen interessierte mich nicht sonderlich. Es ist zu primitiv. Aber Jake ist komplexer, als man denkt. Dieser Stil von ihm – das Gesicht rausstrecken, die Schläge einstecken, seine Gegner zermürben. Irgendwo muß eine Schuld in ihm stecken, freiwillig Schläge einzustecken.«[31] Vor der Verfilmung dachten De Niro und Scorsese daran, das Leben von Jake La Motta als Bühnenstück unter dem Titel »Prizefighter« herauszubringen. Doch De Niros Verpflichtung für *The Deer Hunter* kam dazwischen. Scorsese hatte die Rechte an La Mottas Autobiographie gekauft, als er noch *Taxi Driver* vorbereitete. Er schickte sie seinem alten Freund Mardik Martin, der bereits das Skript zu *Mean Streets* verfaßt hatte. Martin arbeitete zweieinhalb Jahre an einer Dramatisierung des Stoffes. Scorsese, der mittlerweile an *New York, New York* arbeitete, war mit dem Resultat nicht sonderlich glücklich. Martins Fassung hielt sich zu eng an die Vorlage, das Projekt wurde zunächst einmal aufgeschoben. Scorsese und De Niro baten schließlich Paul Schrader, dem Drehbuch eine andere Struktur zu geben. Schrader fügte die blutig-brutalen Kämpfe La Mottas mit Sugar Ray Robinson, Marcel Cerdan und Billy Fox hinzu, kürzte das Skript an einigen Stellen, während er an anderen dramatische Höhepunkte einbaute. Doch noch immer waren De Niro und Scorsese mit dem Ergebnis nicht zufrieden. »Wir wußten, welchen Film wir machen wollten«, erzählt Scorsese, »deshalb verreisten wir, um ihn vorzubereiten.«[32] Während eines zehntägigen Aufenthaltes auf der Karibikinsel St. Martin wurde von Scorsese und De Niro die Rolle des Jake La Motta bis ins kleinste Detail ausgearbeitet. Wie bereits von ihm gewohnt, gab sich Robert De Niro in der Folgezeit einer überaus intensiven und in mancher Hinsicht einzigartigen Vorbereitung auf seine Rolle hin. »Zunehmen, um Jake la Motta wirklich darstellen zu können, das für ihn charakteristische Milieu vermitteln, seine Bewegungen ausdrücken, sein Schicksal einfangen oder das Boxen zeigen, offenbart einen identischen Anspruch. Ich habe die Boxer beobachtet, dann die Schauspieler, die Boxer gespielt haben, und ich habe mir gesagt: Das ist es noch nicht, ich muß es besser machen. Ich habe mir eine Frist von sechs bis acht Monaten gesetzt, um dies zu erreichen.«[33] Von April 1978 bis April 1979 trainierte er schließlich mit Jake La Motta jeden Tag im Gramercy Gym in der East 14. Street. »Ich glaube«, erinnert sich La Motta, »daß wir in den ersten sechs Monaten gut 1000 Runden geboxt haben, jeden Tag eine volle halbe Stunde. Er fing nicht eher an zu trainieren, bevor wir nicht Kopf- und Mundschutz angelegt hatten, denn er wußte, daß er bald meine Deckung überwinden würde. Zuerst lehrte ich ihn, sich selbst zu schützen und ein Experte im Abblocken zu werden. Ich vertraute ihm. Ich lehrte ihn, sich nicht zurückzuhalten. Ich kann einen Schlag besser als irgendein anderer in der Welt vertragen. Ich weiß wie. Dann begannen wir, meinen Stil einzustudieren.«[34]

Schon bald wußte De Niro, wie er gegen seinen Lehrer kämpfen mußte: »Jake duckte sich immer sehr, sehr tief und bewegte sich dabei. Dann drückte er seinen Gegner in die Ekke.«[35] Jake La Motta spürte die Lernfähigkeit seines Boxers schnell. Er bekam vier Veilchen verpaßt und büßte außerdem vier Zahnkappen ein, was United Artists 4000 Dollar kostete. »Und dann mußte an meinem Kinn genäht werden, nachdem mich Bobby getroffen hatte, was 500 oder 600 Dollar kostete. Ich brach mir auch eine Rippe, aber das kann passieren. Ich glaube, Bobby zählt zu den besten zwanzig Mittelgewichtlern.«[36] Tatsächlich bestritt De Niro unter dem Namen »Young La Motta« in Brooklyn drei Kämpfe, von denen er zwei sogar gewinnen konnte.

Die anderen Rollen wurden erst in dieser Zeit besetzt. Eine grundsätzliche Entscheidung von De Niro und Scorsese war, nur Laien oder kaum bekannte Darsteller zu verpflichten. Joe Pesci, der La Mottas Bruder Joey spielt – und später als *Mr. Wonderful* unter Peter Lilienthal überzeugte –, ist ein vielseitiges Talent. Schon als Kind war er Schauspieler. Später dann trat er als Stegreifkomiker auf, als Sänger, Gitarrist und Imitator. Im Februar 1979 befand sich seine Karriere in einem Tief, und Pesci managte ein Restaurant in der Bronx. »Ich erinnere mich«, erzählt er, »daß es kalt war, als ich einen Anruf von Marty und Bobby bekam. Sie hatten mich in einem Film, meinem einzigen, gesehen, *Death Collector* von Ralph De Vito, und fanden, daß ich für die Rolle des Joey der Richtige sei. Bobby wollte, daß ich seinen Bruder spiele. Wie sie mich im Restaurant fanden, weiß ich nicht, aber Bobby rief mich an. Ich war mir darüber klar geworden, daß ich mit Schauspielerei nichts mehr zu tun haben wollte. Ich kann mit den meisten Leuten nicht arbeiten, weil ich kein disziplinierter Schauspieler bin. Ich arbeite nach Gefühl, und ich fand

›Wie ein wilder Stier‹. Robert De Niro und Joe Pesci

nicht sehr viele Leute, die auf diese Weise arbeiten wollten.
Wie auch immer, Bobby rief mich an, und ich sagte ihm, daß
ich nicht glaubte, die Rolle übernehmen zu wollen, daß ich
kein Interesse daran hätte. Er sagte, daß er komme und mit
mir darüber reden wolle. Er tat es. Und ich las das Drehbuch.
(...) Ich sagte ihm, daß ich eine Rolle wollte, in der ich zeigen
konnte, wie gut ich bin. Ich wollte eine wirkliche Rolle, oder
sie sollten sie einem noch aktiven Schauspieler geben. Er war
einverstanden, mich vorlesen zu lassen, und die Figur begann, sich zu ändern, sich zu erweitern. Ende März hatte ich
wieder Geschmack. Ich konnte wirklich arbeiten, ich wußte,
daß wir großartig sein würden. Durch die Veränderungen
wurde Joey wichtiger. Dann fand ich heraus, daß auch andere den Part lasen. Bobby und Marty meinten, sie wüßten, was
ich durchmachen würde, aber sie müßten auch nach anderen

Leuten suchen. (…) Ich wurde verrückt. Ich erklärte ihnen, daß ich nicht mehr lesen würde. Ich sagte: ›Hier ist euer Drehbuch. Wenn ich den Joey nicht spielen kann, sucht euch einen anderen.‹ Und ich ging. Sie riefen noch in dieser Nacht an und gaben mir die Rolle.«[37]

»Für uns«, sagte Scorsese, »war Joey ebenso böse wie Jake und nicht nur der kleine Bruder. Das war wichtig, und wir wußten, daß ›Pesh‹ der richtige war. Wenige haben den Instinkt, das Gefühl von Wahrheit. ›Pesh‹ hat es.«[38]

Auch Joe Pesci mußte jeden Tag in der Boxhalle üben. Im Film nämlich sollte er seinen Bruder sparren. Jake La Motta wurde auch sein Trainer. Später dann traten Pesci und De Niro gegeneinander an. Pesci war nicht wohl in seiner Haut, hatte er doch sehen können, mit welcher Besessenheit De Niro boxte. Nach seinem Zusammentreffen mit De Niro hatte er denn auch zwei gebrochene Rippen, Folge einer verunglückten Abwehr.

In Florida besuchte Robert De Niro dann La Mottas frühere Frau Vickie. Er sah sich dort einige Schmalfilme an, die Jake, Vickie und ihre Kinder zeigten. Diese Amateuraufnahmen brachten ihn auf die Idee der farbigen Zwischenteile in dem schwarzweiß gedrehten *Raging Bull,* mit denen gewissermaßen die Chronologie der La Motta-Familie hergestellt wurde. Wohl ausschlaggebend für De Niros »Oscar« aber war ein anderer Teil seiner Vorbereitung. Der Film beginnt 1964, man sieht einen aufgedunsenen Jake La Motta träge in seiner Garderobe sitzen, in der er auf seinen Auftritt wartet. Erst zögernd begreift man, daß auch dies Robert De Niro sein könnte. Gewißheit erlangt man aber erst am Ende des Films. Möglich wurde diese physische Veränderung nicht etwa durch kunstvolle Tricks eines Maskenbildners. De Niro, der schon für seine Boxer-Szenen 20 bis 30 Pfund Muskeln zugelegt hatte, nahm nochmals um ca. 50 Pfund (von 160 auf 215) zu. Die Dreharbeiten wurden dafür eigens unterbrochen. Drei Monate lang fuhr De Niro durch Frankreich und »mästete« sich in allen Luxusrestaurants. »Es war Bobbys Idee«, meinte Scorsese, »und als er mir davon erzählte, fand ich es großartig. (…) Wir mußten sehr vorsichtig sein, denn Bobby wurde schnell müde von dem Gewicht, das er herumtrug.«[39] »Die ersten Wochen machten Spaß«, sagt De Niro zu seiner außergewöhnlichen Methode. »Ich war richtig befreit. Ich stand morgens früh auf. Man muß morgens früh aufstehen, um drei große Mahlzeiten essen zu können. Ich hatte ein großes Frühstück, ein großes Mittagessen und ein großes Dinner. Ich war gierig nach Eiscreme. Ich reiste nach Frankreich und ging in alle Zwei- und Drei-Sterne-Restaurants und stopfte mich voll. Ich nahm immer diese französischen Alka-Seltzer. Ich quälte mich, aber in einer Woche nahm ich um sieben Pfund zu. Ich fing an zu spüren, was ein fetter Mann alles durchmacht. Man bekommt Ausschlag auf den Beinen. Deine Beine stoßen zusammen. Man fühlt sein Gewicht auf seinen Fersen, wenn man aufsteht. Es ist ein bißchen so, als ob man in einem fremden Land geht.«[40] Noch Monate nach die-

›Wie ein wilder Stier‹. Cathy Moriarty, Robert De Niro

111

ser Strapaze litt De Niro unter den Folgen, unter Bluthochdruck und Kurzatmigkeit. In seinem darauffolgenden Film *True Confessions* sind die physischen Spuren noch zu erkennen.

So bewundernswert De Niros Leistung auch ist, sie birgt doch ein grundsätzliches Problem der Schauspielerei in sich. Wohl noch nie ist ein Darsteller so sehr zu der Person geworden, die er eigentlich nur spielen soll. Die physische Aneignung einer fremden Persönlichkeit ist vielleicht der Traum eines jeden Schauspielers, dem Zuschauer indes nimmt sie die Möglichkeit der Imagination und der Anteilnahme am Schicksal eines Charakters. Die Motivation der dargestellten Person bleibt unter ihrer äußerlichen Gestaltung verborgen. Für Robert De Niro ist dies kein Problem. »Jeder sagt immer, daß man bestimmte Dinge erklären muß. Aber es gibt Dinge, die man nicht erklären kann. Ich fragte Jake La Motta immer: ›Warum tatest du das? Warum das?‹. Er antwortete mir – und er machte seinen Job gut, denn sonst hätte ich es nicht so vermocht. Er gab mir die Antworten eines Insiders. Wenn mich jemand fragen würde, könnte ich nicht so aufrichtig und geradeheraus sein. Ich will damit nur sagen, daß das in Ordnung ist, wenn man bei Charakteren nicht alles versteht. Man muß es nicht buchstabieren. Der Film ist keine Anleitung, wie man diese Figur verstehen soll.«[41]

Die Kritik am Film entzündete sich in den USA vor allem an der scheinbar fehlenden Motivation La Mottas. Und daran, daß seine erste Frau ziemlich plötzlich aus dem Film verschwindet. »Der Film gründet auf gewissen Fakten«, rechtfertigte sich Martin Scorsese. »Da ist ein Boxer. Er hatte einen Bruder. Er hatte eine Frau. Er hatte eine andere Frau namens Vickie. Wir streben nach Einfachheit und Klarheit. Nach der Auseinandersetzung mit der ersten Frau sieht man einige Privatfilme und dann eine zweite Frau, ein Haus in Pelham und Kinder. Bemerkt man da nicht, daß einige Zeit vergangen ist? Wir sind in die Geschichte einfach 'rein-und 'rausgegangen, wie ein Flugzeug in La Mottas Leben hineingestürzt. Wir steigen zwei Jahre später wieder ein, nach seiner ersten Frau. Man muß ein Gefühl für den Stand von Be-

›Wie ein wilder Stier‹ (Raging Bull). Robert De Niro als Jake La Motta, der Sieger im Ring

ziehungen bekommen. Wir wollten nicht die alte klischeehafte psychologische Struktur.«[42]

Raging Bull aber ist nicht nur das Psychogramm einer Persönlichkeit. Es ist auch ein Boxerfilm. Und als solcher zählt er zu den Höhepunkten des Genres. Eben weil er sich nicht auf das Boxen konzentriert. »Diesen Film kann man nicht vergleichen mit Produktionen wie etwa *Rocky*«, sagt Scorsese. »Er spielt zwar im gleichen Milieu, nutzt die Elemente dieses Genres, aber er ist – und das unterscheidet ihn fundamental – ein realistischer Film. Es geht hier weniger um ausgeklügelte Kampfszenen als vielmehr um ein sozialpsychologisches Porträt. Mein Ziel war es, die Veränderung, die in diesem Menschen stattfindet, deutlich zu machen. Gezeigt werden soll, wie die sozialen Bedingungen aus dem Menschen Jake La Motta eine skrupellose Kampfmaschine machen, wie er zum Außenseiter wird, weil er sich seine eigenen Gesetze schafft. Insofern ist er verwandt mit Charlie aus *Mean Streets,* mit Travis Bickle aus *Taxi Driver.* Sie alle kämpfen mit dem Rücken zur Wand, haben sich in diesem System verloren. Insofern war es keine Frage, wer die Hauptrolle übernehmen sollte. Robert De Niro und ich, wir kommen aus der gleichen sozialen Ecke. Unsere Biographien weisen viele Parallelen auf, wir sprechen die gleiche Sprache, gehören eben zu den ›Outsidern‹.«[43]

Die eigentlichen Boxszenen, vom *Rocky*-Box-Arrangeur choreographiert, machen nur etwa zwölf Minuten des gut zweistündigen Films aus. Und doch sind sie von dominanter Wirkung. Im Unterschied zu anderen Boxerfilmen wurde von Scorsese und seinem Kameramann Michael Chapman, der auch schon *Taxi Driver* photographiert hatte, nur eine Kamera benutzt. Sie befand sich mit den beiden Kämpfern im Ring und schuf so einen Eindruck unmittelbarer Betroffenheit und physischer Direktheit. Mit vielen Detailaufnahmen von einem Bizeps, den Ringseilen und herabtropfendem Blut, Schweißperlen und dem Blitzlichtgewitter der Photographen, dem Einsatz von Slow Motion und dem Intermezzo aus Mascagnis Oper »Cavalleria Rusticana« kreierte Scorsese eine fast surreale Atmosphäre, in der jeder Treffer von

einem dumpfen Ton begleitet wird und die Schläge körperlich spürbar werden.

»Manchmal, nachts, wenn ich zurückdenke, sehe ich mich
selber in einem alten Schwarzweißfilm. Warum er schwarzweiß ist, weiß ich nicht. Es ist kein guter Film, voller Sprün-
ge, lückenhaft, eine Reihe schlecht ausgeleuchteter Sequenzen.«[44] So beginnt die Autobiographie von Jake La Motta,
als ob er geahnt hätte, daß sein Leben einmal Gegenstand
eines Films werden würde. Scorseses Entscheidung, den Film
in Schwarzweiß zu drehen, traf nicht nur die Vorstellung La
Mottas von seinem eigenen Leben, sie trug auch dazu bei,
den lüsternen Blick des Publikums auf das Blut der Kämpfer
zu enttäuschen. Schon die erste Einstellung des Films deutet
die Distanz an. Vor einer nur durch Blitzlichter durchbroche-
nen Wand aus Dunst und Rauch bewegt sich in Slow Motion
ein Mann in einem leeren Ring. Er macht sich warm, verhüllt
von einem Umhang, der dem Zuschauer von vorneherein die
Identifikation verwehrt und ihn auf den brutalen Schläger im
Ring und zu Hause vorbereitet. Jake La Motta ist kein positi-
ver Held wie »Rocky«. Er ist vielmehr die Kehrseite des amerikanischen Traums, einer, der vergeblich versucht hat, nach
oben zu kommen. »Als ich den Film gesehen hatte, war ich
sauer«, meinte La Motta zu seiner Darstellung. »Ich sah gar
nicht gut darin aus. Dann aber merkte ich, daß es wahr war.
So ist es gewesen. Ich war ein widerlicher Bastard. Das weiß
ich jetzt. So bin ich zwar heute nicht mehr, aber früher war
ich so.«[45]

Am Ende des Films sitzt La Motta aufgedunsen in seiner
Garderobe und rezitiert einen Monolog, den Marlon Brando
in *On the Waterfront* sprach. Gerade dieses letzte Bild des
Films verweist auf eine widersprüchliche Parallele zwischen
Brando und seinem Regisseur Elia Kazan auf der einen, De
Niro und Scorsese auf der anderen Seite. Kazan ließ seinen
Star Marlon Brando eine bis dahin ungewohnte psychologi-
sche Realität kreieren und fand eine damit korrespondieren-
de Kamerasprache, die es dem Zuschauer erlaubte, ein enges
Verhältnis zu dem Geschehen und den Personen auf der
Leinwand herzustellen. De Niros totale Aneignung einer

Persönlichkeit und Scorseses distanzierender Stil entziehen dagegen dem Zuschauer die Möglichkeit der Identifikation. Beiden Paaren gemeinsam jedoch ist die allumfassende Beanspruchung ihres Publikums und die Faszination, die sie vermitteln. In ihrem fünften gemeinsamen Film wird dies von Scorsese auf ebenso komische wie erschreckende Weise thematisiert. *The King of Comedy* (1982) ist nicht nur eine bitterböse Satire auf die modernen Medien, er demonstriert in der von Robert De Niro gespielten Figur des Rupert Pupkin auch die Beziehung des Publikums zu seinen Idolen aus Fernsehen und Kino.

Rupert Pupkin ist Bürobote in New York. Sein größter Wunsch ist es, einmal in der Fernsehshow seines Idols Jerry Langford (Jerry Lewis) aufzutreten – als »King of Comedy«. Eines Abends gelingt es ihm, sich zu Langford ins Auto zu setzen, als der sich mit knapper Not vor hysterischen Fans in Sicherheit bringen will. Als Rupert seinen Wunsch vorträgt, verweist ihn der mürrische Star an sein Büro. Schon wähnt sich Pupkin als neuer Star der TV-Unterhaltung, sieht sich an der Seite von Jerry technische Fragen diskutieren und glaubt sich sogar in dessen Wochenendhaus eingeladen. Als er im Büro von Langford ein Demoband abgeben will, wird er von dessen eiskalter Assistentin und einem Sicherheitsbeamten vor die Tür gesetzt. Trotzdem fährt Rupert mit seiner ahnungslosen Freundin Rita (Diahnne Abbott) in Langfords Wochenendhaus, wo er von dem überraschten Star rausgeschmissen wird. Enttäuscht von dem abweisenden Verhalten seines Idols, beschließt Rupert ihn zusammen mit Masha (Sandra Bernhard – die Entdeckung des Films), einem liebestollen und hartnäckigen Fan des TV-Entertainers, zu entführen. Während Masha ihrem »Liebling« nur einen selbstgestrickten Pullover anpassen und anschließend eine Liebesnacht mit ihm erleben möchte, erpreßt Rupert einen Auftritt in Langfords Show. Tatsächlich kommen seine dünnen Witze über Mutter und Vater beim Publikum an, das sogar noch schallend lacht, als Rupert ihm von der Entführung erzählt. Im Gefängnis schreibt er seine Autobiographie »The King of Comedy«, die ein großer Erfolg wird und ihm nach seiner

Ein »Oscar« für den Boxer

Freilassung eine eigene Fernsehshow einbringt.

Dieser zynische Schluß markiert den letztendlichen Erfolg des amerikanischen Traums, der durch die Ereignisse um Pupkins Auftritt herum längst zu einem Trauma verkommen ist. Die Findung der eigenen Identität geschieht hier auf Kosten anderer Personen, die ihrerseits über ihre Mitwelt hinwegsehen – es ist eine böse Vision, die Scorsese in seinem Film entwirft, der trotz seiner Starbesetzung an den Kinokassen ein Reinfall wurde. »Wenn ich eine solche Person spiele«, versuchte De Niro den Mißerfolg zu erklären, »fühle ich mich nicht wohl. Mir ist dabei unbehaglich, mich anderen Leuten aufzudrängen. Ich fühle mich dabei nicht gut, deshalb weiß ich, was dieser Mann in dieser Lage empfindet ... *The King of Comedy* kam vielleicht deshalb nicht so gut an, weil er etwas entlarvte, das die Leute nicht sehen oder kennenlernen wollten.«[46] Dem amerikanischen Zuschauer wurde ein Spiegel vorgehalten. TV-Entertainer wie Johnny Carson oder Merv Griffin – die realen Vorbilder der Jerry-Langford-Figur – erscheinen täglich zur besten Sendezeit auf den Bildschirmen der Nation, sie prägen das Alltagsleben des Durchschnittsamerikaners vermutlich mehr als die markigen Reden des Präsidenten. Mit ihren dünnen Witzen und häufig geschmacklosen Zoten demonstrieren sie ein erschreckendes Verständnis von Komik, wie es dann auch von Rupert praktiziert wird. De Niro hatte sich wochenlang in entsprechenden Clubs aufgehalten, in denen er die Pointen, den Rhythmus und das Verhalten von Nachwuchskomikern studierte. Mit einem breiten, bereits zur Maske erstarrten Lächeln, dem pomadigen, aber exakt geschnittenen Haar, einem eleganten, aber übertriebenen Anzug samt grellroter Krawatte und die Arme weit ausgebreitet, als wolle er die ganze Welt umarmen, kreierte De Niro ein stereotypes Bild jenes typisch amerikanischen TV-Entertainers, der mittlerweile zur Karikatur seiner selbst verkommen ist. »Scorsese und De Niro selbst sind gegenüber dieser Figur unnachsichtig bis zur Denunziation und behalten sich doch eine merkliche Sympathie; nicht zuletzt von diesem Zwiespalt lebt dieser Film.«[47] Wie Travis Bickle in *Taxi Driver,* Johnny Boy in *Mean Streets*

›King of Comedy‹. Rupert Pupkin, die Nervensäge

und Jake La Motta in *Raging Bull* ist auch Rupert Pupkin ein neurotischer Besessener, ein verlorener Einzelgänger, ein kaputter Held, dessen überzogene Ambition, dessen Begehren, seine Phantasiewelt mit der Realität zu vermengen, sich angesichts der unausweichlichen Enttäuschung über das Scheitern in plötzlich hervorbrechender Gewalt entlädt. In *The King of Comedy* inszeniert der Protagonist ein Kidnapping, um endlich seine Wünsche in die Wirklichkeit umzusetzen. »*The King of Comedy* ist ein Film über den Erfolg und den Ruhm, über diese spezifisch amerikanische Besessenheit, von den anderen anerkannt zu sein, in den Augen der Öffentlichkeit zu existieren«, sagt der Drehbuchautor Paul D. Zimmerman, ein ehemaliger »Newsweek«-Filmkritiker. »Wird Rupert Pupkin eines Tages ein wichtiger Mann? Für ihn ist das eine lebenswichtige Frage, wie auch für viele Millionen andere: es nicht zu schaffen, heißt eine Null sein, was dem Tod gleichkommt. 1970 habe ich eine Sendung von David Susskind über Autogrammjäger gesehen; ich war förmlich erschlagen, wie sehr sie Mördern ähneln. Ein wenig später habe ich in einem Artikel in ›Esquire‹ über einen Kerl gelesen, der in einem Tagebuch seine ›Dialoge‹ mit Fernsehberühmtheiten festhielt, als handele es sich dabei um seine intimsten Freunde. Ich habe angefangen, mir vorzustellen, was im Kopf eines solchen Menschen vor sich geht, der schließlich eine Persönlichkeit trifft, die er für seinen ›Freund‹ hält.«[48] Scorsese und De Niro besuchten denn auch zahlreiche Fans und Autogrammjäger, ließen sich deren Souvenirs zeigen und hörten der Schilderung ihrer Erlebnisse zu. De Niro hatte bereits selbst Erfahrungen mit hartnäckigen Fans gemacht. »Er war schon immer von den Rupert Pupkins fasziniert, die ihm andauernd zu schaffen machen, diese aufdringlichen Fans, die ihn ohne Unterlaß verfolgen«, meint Scorsese. »Neulich wurde er andauernd zu jeder Tageszeit, meist mitten in einem entscheidenden Treffen, von einem Unbekannten angerufen: ›Wie geht es dir, Bob? Was machst du? Ißt du heute abend zu Hause?‹ Er verdrückte sich natürlich, aber er war auch neugierig, was dieser Typ von ihm erwartete. Eines Abends gab er nach. Wir waren mitten in der

›King of Comedy‹. Der Showmaster

Vorbereitung zu *Raging Bull*, eine Phase, in der man noch nicht einmal die Zeit hat, seine besten Freunde zu sehen. Dieser Typ erwartete ihn mit seiner Frau, einer sehr scheuen Vorstädterin und von der Situation besonders peinlich berührt. Der Mann hatte die Absicht, ihn zum Essen mit nach Hause zu nehmen, zwei Autostunden von New York entfernt! Nachdem er ihn davon überzeugt hatte, in Manhattan zu bleiben, fragte Bobby ihn: ›Warum verfolgst du mich? Was willst du?‹ ›Mit dir essen‹ antwortete er. ›Etwas trinken. Reden. Meine Mutter hat mir aufgetragen, dich zu grüßen. Meine Freunde auch. Sie wollen wissen, ob ...‹ Das war alles, sie wollten Bobby einfach leibhaftig sehen, ihn zum Reden bringen, seine Pläne kennenlernen. Und er rief weiter regelmäßig bei ihm an!«[49]
Schon von Beginn an war De Niro die treibende Kraft bei der Realisierung des Stoffes, der durch die Ermordung von John

121

›King of Comedy‹. Sandra Bernhard und Robert De Niro

Lennon und die Fernsehkarriere der Watergate-Einbrecher eine ebenso beklemmende wie zynische Realität gewonnen hatte. In dem israelischen Geschäftsmann Arnon Milchan fand er durch Zufall einen finanzstarken Interessenten, der gewillt und in der Lage war, die schließlich 20 Millionen Dollar Produktionsetat aufzubringen. »Eigentlich wollte ich einen Film über Moshe Dayan machen«, erinnert sich Milchan. »Robert De Niro hatte daran Interesse und wollte Dayan treffen. Er blieb einige Wochen, und wir wurden Freunde. Eines Tages erzählte er mir von dem Film *King of Comedy,* den Martin Scorsese mit ihm machen wollte, aber bis dahin keine Zeit gefunden hatte, das Projekt zu verwirklichen.«[50] Scorsese war lange Zeit sehr skeptisch gewesen, bevor er sich schließlich entschloß, *The King of Comedy* zu drehen: »Ich hatte die Absicht, *Night Life* zu machen, den Jay Cocks geschrieben hatte und der von Charles Jaffe produziert werden sollte. Es war die Geschichte zweier Brüder: der ältere ein Komiker, der jüngere ein Angestellter. Zu der Zeit sagte ich also zu Bobby: ›Behalte *The King of Comedy* für dich, ich mache lieber *Night Life*.‹ Aber wegen *Raging Bull,* in dem sich einige Elemente aus *Night Life* wiederfanden, besonders die Beziehung zwischen den beiden Brüdern, habe ich das Projekt aufgegeben. In der Zwischenzeit hatte Bobby Michael Cimino als Regisseur für *The King of Comedy* ausersehen. Cimino wollte das Skript ändern, wollte Rupert mit seinen Nummern auf der Bühne zeigen – was ich exakt vermeiden wollte. Wegen *Heaven's Gate* mußte Cimino *The King of Comedy* dann aufgeben. Bobby und ich waren gerade dabei, an den Monologen von Jake La Motta in *Raging Bull* zu arbeiten, und wir amüsierten uns wie die Irren. In dieser

›King of Comedy‹. *Robert De Niro und Sandra Bernhard*

123

entspannten und euphorischen Atmosphäre bat mich Bobby plötzlich, das Buch von Zimmerman noch einmal zu lesen. Dieses Mal habe ich es verstanden. Die Figuren nahmen für mich Leben an, und ich bemerkte, daß sie zu mir von meinen früheren Erfahrungen sprachen. In der zwölften Drehwoche sagte ich zu Bobby: ›Was ich beim ersten Lesen von *The King of Comedy* wirklich mochte, ist der Monolog.‹ Er war weder gut noch schlecht: Man konnte daraus keine Schlüsse auf das mögliche Talent von Rupert ziehen. Das war eine glänzende Idee. Bobby antwortete: ›Das ist genau das, was du mir gesagt hast, als du mir das Buch zurückgabst.‹ Ich hatte völlig vergessen, daß ich es ihm zum Lesen gegeben und er sich zuerst in die Figur verliebt hatte.«[51]

Scorsese suchte für den Part des Jerry Langford Jerry Lewis aus, der in seiner ersten ernsten Rolle sein eigenes Image konterkarierte. Lewis' lange Erfahrung als Film- und Fernsehkomiker, Regisseur und Las Vegas-Entertainer bereicherte den Film um zahlreiche stimmige Details. »Er half uns mit so unerklärlichen Dingen wie Körperbewegungen«, erinnert sich Scorsese. »Er wußte, wann man sich *wie* verhalten mußte. Er kennt die Objektive. Ich vertraute ihm und diskutierte mit ihm. Absichtlich machte ich von ihm lange Einstellungen, so daß ich ihn studieren konnte.«[52] Jerry Lewis selbst ist über seinen Ko-Star voller Bewunderung. »Mit Bobby De Niro zu arbeiten, war für mich eine jener Chancen, an die sich ein Schauspieler für den Rest seines Lebens erinnert. Es muß dasselbe Gefühl gewesen sein, das die Schauspieler hatten, als sie das erste Mal mit Darstellern wie Marlon Brando, Rod Steiger, Paul Newman oder James Cagney zusammengearbeitet haben. Er ist ein absoluter Profi … De Niro besitzt die enorme Fähigkeit, die anderen Schauspieler vergessen zu lassen, daß um sie herum Kameras und Techniker sind. Er bezieht einen derart stark ein, daß man sich dabei ertappt, Dinge zu machen, von denen man nicht glaubte, sie machen zu können.«[53] Diese außergewöhnliche Intensität der darstellerischen Arbeit hatte indes während der Beschäftigung mit *Raging Bull* zu einer Trennung De Niros von seiner Frau Diahnne Abbott geführt, die in *The King of Comedy* in der

›King of Comedy‹. Original und Kopie, Jerry Lewis und Robert De Niro

Rolle des Barmädchens Rita einen eindrucksvollen Auftritt absolvierte. De Niro selbst bedauerte, sich nicht mehr um seine Kinder kümmern zu können, doch der Vollblutschauspieler konnte nicht anders – seine eigene Persönlichkeit liegt in den Rollen, die er spielt, verborgen. Wie Rupert Pupkin versteckt er sich hinter einer angenommenen Identität. Konsequent schirmt De Niro deshalb nicht nur sein Privatleben ab, sondern ist in jeder Rolle ein anderer. Die Vielfalt seiner Charaktere entspricht dabei der Differenziertheit der menschlichen Psyche. In seinem darauffolgenden Film, Sergio Leones *Once Upon A Time In America,* dem Höhepunkt einer kleinen Reihe gewaltiger Epen mit italo-amerikanischem Sujet, durchmaß De Niro fast ein ganzes Leben – für jeden Schauspieler eine enorme Herausforderung. Wie nicht anders zu erwarten, fügte De Niro mit dieser Rolle seiner Karriere einen weiteren Höhepunkt hinzu.

Sieben Jahre nach *The King of Comedy* fanden Robert De Niro und Martin Scorsese für *GoodFellas* wieder zusammen. Es wurde ein in jeder Hinsicht bemerkenswerter Film. Einmal mehr nämlich setzte sich De Niro mit den Italo-Amerikanern auseinander, wiederum in der Rolle eines Mafioso. Inzwischen hatte er in Coppolas *The Godfather, Part II* einen Paten, in Sergio Leones *Once Upon a Time in America* die Geschichte eines Gangsters über 35 Jahre und in De Palmas *The Untouchables* den legendären Al Capone dargestellt. Alle drei Filme aber, jeder für sich großartig, glorifizierten die Mafia und ihren Einfluß auf den amerikanischen Alltag. Scorsese dagegen folgte einem anderen Ansatz.

Basierend auf dem Buch »Wiseguys«, das Nicholas Pileggi über die Geschichte des Gangsters Henry Hill schrieb, zeigt *GoodFellas* den Bodensatz des Verbrechens. Kleine Ganoven, die schmutzige Geschäfte machen und deren unkontrollierte Gewalttätigkeit das Treiben ihrer Oberen nur stört. Der halb irische, halb italienische Henry Hill gerät Ende der fünfziger Jahre noch als Jugendlicher in die Kreise der örtlichen Mafia. Er bewundert, wie die Verbrecher offen ihren Wohlstand in der Nachbarschaft zur Schau stellen, beginnt, kleinere Arbeiten für sie zu erledigen. Dabei läuft er auch Jimmy »the Gent« Conway (De Niro) über den Weg, der Dollars bündelweise verteilt und schon einen legendären Ruf genießt. Conway, selbst halb Ire und deshalb ohne Chance, in den engeren Kreis der eigentlichen »Familie« aufgenommen zu werden, führt den heranwachsenden Henry in die Kriminalität ein. Überfälle auf Lastwagen voll Zigaretten und Schnaps, Glücksspiele und ab und zu ein Mord – so sieht ihr Alltag aus. Henry (Ray Liotta) heiratet, bekommt Kinder und nimmt sich eine Geliebte. Das allerdings bringt ihm Probleme, denn der Capo, der Boß Paul Cicero (Paul Sorvino), wünscht geordnete Familienverhältnisse. Alles verläuft bei ihm nach Regeln, bestimmt durch den Ehrenkodex der »Familie«, die dem einzelnen die Entscheidungen abnimmt, aber auch für ihn und seine Angehörigen sorgt, wenn er etwa im Gefängnis sitzt. Wie es bald auch Henry widerfährt. Doch natürlich ist der Alltag des Verbrechens nicht frei von Konflikten. Da ist etwa der verrückte Tommy (Joe Pesci, De Niros Filmbruder in *Raging Bull*), bei dem es keine Rolle spielt, wen er umbringt, solange es kein Familienangehöriger ist. Weil er sich nicht daran hält, wird er bald dran glauben müssen. Statt endgültig in den engen Kreis der Mafiosi aufgenommen zu werden, wird er von ihnen hingerichtet. Jimmy »the Gent« dagegen leidet darunter, nicht zum Kreis der Capi gehören zu können, weil er kein hundertprozentiger Sizilianer ist. So brütet er einen – authentischen – Coup aus, den erfolgreichen Überfall auf einen Lufthansa-Werttransport. Als die Beteiligten aber beginnen, ihr Geld entgegen Jimmys Anweisungen auszugeben, bringt er sie nach und nach um. Auch Henry wird eines Tages sterben müssen. Nachdem er sich mit Jimmy auf den Drogenhandel eingelassen hat und selbst süchtig wurde, stellt er eine Gefahr dar. Aus Angst um sein Leben und aus Angst vor dem skrupellosen Jimmy wird Henry zum Kronzeugen der Anklage, die ihm eine neue Identität verschafft. Paul Cicero und Jimmy »the Gent« aber landen hinter Gittern und werden die Freiheit gar nicht mehr (Cicero starb) oder erst im nächsten Jahrtausend als alter Mann wiedererlangen.

GoodFellas gilt allgemein als ein Meisterwerk seines Regisseurs, dem das Verdienst zukommt, die Mafia entglorifiziert zu haben. Meisterlich ist der Film vor allem auch formal. Als Henry mit seiner Freundin und künftigen Frau Karen (Lorraine Bracco) in einen Nachtclub geht, vorbei an den Wartenden, im Bewußtsein seiner Macht durch die Küche laufend, folgt ihnen die Kamera des deutschen Kameramannes Michael Ballhaus bis ins Lokal hinein. Sie schwebt förmlich und evoziert jenen Sog, von dem sich Henry und Karen dann mitreißen lassen: die Zwanghaftigkeit des guten Lebens, das einen aus der Mittelmäßigkeit herausholt. Später dann, als der Abstieg des kleinen Gangsters Henry Hill beginnt, ist dieser Sog ein ganz anderer. Mit einer großen Menge Rauschgift im Haus, die er zu verteilen denkt, fühlt sich Henry von der Polizei verfolgt. Immer nervöser, immer paranoider fährt er kreuz und quer durch die Gegend. Immer in der Angst, erwischt zu werden. Hier wurde für ihn der Himmel zur Hölle. Scorsese verstand es, die Gefühlslagen seiner Protagonisten auch visuell und stilistisch auszudrücken. Das führt zu gelegentlich atemberaubenden Montagen, führt zu einem Zusammenprall der Motive aus seinen vorherigen Filmen, zu einem »melting pot«, in dem sich alles zu einer ungeheuer gewalttätigen, explosiven Mischung vermengt und in dem viele biographische Elemente zu spüren sind. Beide – Scorsese und De Niro – wuchsen ja in Little Italy auf, in unmittelbarer Nachbarschaft der kleinen Mafiosi. Figuren wie Jimmy Conway kannten sie aus eigener Anschauung. Zunächst empfand De Niro diese Rolle als eine Wiederholung seiner Figur in *Mean Streets,* in dem er ja auch den kleinen italienischen Gangster mit Verbindung zur Mafia gespielt hatte. Es ist nicht unrichtig, Conway als einen gealterten Johnny Boy zu sehen. So könnte er aussehen und handeln. Doch Conway ist auch eine authentische Figur. »Dieser James Conway, wie er im Film heißt, ist zunächst einmal ganz anders. Was mich gereizt hat, ist, daß er so genau vorgezeichnet dasteht. Der ist ja keine Erfindung, und deshalb gibt es sehr viele Informationen über ihn. Vom Autor, von Leuten, die ihn damals gekannt haben. Für mich als Schauspieler war vor allem das interessant daran: daß es da um einen wirklichen Menschen geht, der in eine fiktive Figur umgewandelt wird.«[54] Immer wieder holte sich De Niro, häufig während der Dreharbeiten, Informationen über Conway vom echten Henry Hill, der ihn aus seinem Versteck anrief. Keine so intensive Vorbereitung, wie er sie bei anderen Scorsese-Filmen immer unternahm, doch nach den Anstrengungen zu *The Untouchables* hatte er sich ja ohnehin vorgenommen, sich nie wieder derartigen Vorbereitungsstrapazen zu unterziehen. Abstriche an seiner darstellerischen Überzeugungskraft aber gibt es keine. Obgleich De Niro als Jimmy »the Gent« nicht Mittelpunkt des Films ist, sondern nur eine wichtige Nebenfigur, vermittelt er auf die ihm eigene Weise einen Einblick in die Psychologie eines Gangsters. Ja mehr noch. Ihm gelingt, das Psychogramm des Verbrechers darzustellen, bei dem aus der Beiläufigkeit, aus der Harmlosigkeit schockierend plötzlich eine ungeheuerliche Brutalität hinter den blitzenden

Augen und dem gewinnenden Lächeln ausbricht. Der Spaß am Leben, den Conway hat, wenn er am Spieltisch oder in einem Nachtclub sitzt, wird immer überschattet vom Wissen um die Möglichkeit des eigenen Todes durch die Kugel eines Gegners oder eines Polizisten. De Niros Kunst ist es, diese latente Unsicherheit, diese tief im Innern des Gangsters verborgene Todesangst, unsichtbar, doch spürbar mitschwingen zu lassen. Als würde jemand ganz leise im Hintergrund ein Adagio spielen. Oder ein dokumentarisches Porträt zeichnen. Als dokumentarisch könnte auch der Stil des Films bezeichnet werden. Immer ist die Kamera bewegt, als suche sie nach einem Fokus. Figuren kommen und gehen, die herkömmlichen dramaturgischen Regeln werden hier durchbrochen, ohne daß es dem Film schaden würde. Im Gegenteil, der Einsatz dokumentarischer Techniken hat nebenbei ein drei Jahrzehnte umspannendes gesellschaftliches Sittenbild zur Folge, akzentuiert durch die zeitgenössische Musik. Die Schauspieler unterstreichen dies durch ihr wie improvisiert wirkendes Spiel, die Beiläufigkeit, mit der sie Sätze hinwerfen, Kokain schnupfen oder jemanden umbringen. *GoodFellas* ist auch eine Dokumentation des amerikanischen Traums, dessen wesentliche Elemente der Erfolg und die Freiheit sind. Beide werden hier von den Gangstern erfüllt und doch dabei in ihr Gegenteil verkehrt. Einen amerikanischen Alptraum findet man auch in De Niros nächster Zusammenarbeit mit Martin Scorsese. Nach beider Mitwirkung vor der Kamera ihres Produzenten Irwin Winkler (in *Guilty by Suspicion*) drängte De Niro Scorsese dazu, den Kriminalroman »The Executioners« von John D. McDonald neu zu verfilmen: *Cape Fear* ist auch einer der ersten Produktionsbeteiligungen von De Niros inzwischen gegründeter Tribeca. *Cape Fear,* das ist die Bedrohung der kleinsten Einheit der amerikanischen Gesellschaft, der Familie. Sam Bowden (Nick Nolte) ist ein erfolgreicher Anwalt und lebt glücklich mit seiner Frau Leigh (Jessica Lange) und der 16jährigen Tochter Danielle (Juliette Lewis) in einer Kleinstadt in Florida. Doch sein bürgerliches Leben gerät in heftige Turbulenzen, als er erfährt, daß Max Cady (De Niro) nach 14 Jahren

aus dem Gefängnis entlassen wurde. Bowden hatte Cady seinerzeit verteidigt, aber entlastendes Material zurückgehalten, weil er von der Schuld seines Mandanten überzeugt war. In den Jahren seines Gefängnisaufenthaltes ließ Cady nicht nur seinen Körper über und über tätowieren, sondern trainierte seine Gedanken in Rache und juristischen Kenntnissen. Jetzt, nach seiner Freilassung, beginnt er, seinen teuflischen Plan, den Anwalt für sein damaliges Verhalten zahlen zu lassen, in die Tat umzusetzen. Nach und nach versetzt Cady nun die scheinbar glückliche Familie in Angst und Schrecken, ohne dabei aber einen Gesetzesbruch zu begehen. Die unbewältigten Konflikte der Bowdens brechen auf. Leigh ist wütend über Sam, der ein Verhältnis mit einer Justizangestellten hatte, die von Cady brutal zugerichtet wurde. Und Tochter Danielle bemerkt zu ihrer eigenen Bestürzung und Unsicherheit das Erwachen ihrer Sexualität, was Cady spürt und ausnutzt. In einer der spannendsten Szenen des Films bringt er – von De Niro mit maliziöser Abgründigkeit gespielt – das Mädchen dazu, ihn zu küssen. Immer hat man in dieser Szene das Gefühl, in dem Wissen um seine Brutalität, daß er Danielle vergewaltigen wird. Doch Scorseses Terror ist rein psychologischer Natur. Cady ist für ihn eine Art religiöser Katalysator, der als Racheengel die unaufgeklärte Schuld der Familie aufdeckt. Das war es wohl auch, was De Niro an dem Skript reizte und weshalb er gemeinsam mit Steven Spielberg, dessen Firma Amblin Entertainment den Film mitproduzierte, Scorsese dazu überredete, die Regie zu führen.
Die Gewalt eskaliert. Ein von Bowden engagierter Detektiv (Joe Don Baker) wird von Cady umgebracht, die Familie flieht daraufhin nach Cape Fear und will sich dort auf einem Hausboot verstecken. Sie wissen nicht, daß Cady ihnen gefolgt ist und die Zeit gekommen sieht, Rache zu nehmen. Als erstes schaltet er Sam Bowden aus und droht dann, die beiden Frauen zu vergewaltigen. Ein mörderischer Kampf beginnt, an dessen Ende Sam Cady mit einem Stein erschlagen wird. Für die Familie aber wird das Leben nie wieder so wie früher sein. Sie wird mit ihrer Schuld leben müssen.

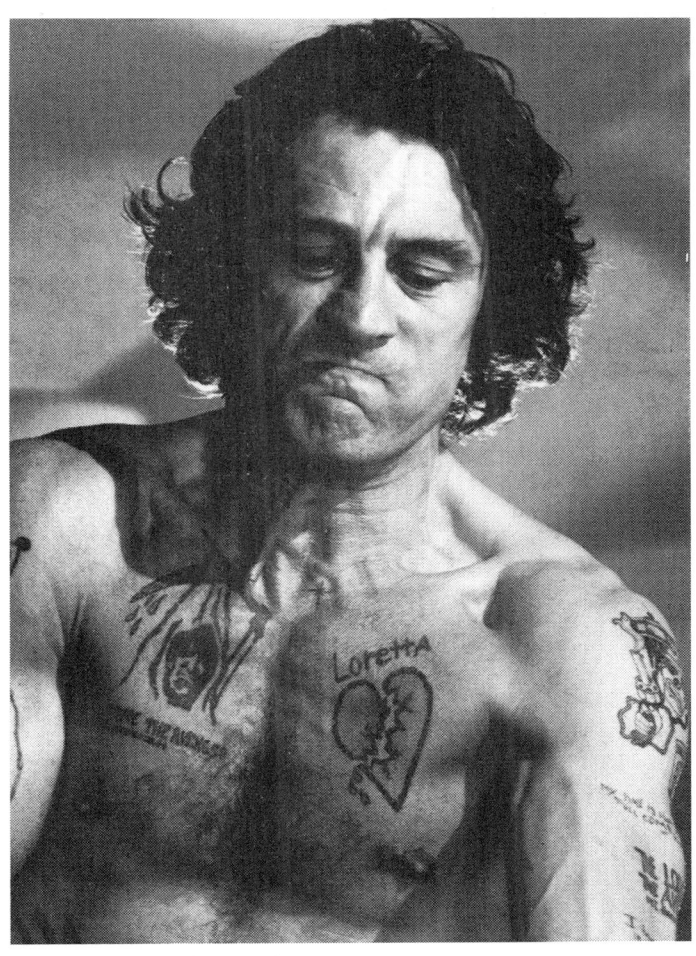

›Cape Fear‹ (Kap der Angst)

Schon einmal trieb Max Cady sein Unwesen auf der Leinwand. 1962 hatte J. Lee Thompson unter gleichem Titel (im Deutschen: Ein Köder für die Bestie) McDonalds Roman verfilmt, mit Robert Mitchum in der Rolle des Cady, Gregory Peck in der des Anwalts und Martin Balsam in der des Richters. Alle drei spielen bei Scorsese in kleineren Rollen mit, eine Reverenz vor den großen Tagen Hollywoods. Vor allem Mitchum faszinierte damals durch eine seiner besten Auftritte. Seine lauernden Augen, sein schiefes Grinsen und vor allem sein unvergleichlicher Gang verliehen ihm als Psychopath eine schauerliche Glaubwürdigkeit und dem Film eine Atmosphäre von Spannung und Beklemmung, die nicht aus einer geschickten Montage und äußeren Action-Momenten stammte. Viel der 34 Millionen Dollar des Produktionsbudgets flossen bei Scorsese in die aufwendige Technik. Ungewohnt ist dabei nicht seine formale Brillanz, die suggestiven Kamerafahrten, der Einsatz der von Elmer Bernstein überarbeiteten Originalmusik von Bernard Herrman, sondern der Mangel an innerer dramaturgischer Spannung, die Scorsese in seinen früheren, weniger linear erzählten Filmen aus den Personen und ihren Handlungen bezog. So wird Robert De Niro unversehens, aber nicht unvermutet zum eigentlichen Zentrum des Films und unterstreicht seine Bedeutung für Scorsese und darüber hinaus für das amerikanische Kino insgesamt durch einen seiner bisher ungewöhnlichsten Auftritte. Wie er mit einem breiten Grinsen in seinem Cabrio sitzt, die dicke Zigarre im Mund, mit einem wahrhaft maliziösen Gesichtsausdruck, den Körper voller Tätowierungen, Kraftübungen vor dem Spiegel und eine latent gewalttätige Sexualität ausströmend – das ist nicht nur die zum abgründig Bösen fortgeführte Version des *Taxi Driver,* sondern zugleich ein Robert De Niro, den man bislang noch nie böser hat sehen können. Ein wahres Monster.

Überraschend bleibt, auch bei *Cape Fear,* der zwar Scorseses kommerziell erfolgreichster Film werden kann – er hatte nach sechs Wochen in den USA annähernd 60 Millionen Dollar eingespielt –, wie De Niro die schauspielerischen Grenzen unter dessen Regie durchbrechen kann, der darstellerische Spielraum, den der Regisseur seinem bevorzugten Star einräumt. Nicht selten ist dabei die Rede vom »Alter ego«. »Er ist der Regisseur«, meinte Robert De Niro in einem seiner seltenen Interviews. »Er drückt sich durch die Schauspieler aus, die Art, wie er seine Filme zusammenbaut, und in seiner ganzen Aura. So drücken sich Regisseure selbst aus – sie sehen etwas und müssen es dann orchestrieren. Er ist nicht wirklich das ›Alter ego‹. Das ist eine Vereinfachung von etwas viel Komplizierterem. Es gibt einen Zusammenhang, aber das ist schwer für mich zu erklären.

Manchmal sage ich: ›Schau, ich werde das machen‹, und irgendwie weiß er, daß es richtig ist, diese Wahl zu treffen. Marty gelingt es sehr gut, Dinge aufzunehmen. Er gibt den Leuten mehr Freiraum, mit ihren Ideen anzukommen, weil er keine Angst vor dem Experimentieren mit den Dingen hat oder davor, die Ideen anderer zu akzeptieren. Selbst wenn sie ein bißchen außergewöhnlich sind, ist eine Idee, die so weit außerhalb ist, manchmal angebrachter, als man sich vorstellt. Er kann das erkennen und in der Szene orchestrieren ... Wir haben eine Art direktes Verständnis von vielen Dingen. Es ist viel komplizierter als ein ›Alter ego‹.«[55] Dieses Verständnis, diese geistige Übereinstimmung ohne Worte hat jene sieben Jahre überdauert, in denen sie keine Filme gemeinsam machten, wenngleich es mehrere Projekte gab. So sollte De Niro die Hauptrolle in Scorseses *The Last Temptation of Christ* (1988, Die letzte Versuchung Christi) spielen, lehnte aber ab. Doch ihre Gemeinsamkeiten, die sie zu einer der kreativsten Partnerschaften im amerikanischen Film der siebziger und frühen achtziger Jahre ausbauten, bestehen nach *GoodFellas* und *Cape Fear* fort und werden beide weiterhin zu den einfallsreichsten Köpfen des US-Kinos gehören lassen. Geändert haben sich nur die Bedingungen. Nicht nur die Erfolge wurden größer, vor allem auch die Budgets und die daraus resultierenden Zwänge. Aus den Anfängern aus Little Italy wurden so etwas wie die Paten des anspruchsvollen Films, selbst wenn er sich in den Gefilden des Mainstream bewegt. Eine Anpassung an den scheinbaren Geschmack der breiten Masse wird es wohl nicht geben. Herausragendes Merkmal in der Zusammenarbeit zwischen Martin Scorsese und Robert De Niro wird immer ihre künstlerische und persönliche Individualität bleiben. Für das Kino weiterhin ein Glücksfall.

KAPITEL 6

Träume und Mythen

Die italo-amerikanischen Epen

Ohne Italien wäre das Bild Amerikas unvollständig. Von Al Capone bis Frank Sinatra reichen die Namen, die die populären Mythen des Landes ausmachen. Bis heute etwa hat sich in gewissen, klar abgegrenzten Gebieten italienische Kultur und Sprache erhalten, bestimmt das von Italienern organisierte Verbrechen das wirtschaftliche Leben ganzer Stadtviertel und prägen zahlreiche Mafiosi die Mythen des amerikanischen Alltags. Und dessen kleinbürgerliches Ambiente bildete sich nicht zuletzt durch die amerikanischen Utopien eines italienisch-stämmigen Hollywood-Regisseurs: Frank Capra. Wie wohl für keine andere europäische Nation stellte Amerika für Italien das Gelobte Land dar, in das sich vor Ausbeutung und Armut fliehen ließ.

Nicht nur Martin Scorsese, wie De Niro Sproß italienischer Vorfahren, beschäftigte sich mit dem Einfluß italienischer (und im weiteren Sinne europäischer) Kultur auf das Leben in Amerika. Auch De Niro selbst suchte dieser Frage immer wieder nachzugehen. Etwa in jenem mehr als dreistündigen Epos, in dem er über weite Passagen italienisch sprechen und dafür sogar mit einem »Oscar« ausgezeichnet werden sollte: *The Godfather, Part II* (1974) war die Fortsetzung eines Welterfolges: Francis Ford Coppolas Mafia-Saga – auch er Abkömmling italienischer Einwanderer – wurde mit Einspielergebnissen von weit mehr als 100 Millionen Dollar zu einem der größten Erfolge der Kinogeschichte. Während der erste Teil schildert, wie der Padrone Don Vito Corleone (Marlon Brando, der für seine Rolle einen »Oscar« erhielt, ihn aber nicht annahm) seine kriminelle Organisation als ein ausgeklügeltes System von Gefälligkeit und Schuldeintreibung handhabt, dann in einem Bandenkrieg schwer verletzt wird und schließlich stirbt, nachdem sein jüngster Sohn Mi-

Der Pate im Kreise seiner Familie

chael (Al Pacino) die Familienleitung übernommen hat, beschreibt der zweite Film in einer genial konstruierten Parallelhandlung den Aufstieg des jungen Vito (Robert De Niro) und den Fall Michaels (Pacino).

Nach dem Tod seines Vaters Don Vito und seines Bruders Sonny (James Caan) übernimmt Michael das Syndikat der Corleones. Er verlagert die Geschäfte seiner Familie nach Las Vegas und gibt ihnen ein immer legaleres Aussehen. Trotz seiner Erscheinung als Manager im Nadelstreifenanzug greift er doch immer wieder auf die blutigen Methoden seiner Vorfahren zurück. Er verbündet sich mit dem jüdischen Gangsterboß Hyman Roth (Lee Strasberg), um in Havanna ein Kasino hochzuziehen, mißtraut ihm aber ebenso wie dieser ihm und versucht ihn – auch das beruht auf Gegenseitigkeit – umzubringen. Während für seinen Vater die Familie noch wichtigster Bezugspunkt war, hat Michael keine Skrupel, seine Frau (Diane Keaton) vor die Tür zu setzen und seinen schwächlichen Bruder Fredo (John Cazale) ermorden zu lassen. Zwar übersteht er auch einen Untersuchungsausschuß des Senats ohne größere Blessuren, doch über seinem Verbrechensimperium liegt eine Götterdämmerung.

Nachdem seine ganze Familie von dem lokalen Mafiaboß in Corleone aus Blutrache ermordet wurde, schaffen Freunde den einzigen Überlebenden, den kleinen Vito, nach Amerika. Dort bekommt er durch den Fehler eines Einwanderungsbeamten den Namen Corleone. 1917 in New Yorks Little Italy erlebt Vito, nunmehr verheiratet und Vater eines Sohnes, erneut die Macht einer Verbrecherorganisation. Weil der Neffe des lokalen Vertreters der »Schwarzen Hand« einen Job braucht, verliert Vito den seinen. Durch einen Nachbarn erhält er selbst Kontakt zum Verbrechen. Nachdem er den Vertreter der »Schwarzen Hand« erschossen hat, reißt Vito durch ein geschicktes System von Gefälligkeiten und Gewalt die Macht in der Straße an sich. Als Don Vito genießt er bald den ehrfurchtsvollen Respekt des ganzen Viertels. Einige Zeit später fährt er nach Italien in sein Heimatdorf zurück und nimmt blutige Rache für die Ermordung seiner Familie.

›Der Pate, Teil II‹. Robert De Niro in der Rolle Marlon Brandos

Für Robert De Niro war die Rolle des jungen Vito Corleone eine Herausforderung besonderer Art. »Ich hatte bestimmte Vorgaben, an die ich mich halten mußte. In gewisser Weise störte mich das nicht, denn sonst muß man sich alles allein ausdenken und mit irgend etwas Neuem aufwarten. Ich sollte den Paten von Marlon Brando spielen. Ich mußte ihn auf meine Weise spielen, es physisch aber so mit ihm verbinden, wie ich konnte, ohne ihn zu imitieren. Das war eine interessante Problemstellung.«[1] Mit nahezu wissenschaftlicher Akribie ging De Niro daran, Brando zu studieren. Mit dem Resultat, daß aus seiner Verhaltensforschung am Ende Poesie wurde. Immer und immer wieder hatte er sich ein Videoband des Films angeschaut. »Ich versuchte, eine Verbindung zwischen ihm und mir herzustellen, wie ich er sein könnte, nur jünger. Ich versuchte, ein bißchen schneller zu sein an den Stellen, wo er langsamer war, versuchte das Krächzen in seiner Stimme, allerdings nur dessen Beginn.«[2] Um Brandos (in der Originalfassung) unvergleichliches Nuscheln nachmachen zu können, ließ er sich von dessen Zahnarzt eine Prothese anfertigen. Wochenlang hielt er sich überdies in Sizilien auf, um den speziellen Dialekt zu lernen. Denn seine Rolle sah nur wenige Worte gesprochenes Englisch vor. Wie so viele Einwanderer sollte auch Vito Corleone der Sprache seiner neuen Heimat nur sehr langsam mächtig werden. (In der deutschen Synchronisation wurden derartige Feinheiten schlicht ignoriert). Mit einem schmalen Oberlippenbärtchen, dem schwarzen, glatt nach hinten gekämmten Haar, den dunklen Augen und der einfachen Kleidung vermittelte De Niro ein glaubhaftes Bild des italienischen Einwanderers, wie es sich auch auf Photos aus jener Zeit findet. Daß De Niro überhaupt die Rolle bekam, hatte zum einen mit seinem Auftritt in Scorseses *Mean Streets* zu tun, von dem Coppola begeistert war, zum anderen mit dem Umstand, daß Brando eine vielfach überhöhte Gagenforderung stellte. »Ich glaube, ein Regisseur ist da wie ein guter Ehemann, der vielleicht einmal ein anderes Mädchen heiraten wollte«, äußerte sich Coppola lapidar über den Darstellerwechsel. »Aber wenn er es eines Tages verliert, dann vergißt er diese frühere Freundin eben und liebt nur noch die Frau, mit der er tatsächlich verheiratet ist.«[3] Es war eine Entscheidung, die Coppola nicht bereuen mußte, erhielt er doch von dem verhältnismäßig unbekannten Nachwuchsschauspieler De Niro eine Bravourleistung, mit der niemand gerechnet hatte und die deshalb um so überraschender war. »Seine Aufgabe war unglaublich schwierig, wenn man bedenkt, daß er eine bereits bekannte Figur spielen mußte, die zuvor von einem der berühmtesten Schauspieler dargestellt wurde. Es gehörte schon Mut dazu, diese Gestalt zu verkörpern, ohne den Vorgänger Marlon Brando zu imitieren und das Ganze noch in Sizilianisch, in einer Sprache, die er nicht beherrscht.«[4] »Nein, ich scheue nicht davor zurück«, meinte Coppola über seine Besetzungsmethode, »neben Profis auch wenig erfahrene Schauspieler oder Laien zu engagieren. Ganz im Gegenteil! Sie können manchmal ganz ungewöhnliche Spannung in eine Szene einbringen. Und wenn es irgendwie möglich ist, versuche ich neue Leute, neue Gesichter auf der Leinwand zu zeigen. Ich glaube, daß die Rollenwahl für den Regisseur vielleicht die wichtigste Aufgabe überhaupt ist. Die richtige Besetzung

›Der Pate, Teil II‹

139

und ein gutes Drehbuch – damit sind schon 75 Prozent der Schlacht geschlagen.«[5] Auch De Niro war von seinem Regisseur angetan. »Er respektiert Schauspieler. Nach meiner Erfahrung läßt er sie machen, was sie wollen. Er unterstützt dich. Er möchte, daß du dich angenehm fühlst. Ich glaube, so ist es bei allen Leuten, mit denen er arbeitet. Das ist das allererste – die Leute fühlen zu lassen, daß sie zu etwas beitragen und nicht die ganze Zeit unterdrückt werden und ihre eigenen Vorstellungen nicht ausdrücken können. Aber er sucht sich auch Leute, die ihn verstehen, so haben sie eben Gemeinsamkeiten.«[6]

Orientierte sich Coppola in seinem ersten *Godfather*-Film nach dem Bestseller von Mario Puzo noch eher am klassischen Gangsterfilm Hollywoods, den er indes mit Elementen italienischer Epen, wie man sie von Visconti her kannte, vermengte, so inszenierte er den zweiten Teil konsequent als großes Drama und tragische Oper. »*Der Pate, Teil II* wird zu einer Götterdämmerung des beschriebenen Mafia-Clans – aber es ist zu keinem Zeitpunkt ein Film über eine Mafia-Familie. Ich zeige das Schicksal einer klassischen, »großen« Familie. Genausogut hätten die Könige im alten Griechenland oder im Mittelalter, die Kennedys oder die Rothschilds im Mittelpunkt stehen können. Es ist ein Film über Macht und die Vererbung von Macht.«[7] Virtuos verstand es Coppola, die verschiedenen Zeitebenen und historischen Ereignisse zu verbinden. Der Fall des Batista-Regimes in Kuba, Fidel Castros Machtübernahme wird dabei ebenso plastisch inszeniert wie das Leben der italienischen Einwanderer oder das dörfliche Dasein auf Sizilien. Zwei Jahre nahmen die Vorbereitungen in Anspruch, sieben Monate wurde an aufwendig hergerichteten Originalschauplätzen gedreht – ein gewaltiges Unterfangen, das größte, in dem De Niro bis dahin mitgewirkt hatte und von einem »Oscar«-Regen überschüttet. Mit sechs Academy Awards, darunter einer für De Niro als bester Nebendarsteller, erhielt der zweite Teil doppelt so viele Auszeichnungen wie sein Vorgänger, ein auch im Hollywood der Superlative ungewöhnliches Ereignis.

Gleich nach der Herausforderung durch *The Godfather, Part*

›1900‹. *Robert De Niro, Anna Henkel*

II ging De Niro ein noch größeres Wagnis ein. Dieses Mal
handelte es sich nicht um ein amerikanisch-italienisches Sujet, sondern um ein auf den ersten Blick rein italienisches.
Regisseur, Produzent und Drehorte waren italienisch, die
Besetzung international. Das Geld aber war amerikanisch
wie die Bilder des Filmes, dessen monumentale Ausmaße
und Ansprüche sein Scheitern geradezu erzwangen. *Novecento* (1900) war für De Niro in einer Hinsicht keine neue Erfahrung. Spiralenförmig schnellten Drehzeit und Budget (am
Ende etwa 20 Millionen Mark) wie schon bei Coppola nach
oben. Eine für De Niro neue Erfahrung war sicherlich die Arbeit mit Bernardo Bertolucci, dem nach seinem weltweiten
Skandalerfolg *Ultimo Tango in Parigi* (Der letzte Tango in
Paris, 1972) jegliche künstlerische Freiheit von seiten seiner
drei amerikanischen Geldgeber Paramount, United Artists

141

und Fox gewährt wurde, wobei die Finanzierungskombination mindestens ebenso ungewöhnlich war wie dieses Zugeständnis an Bertolucci.

»Er sagte mir immer, was ich machen sollte«, berichtete De Niro über ihre Zusammenarbeit. »Am Anfang hatten wir einige Probleme. Ich mag ihn als Mensch sehr gerne, aber als Regisseur hat er einen Stil, der mir nicht sehr zusagte. Viele der größten Regisseure sind wohl Italiener, aber sie alle sollen sagen: ›Mach das, du gehst nach hier und machst das.‹ Ich weiß nicht, warum sie so sind. Sie sehen es eben anders als Amerikaner.«[8] »Die ersten Tage waren ein Alptraum«, erinnert sich Bertolucci an seinen Star. »Aber ich sagte mir, daß meine Gefühle für ihn bei unserem ersten Treffen so stark waren, daß sie nicht ganz falsch sein konnten. Ich fing an zu versuchen, ihm dabei zu helfen, Vertrauen zu entwickeln, und langsam kam ein fantastischer Schauspieler zum Vorschein. Man darf Bob nicht nach den ersten Tagen beurteilen. Er ist eine sehr sensitive und vielleicht neurotische Persönlichkeit, so daß ein Regisseur getäuscht werden kann. Aber wenn man Geduld hat, zahlt es sich aus.«[9]

»Das Schlechteste ist«, beschreibt De Niro sein Verhältnis zu Regisseuren, »wenn ein Regisseur einem sagt, wie man etwas machen soll. Manche Regisseure wollen Resultate und sie sagen dir: ›Du machst das, gehst da rüber und lächelst‹. Du antwortest: ›Ich bin noch nie in einer solchen Situation gewesen. Was meinst du damit, rüberzugehen und zu lächeln?‹ Sie verstehen nicht, daß du es anders machen könntest und es so für dich besser wäre. Nicht allein für dich, aber es gibt einem mehr Vertrauen und Freude. Und du würdest wissen, daß der Regisseur dir und deinem Vorschlag traut. Das wird vielleicht dem entsprechen, was der Regisseur sich vorgestellt hat. Aber auf lange Sicht wird es denselben Effekt haben. Das ist das Wichtigste, denn man kann den Elan von jedem sehr leicht brechen.«[10] Tatsächlich konnte Robert De Niro, erstmals an erster Stelle im Vorspann eines großen Films, darstellerisch nicht völlig überzeugen, obwohl er sich viel Zeit nahm, vor den Dreharbeiten Land und Leute kennenzulernen. Die Gründe für seine schauspielerische Farblosigkeit waren vielfältig. Zum einen die verwirrenden Umstände der Produktion. »Jeder sprach seine eigene Sprache. In italienischen Filmen spricht jeder, was er will, und später wird alles synchronisiert. Dieser Film aber wurde mit Direktton gedreht, weil es ein großes, amerikanisch-finanziertes Projekt war. Das ist ein Fehler, glaube ich.«[11] Zum anderen schrieb Bertolucci häufig das Drehbuch während der Dreharbeiten um, improvisierte aus spontanen Einfällen heraus und nicht – wie De Niro etwa mit Scorsese – nach intensiven Proben. Das kam vor allem dem zweiten Star des Films, Gérard Dépardieu, entgegen, dessen ungestümes Draufgängertum und schauspielerische Kraftanstrengung überzeugender wirkten.

›1900‹. Zwei Stars auf dem Weg nach oben. Robert De Niro und Gérard Depardieu

Ausschlaggebend war dabei vielleicht die Rollenverteilung. De Niro spielte Alfredo. Sohn eines Großgrundbesitzers in der Emilia Romagna, Dépardieu ist Olmo, ein Bauernsohn, dem Bertoluccis Sympathien offensichtlich gehörten.

»Die beiden Hauptfiguren Alfredo und Olmo, Landbesitzer und Bauer«, skizziert Bertolucci den Inhalt seines Epos, »durchleben in der ersten Hälfte unseres Jahrhunderts die großen historischen Erfahrungen Italiens: vor allem das Erwachen des Klassenbewußtseins bei den Bauern der Emilia, das Entstehen des Faschismus und – im zweiten Teil – dessen Herrschaft und am Ende die Befreiung vom Nazi-Faschismus. Alfredo und Olmo, die beiden ungleichen Freunde, sind die Pole der Dialektik, die meiner Meinung nach die Essenz des ganzen Films ist.« [12] Die Handlung des Films beginnt im Jahre 1900, am Todestag Guiseppe Verdis, an dem dem Bauern Leo Dalco (Sterling Hayden) der Enkel Olmo geboren wird. Wenig später wird auch der Großgrundbesitzer Alfredo Berlinghieri (Burt Lancaster) Großvater. So wie die beiden Alten sind auch die Jungen: Freunde, doch auch sie trennt die soziale Kluft zwischen Herrn und Untertan. Nach dem Tode der Alten und dem Ende des Ersten Weltkriegs kündigen sich Veränderungen an: Unter den rechtlosen Landarbeitern fallen sozialistische und kommunistische Ideen auf fruchtbaren Boden, während Alfredo in der Stadt das Leben eines Bohemiens führt. Olmo heiratet die Lehrerin Anita (Stefania Sandrelli), die bei der Geburt ihrer Tochter Anna stirbt, während Alfredo sich mit der lebensfreudigen Ada (Dominique Sanda) amüsiert, die nach dem Tode seines tyrannischen Vaters (Romolo Valli) seine Frau wird. Doch sie geht an der provinziellen Enge der Berlinghieris zugrunde. Nach und nach ergreift der sadistische, brutale Verwalter Attila (Donald Sutherland) die Gewalt über das Leben auf dem Gut. Nach der faschistischen Machtergreifung sucht er sich vor allem die Bauern als Opfer. Olmo muß fliehen und kehrt erst nach dem Zweiten Weltkrieg am Tag der Befreiung, dem 25. April 1945, zurück. Alfredo, nunmehr selbst Padrone und von Ada verlassen, soll sich vor einem Volkstribunal verantworten. Am Ende zerren und zanken

›1900‹. Robert De Niro und Dominique Sanda

Olmo und Alfredo sich herum wie schon als Kinder – und sie
machen es auch noch als Greise.

»Wie in den Romanen des 19. Jahrhunderts werden zwei
Kinder am selben Tag geboren, auf demselben Grundstück«,
erläuterte Bertolucci seine Vorstellungen. »Der eine ist der
Enkel des Landbesitzers, der andere der Enkel eines Bauern.
Das ist Verdis ›Macht des Schicksals‹. In den Romanen des
19. Jahrhunderts hat diese Art von Schicksal Figuren geprägt, die eben wie aus einem Roman entstiegen wirkten.
Beide Großväter, Burt Lancaster und Sterling Hayden, sterben, weil sie zwei Relikte eines Jahrhunderts sind, das gerade
zu Ende ging. Sie können in der politischen Realität nicht

145

weiterleben, in dem politischen Bewußtsein, das jetzt aufkommt. Der Landbesitzer deshalb nicht, weil seine Klasse durch den Sozialismus ausgelöscht wird – der Bauer deshalb nicht, weil seine Vorstellung von der Welt so vorpolitisch, so archaisch ist, daß er vor Glück stirbt, Glück angesichts der Geburt des Sozialismus. Sie sind zwei Kräfte der Vergangenheit, die von dem, was die zentrale Idee des Films ist, überwältigt werden: von dem Sieg des Sozialismus.«[13] Detailgetreu und in faszinierenden Bildern beschrieb Bertolucci das bäuerliche Leben und die Dekadenz der herrschenden Klasse. »Die persönliche Note des Regisseurs, der deutlich aus der Schule Viscontis kommt, wenn er auch dessen Finesse und Reife nicht hat, stammt aus zwei Wurzeln: dem ausgeprägten Sinn fürs Ländlich-Derbe, für den Geruch der Ställe, für alles, was Zeugung, Fruchtbarkeit, Blut, Schweiß, Urin und Kot ist – und einen gelegentlich ins Infame ausrutschenden Spürsinn für die geheimen Süchte, Lüste und Angst der Bürgerlichen, von denen er selbst abstammt. Die Herkunft aus der feudal-ländlichen Besitzerbourgeoisie ist Bertolucci zum Trauma geworden. Er kennt sie, hochmütig, sinnlich, laut, anmaßend, lüstern. Von der Identifikation mit der sexuellen Unterlegenheit seiner Standesgenossen scheint er geradezu fixiert, und verfolgt dieses Motiv als den roten Faden der Epoche. Faschismus ist ihm im Kern mehr die Orgie sexueller Perversion als Unterdrückung. In solcher Sicht wird das Politische auf Psychologie und allenfalls eine recht summarische Philosophie der Dekadenz reduziert. Die Dialektik, von der der Regisseur gern redet und schreibt, ist zum Teil die seine. Er verfällt in einen Ästhetizismus, der in die Wollust der Grausamkeit und in den Schrecken des Terrors abgleitet.«[14]

Bertolucci wurde am 16. März 1941 in Parma als Sohn des großbürgerlichen Dichters und Filmkritikers Attilio Bertolucci geboren. Seine Kindheit verbrachte er auf dem Land, in der Emilia Romagna, wo er dann *1900* drehte. Es ist dies die Landschaft, in der nicht nur Verdi, sondern auch Mussolini geboren wurden. 1908 erfolgte hier der erste Landarbeiterstreik Italiens, und bis heute ist das Gebiet eine Hochburg der KPI. Bei Pier Paolo Pasolini, einem Freund seines Vaters, arbeitete Bertolucci als Assistent, bevor er 1964 international erstmalig mit seinem Film *Prima della revoluzione* (Vor der Revolution) bekannt wurde, der auf zahlreichen Festivals Auszeichnungen erhielt. 1970 hatte er mit seiner Alberto-Moravia-Verfilmung *Il conformista* (Der Konformist)

›1900‹. *Laura Betti und Robert De Niro*

einen internationalen Erfolg, der sich mit seinem Skandal-werk *Ultimo Tango in Parigi* mit Marlon Brando und Maria Schneider weltweit fortsetzte. Der Riesenerfolg der in Italien verbotenen Paraphrase über Sexualität und Psychologie machte schließlich Hollywood auf Bertolucci aufmerksam. Doch nach einjähriger Dreh- und monatelanger Schnittzeit waren die amerikanischen Geldgeber mit dem Ergebnis un-zufrieden.

Nach Fertigstellung von *1900* lehnte die Paramount, die den US-Vertrieb übernehmen sollte, eine mehr als fünfstündige Fassung (die auf dem Festival in Cannes gelaufen war) ab und verwies auf ihren Vertrag mit dem Produzenten Alberto Gri-maldi über einen Film mit einer Länge von dreieinviertel Stunden. Klammheimlich ließ Grimaldi eine entsprechende Version anfertigen. Die Fox erklärte sich nach dem Erfolg der zweiteiligen Langfassung in Europa bereit, in den USA eine Version von vier Stunden und 15 Minuten zu vertreiben. Bertolucci war mit einer Kürzung einverstanden und schnitt eine erste Fassung von vier Stunden und 40 Minuten. Dies wiederum lehnte Grimaldi ab und verbot Bertolucci das Be-treten des Schneideraums, er wollte seine Dreieinviertel-Stunden-Fassung verkaufen. »In der letzten Fassung hatte der Film nicht nur seinen Rhythmus und seinen Atem verlo-ren«, meinte Bertolucci, »er war nicht einmal mehr eine zu-sammenhängende Erzählung. Die Handlung war unver-ständlich geworden, die einzelnen Stränge der Erzählung wa-ren verwirrt oder ganz gekappt. Eine einzige Katastrophe.«[15] Ein Prozeß sicherte Bertolucci die weitere Bearbeitung sei-nes Films zu. Er stellte schließlich eine vier Stunden und zehn Minuten lange Fassung her, die in Amerika ohne Werbung rasch wieder aus den Kinos verschwand und ein Reinfall wurde.

In Italien löste *1900* vor allem wegen seiner expliziten Sexsze-nen, deretwegen Maria Schneider ihre Rolle aufgegeben hat-te, einen Zensurfall aus. Einen Tag vor dem Start des zweiten Teils wurde die Aufführung des bis dahin Rekorde brechen-den ersten Teils in ganz Italien verboten. Die Initiative dazu war von einem Bibliotheksdirektor aus Salerno, der den Film

›1900‹. *Dominique Sanda und Robert De Niro*

als obszön und pornographisch ansah, ausgegangen. In Italien existiert ein Gesetz aus Zeiten Mussolinis, das ein Verbot eines Filmes, Buches oder Theaterstückes schon auf Antrag eines einzelnen Bürgers vorsieht. Zwar wurde das Verbot wenig später wieder aufgehoben, doch für Bertolucci hatte es noch Konsequenzen. Er wurde, weil auch schon *Ultimo*

Tango verboten worden war, aus dem Wahlregister gestrichen. »Ich glaube, für italienische Filmleute meiner Art bleibt nichts als die Alternative, zu emigrieren und in freieren Ländern zu arbeiten, solange Mussolinis Gesetze in unserem Leben noch aktiv sein können.«[16] Auch in der KPI, deren Mitglied Bertolucci seit 1968 war, fand der Film nur ein geteiltes Echo. Vor allem warf man ihm vor, daß er mit amerikanischem Geld gemacht worden sei. Der Hauptvorwurf bezog sich allerdings auf seinen »Optimismus«.

Trotz seiner unbestreitbaren Mängel zählt *1900* doch zu den großen Werken des italienischen Kinos. In seinem Rhythmus nach den vier Jahreszeiten strukturiert, besitzt der Film einen epischen Atem und eine opernhafte Melodramatik, die Kritiker den Vergleich zu *Gone With the Wind* (Vom Winde verweht, 1939) ziehen ließ. Schauspielerisch beeindruckten darin weniger die Stars, ausgenommen der derbe Dépardieu, als vielmehr die zahlreichen bäuerlichen Laiendarsteller aus der Umgebung, die dem Film seine irdene Qualität verliehen. Trotz seiner Schwierigkeiten mit einem nicht-amerikanischen Regisseur sollte De Niro doch eine seiner beeindruckendsten Leistungen erneut unter der Regie eines Italieners geben – in Sergio Leones gewaltig-gewalttätigem Epos *Once Upon A Time In America* (Es war einmal in Amerika).

Der fast vierstündige Film erzählt die Geschichte zweier Freunde. Schon als Jugendliche waren Max (Rusty Jacobs) und »Noodles« (Scott Tiler) in kleine Gaunereien verwickelt. Zehn Jahre später, am Ende der Prohibition (1933), sind beide erfolgreiche Gangster. Doch die Aufhebung des Alkoholverbots bringt Max (James Woods), Noodles (Robert De Niro) und ihre Freunde Patsy (James Hayden) und Cockeye (William Forsythe) um ihre lukrativste Einnahmequelle. Zwar verdient sich die Gang durch Raubüberfälle und bezahlte Morde ein Zubrot, doch ein Geschäft mit der Transportarbeitergewerkschaft, das ihre Zukunft sichern würde, kommt auf Betreiben Noodles nicht zustande. Während eines Urlaubs in Florida hat Max die Idee, das nationale Schatzamt zu berauben. Um seine Freunde vor dem sicheren Tod zu bewahren, verrät Noodles sie auf ihrer letzten Alkoholschmuggelfahrt am Vorabend des Prohibitionsendes an die Polizei – mit tödlichen Folgen. Er selbst verschwindet auf Nimmerwiedersehen, bis ihn 35 Jahre später, 1968, die Einladung eines Senators in die alte Gegend zurückbringt. Im

›Es war einmal in Amerika‹. Freunde und Gegner. »Noodles« (Robert De Niro) und Max (James Woods)

Bahnhofsschließfach seiner früheren Gang findet er nun jene Millionen Dollar, die bei seiner damaligen Flucht so plötzlich verschwunden waren. Eine Notiz – »Vorschuß für den nächsten Auftrag« – führt ihn schließlich zum Senator, der kein anderer als sein alter Freund Max ist und der jetzt von Noodles umgebracht werden will, um unangenehmen Nachforschungen aus dem Wege zu gehen. Doch Noodles glaubt fest daran, daß Max 35 Jahre zuvor durch seinen Verrat ums Leben kam und geht hinaus in die dunkle Nacht.

»In gewisser Hinsicht«, erläuterte Enrico Mediolo, einer der insgesamt sieben Drehbuchautoren, »ist der wirkliche Hauptdarsteller des Films nicht auf der Leinwand zu sehen. Es ist die Zeit. Alle haben eine gemeinsame Vergangenheit, eine Verbindung zu den Leuten, die sie kannten. Ganz gleich, was mit ihnen im Verlauf ihrer sehr verschiedenen Erfahrungen geschieht, am Ende sind sie von derselben Kraft vereinigt, die sie getrennt hat – Zeit.«[17] Tatsächlich hielt sich Sergio Leone an keinen herkömmlichen filmischen Erzählstil, der die Ereignisse linear verfolgt. Vielmehr schuf er ein ebenso komplexes wie faszinierendes Puzzle, bei dem Assoziationen, Träume und die verschiedenen Zeiten scheinbar konfus durcheinanderwirbeln. Am Ende des Films geht Noodles in eine chinesische Opiumhöhle und grinst nach den ersten Zügen schelmisch in die Kamera. In einer einzigen Einstellung bricht Leone mit den zuvor gewonnenen Erkenntnissen – die ganze Geschichte, der ganze Film könnte auch nur die Phantasie eines Rauschgiftsüchtigen sein. Und doch – *Once Upon A Time In America* besitzt einen sehr realen Hintergrund. Dem Film liegt der autobiographische Roman »The Hood« des jüdischen Gangsters David Aaronson zugrunde, den dieser unter dem Pseudonym Harry Grey veröffentlichte. »Mich rührte die Geschichte des Autors«, sagt Leone über die Vorlage. »Er war selbst ein Typ wie Noodles und hat wahrscheinlich im Gefängnis von Sing-Sing seine Lebensbeichte auf ein Tonband gesprochen. Es ist die Story eines kleinen Gangsters, der weiß, daß sein Leben zu unbedeutend ist, um in die Geschichte einzugehen. Er schreibt sie sich deshalb selber. (...) Grey war sich einer anderen Wahr-

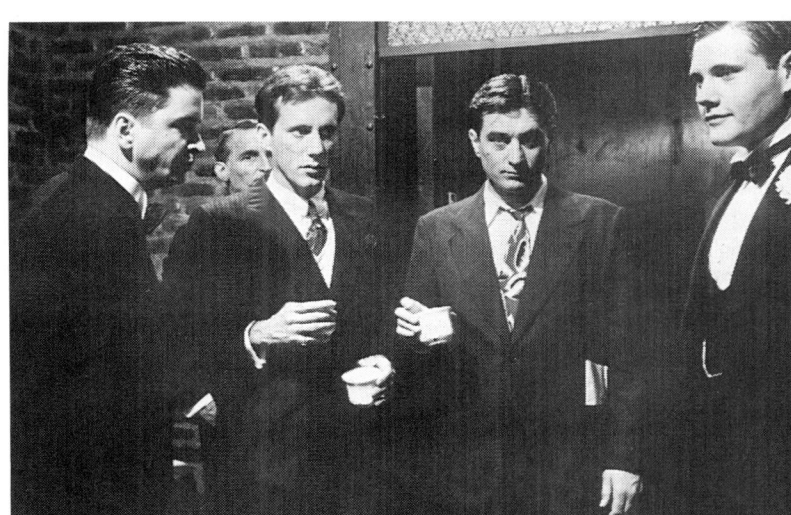

›Es war einmal in Amerika‹. *Die Gang: James Hayden, James Woods,
Robert De Niro, John Forsythe (von links nach rechts)*

heit bewußt, die ich für die erschreckendste Amerikas halte:
Menschen werden dort vergessen, ausgelöscht wie von einem
trockenen Schwamm, der über eine nasse Glaswand fährt.
Seine kriminelle Kindheit hatte Grey genau und äußerst realistisch beschrieben. Aber schon in der Schilderung seiner Jugend wird seine Erinnerung ungenau. Vielleicht lag es daran,
daß viele seiner Verbrechen zur Zeit seiner Lebensbeichte
noch nicht verjährt waren. Seine Ungenauigkeit versuchte
Grey mir gegenüber mit einem künstlerischen Trick zu entschuldigen. Er wolle so gegen Hollywood protestieren, gegen
seine Klischees. Mir war hingegen bei der Lektüre von
›Hoods‹ schon aufgefallen, daß Grey das ganze gute und
schlechte Kino Hollywoods gleich mit in seine Geschichte gepackt hatte. Da war mir klar: Der Mythos übertrifft die
Wahrheit.«[18] Der Mythos Amerika war auch in den vorherigen Filmen Leones ein zentrales Thema. *Once Upon A Time
In America* bildete Abschluß und Höhepunkt einer Trilogie,

die mit *C'era una volta il West* (Spiel mir das Lied vom Tod)
1968 begann und 1971 mit *Giù la testa* (Todesmelodie) fortge-
setzt wurde. In den drei Filmen geht es um drei wesentliche
Einflüsse der amerikanischen Geschichte, »die ersten amerikanischen Grenzkämpfe, die mexikanische Revolution und
dann von 1920 bis in die sechziger Jahre das Ende vom Mythos Amerika«.[19]
Es sind Filme, die den Traum von einem mythischen Amerika widerspiegeln, wie er sich im amerikanischen Kino bildete. »Ich habe versucht«, erklärt Leone, »in diesem Film alle
meine Leidenschaften für das amerikanische Kino auszudrücken. Ich bin mir aber auch bewußt darüber, daß diese
Art von Kino bald nicht mehr gefragt sein wird. Heutzutage
sehen die Filme den Cartoons und Werbespots immer ähnli-
cher. Eine Entwicklung, die wiederum in Amerika vorange-
trieben wird. Ich wollte diesen Film drehen, bevor das alte
Kino ganz verschwunden ist.«[20] Doch während das Hollywoodkino daran gegangen ist, die eigene Größe und Überle-
genheit immer wieder zu feiern und statt der vielfältigen Probleme der Gegenwart die Flucht in ferne Galaxien anzubie-
ten, ist Leones Blick auf Amerika der eines kritischen Europäers: Er war von Jugend an fasziniert und überwältigt von
diesem Land, ausgeliefert. »Die Faszination, die Amerika
auf mich ausübt, hat mit der amerikanischen Literatur angefangen. Die großen Erzähler, Hemingway, Faulkner, Scott
Fitzgerald, Dos Passos, Hammett, haben mich beeinflußt.
Die amerikanische Literatur und der amerikanische Film der
dreißiger Jahre mußten mich einfach fesseln: Bei uns
herrschte der Faschismus, der beides verbot. Amerikanische
Bücher und Filme wurden deshalb Gegenstand meiner Sehn-
sucht. Meine ganze Generation konnte sich dieser Amerika-
Faszination, dem amerikanischen Mythos nicht entziehen.«[21]
Doch Leone übersah dabei nicht die Kehrseite, die Aus-
wüchse des Mythos. Ihm geht es nicht um den amerikanischen Traum, sondern den Traum von Amerika, den so viele
seiner Landsleute geträumt haben, deren Eltern oder die
selbst emigrierten und von denen einige in der Traumfabrik
von Hollywood Fuß faßten.

»Mein Verhältnis zu diesem Land ist in der Tat eine Art Haßliebe«, erläuterte Leone. »Und nur wer solche Gefühle empfindet, kann sich auch mit etwas auseinandersetzen. Es ist schwierig, als Europäer Amerika nicht zu kritisieren. Mein Film blickt mit den Augen eines alten Europäers auf dieses Land, dem gleichzeitig bewußt ist, daß er sich Lichtjahre davon entfernt befindet.«[22] »Amerika«, meint er, »gehört der ganzen Welt und nicht nur den Amerikanern, die unter anderem die Gewohnheit haben, den Wein ihrer Mythen mit dem Wasser des American Way of Life zu verdünnen. Amerika war etwas, das sich die Philosophen, Vagabunden und die Erniedrigten dieser Welt erträumten, lange bevor es von spanischen Schiffen entdeckt und von Kolonisatoren aus aller Welt bevölkert wurde. Die Amerikaner haben es nur auf Zeit

›Es war einmal in Amerika‹ (Once Upon A Time in America). »Der amerikanische Traum«

155

geliehen bekommen. Wenn sie sich nicht gut betragen, wenn sie den Mythos verraten, wenn ihre Filme nicht mehr stimmen und die Geschichte zu einer gewöhnlichen Alltagsqualität verkommt, dann können wir es ihnen immer wieder wegnehmen. – Oder ein anderes Amerika entdecken.«[23]

In seinen Italo-Western vermittelte Leone ein anderes Bild der Mythen, wie sie Amerikas ureigenstes Genre undifferenziert verbreitete. Leone schuf ein Bild elementarer Gewalt, das er zugleich mit der Faszination eines Liebenden parodierte. In dem anfangs unbekannten ehemaligen Holzfäller Clint Eastwood fand er – wie Martin Scorsese in De Niro – die ideale Projektionsfläche seiner Obsessionen. Doch Eastwood, nach seinen Spaghetti-Western zurück in den USA, wurde zu einem Star, mehr: zu einer amerikanischen Ikone. Die Wahl De Niros zeigt, daß Leone in den 13 Jahren, die es dauerte, bis *Once Upon A Time In America* fertig war, seine Vorstellung von Amerika revidierte. Zwar erzählt er nach wie vor eine Fabel, doch De Niro bereichert sie um ein realistisches Moment. Und das konnte nur ein Schauspieler einbringen, der seine Rollen in der Realität studiert. »Es ist schwer, Eastwood und De Niro miteinander zu vergleichen«, meint Leone. »Der erste ist eine Maske aus Wachs. Wenn man wirklich darüber nachdenkt, scheint es, als ob sie nicht einmal denselben Beruf hätten. Robert De Niro wirft sich in ihn oder in eine Rolle, er zieht eine Persönlichkeit an wie ein anderer seinen Mantel, natürlich und elegant, während sich Clint Eastwood in eine Rüstung schmeißt und das Visier mit einem rostigen Knarren herunterläßt. Genau dieses heruntergelassene Visier macht seinen Charakter aus. Und dieses knarrende Geräusch beim Herunterfallen, trocken wie ein Martini in Harry's Bar in Venedig, ist eben sein Charakter. Beobachten Sie ihn genau. Eastwood geht wie ein Schlafwandler zwischen Explosionen und Kugelhagel hindurch, und er ist immer dasselbe – ein Marmorblock. Bobby ist zuallererst ein Schauspieler. Clint dagegen ein Star. Bobby leidet, Clint gähnt.«[24] Noch als De Niro verhältnismäßig unbekannt war, hatte Leone mit ihm über die Rolle gesprochen. »Bobby machte mir klar, daß seine Bedürfnisse erfüllt werden müs-

›Es war einmal in Amerika‹. »Noodles« (Robert de Niro) verrät seine Freunde

sen, und eins dieser Bedürfnisse ist sein Gefühl, vom Regisseur völlig verstanden zu werden. Er entschied, daß ich ihn
verstehen könnte. Das hat mich sehr berührt. Der Unterschied war für mich, daß ich früher mit Schauspielern mehr
oder weniger wie mit Marionetten gearbeitet hatte. Doch mit
Bobby muß man um ihn herum arbeiten, weil die Geschichte
ja auch durch seine Augen gesehen wird. Zum ersten Mal
mußte ich bei diesem Film den Vorstellungen eines Schauspielers folgen, ohne aber dabei meine eigenen zu zerstören.
Ja, Bobby wird seine *interpretazione artistica* haben.«[25]
»Ich schaute mir drei oder vier von Leones Filmen an«, sagte
De Niro. »Sie waren interessant. Er nahm sich nicht zu ernst,
sogar bei der Weise, in der er die Credits machte. Aber da

157

gab es etwas, was ich mochte. Wir trafen uns wieder und unterhielten uns. Ich ging nach Italien; er zeigte mir Drehorte – sie würden den Film machen, mit mir oder ohne mich. Und das war gut. Er mußte das Geld für mich nicht aufbringen, deshalb gab es in dieser Hinsicht keinen Druck. Aber ich wußte, daß es eine große Sache war. Vielleicht zwei Jahre. Und die wurden es dann auch. Zwei Jahre.«[26] Produziert wurde *Once Upon A Time In America* von Arnon Milchan, mit dem De Niro bereits bei *The King of Comedy* zusammengearbeitet hatte. Doch das Volumen des Films begann langsam, alle bisherigen Überlegungen zunichte zu machen. 110 Sprechrollen mußten besetzt werden. Wie bei den meisten seiner Filme war De Niro auch hier wieder an ihrer Besetzung beteiligt. 3000 Darsteller mußten vorsprechen, und von 500 wurden Videoaufzeichnungen gemacht. »Jetzt, wo er ein Star ist«, äußerte sich ein anonymer Kollege, »ist er in der unglaublich wichtigen Position, uns helfen zu können. Niemand will das aufs Spiel setzen. Die Leute haben jetzt Angst vor ihm.«[27] Die Jahre vergingen, und das Budget kletterte schließlich auf 32 Millionen Dollar. Auch De Niro hatte die Vorlage »The Hood« in seiner Jugend selbst gelesen. Nun studierte er außerdem alte Photos aus jener Zeit und Bücher über die »wilden Zwanziger«. »Und ich sprach mit einigen Leuten, um für das, was ich nicht wußte, ein Gefühl zu bekommen. Ich wußte nichts über jüdische Gangster. In den alten Zeiten gab es davon eine Menge. Ich fragte nach Ausdrücken, jüdischen Ausdrücken. Doch es ist stilisierter Film, deshalb beschäftigte ich mich damit nicht mehr als für andere Filme.«[28]

Leone verhalf De Niro (und seinen Ko-Stars James Woods und Elizabeth McGovern) zu außergewöhnlichen Leistungen, unter denen der Alterungsprozeß von 35 Jahren ein besonders herausragendes Element ist. »Ich hatte eine Vorstellung von dem Aussehen des Typen, ein Bild von ihm«, erläutert De Niro. »Aber es sich vorzustellen ist eine, es darzustellen eine andere Sache. Ich weiß nicht, einige Dinge mache ich rein instinktiv. Es dauerte so lange – zwischen vier und sechs Stunden –, das Make-up aufzutragen, daß ich müde war und

einfach alt aussehen *mußte*. Man steht um drei Uhr auf, fängt
damit um vier an und geht um acht oder neun Uhr zur Arbeit.
Das verschafft einem die Möglichkeit, reinzukommen. Das
Schwerste ist die Stimme. In vielerlei Hinsicht ist die Stimme
der Schlüssel zu einem Charakter, weil man mit ihr eine Menge machen kann. Jedoch sieht man bei vielen, daß sich ihre
Stimme nicht ändert, wenn sie zuerst einen Jungen und dann
einen Alten spielen. Vielleicht ist das auch nicht nötig. Und
doch gibt es etwas im Timbre, das sich – sehr subtil – ändert.
Das mußte ich herausfinden. Und es nicht zu offensichtlich
erscheinen lassen.«[29] »Noch bemerkenswerter ist«, erinnert
sich Leone, »daß er auch die Gewohnheiten eines alten Mannes annahm. Er ging früh zu Bett und erschien immer ausge-
ruht zu den Dreharbeiten.«[30] Robert De Niro, der viel von
seiner Leinwandpräsenz James Woods überließ, dessen Spe-
zialität psychopathische, sadistische Killerfiguren sind, wur-

›Es war einmal in Amerika‹. *Robert De Niro und Tuesday Weld*

159

de von Sergio Leone über alle Maßen gelobt. »Bei Bob kann man nichts im voraus bestimmen, man kann nicht sagen: er kommt herein, ich stelle ihn hierhin, denn er will in seinen Bewegungen frei sein. Man muß ihn filmen, ohne daß er es merkt.

»Mit Bob habe ich mich wunderbar verstanden, vielleicht, weil er denselben Rhythmus hat wie ich; er liebt es, jede Geste bis ins kleinste zu studieren, was andere, wie Fonda, nur mit gewisser Mühe schafften. Er ist ein Schauspieler der Marke Actors' Studio, ganz unverfälscht. Er identifiziert sich total mit seiner Rolle und lebt sie zu 1000 Prozent. Als er den Alten spielte, war er ein alter Mann, der abends mit dem Auto nach Hause fuhr ... Bob ist das Drehbuch immer gegenwärtig, er wiederholt es sich hunderttausendmal zu Hause, und wenn er zu den Aufnahmen kommt, spielt er, als improvisiere er.

»Bei den Dreharbeiten spielte ich ihm seine Rolle vor, und er sagte lachend zu mir: ›Du bist sehr gut‹, und dann machte er es viel besser als ich. (...)

»Er hat sich an mein System, mit der Musik zu drehen, gewöhnt und es schließlich vorgezogen, sich synchronisieren zu lassen; er verzichtete auf die Direktaufnahme, auch wenn die Musik mitlief. Die Synchronisation ist auch deshalb nötig, weil Bob sehr leise spricht. Wahrscheinlich traut er sich nicht zu reden, und dies macht ihn nur um so großartiger.«[31] Tatsächlich ist die Rolle des Noodles eine von De Niros intensivsten. Sie etablierte ihn endgültig als den definitiven Leinwanddarsteller.

Nach mehr als achtmonatiger Drehzeit hatte Leone Material für einen zehnstündigen Film. Zuerst wollte er daraus ein zweiteiliges Werk schneiden, doch die Verleiher fürchteten ein ähnliches Debakel wie bei Bertoluccis *Novecento*. Leone fertigte schließlich eine fast vierstündige Fassung. Und als ob keiner aus dem Streit um Bertoluccis Epos gelernt hätte, verlangte der US-Verleih eine chronologische Kurzfassung von etwa zwei Stunden und 24 Minuten. Wie Grimaldi, der übrigens Leones Film zuerst produzieren wollte, dessen finanzielle Kapazitäten für das riesige Budget aber nicht ausreichten, handelte auch Arnon Milchan gegen seinen Regisseur und lieferte dem Verleih die gewünschte Fassung. Während in Europa die lange Version ein überraschend großer kommerzieller Erfolg wurde und die Kritik den Film einhellig als Meisterwerk würdigte, fiel die gekürzte und lineare Fassung in den USA erwartungsgemäß an den Kinokassen durch. Erst die integrale Version konnte auch dort einen gewissen Erfolg erzielen.

161

KAPITEL 7

Immer wieder eine Herausforderung

Tycoon, Jäger, Priester, Liebhaber

So wie den Epen Bertoluccis und Leones erging es in Amerika auch anderen Filmen, in denen Robert De Niro mitwirkte. Von Beginn an war seine Karriere – trotz seiner schauspielerisch bewundernswerten Leistungen – durch den finanziellen Mißerfolg einiger Filme gekennzeichnet, was De Niro nie zu einem Superstar werden ließ. Ein Status, den er im übrigen nie zu erreichen trachtete, wohl auch nie leben könnte, da sich sein berufliches Ethos und sein schauspielerischer Tatendrang nicht mit der eindimensionalen Reproduktion eines einmal kreierten Typus vereinbaren lassen. Doch auch dem künstlerischen Risiko, dem sich De Niro immer wieder aussetzt, ist nur phasenweise Erfolg beschieden.

1976, nach den Scorsese-Filmen *Mean Streets, Taxi Driver* und Coppolas »Oscar«-überhäuftem *The Godfather, Part II,* schien De Niro auf »harte Typen« und urbane Einzelgänger festgelegt. Elia Kazan, der »Entdecker« Marlon Brandos *(On the Waterfront)* und einer der Mitbegründer und Leiter des Actors' Studio, offerierte ihm in seinem nostalgischen Film *The Last Tycoon* (Der letzte Tycoon) nach dem hinterlassenen Romanfragment von F. Scott Fitzgerald eine neue Rolle, die des eleganten Charmeurs, für den zunächst Dustin Hoffman vorgesehen war. Für die Regie hatte der Produzent Sam Spiegel *(On the Waterfront, The Bridge on the River Kwai* [1957], *Lawrence of Arabia* [1962]), selbst einer der letzten legendären Hollywood-Tycoons, der einen Film von Anfang bis Ende persönlich zusammenstellte und überwachte, Mike Nichols *(The Graduate* [Die Reifeprüfung, 1967]) vorgesehen. 1975 hatte Nichols De Niro für einen gemeinsamen Film, *Bogart Slept Here,* engagiert, doch wenig später gefeuert, weil beider Arbeitsweise nicht miteinander zu vereinbaren war. Das Projekt wurde dann auf Eis gelegt und erst

›Der letzte Tycoon‹. Robert De Niro, Theresa Russell

zwei Jahre später unter dem Titel *The Goodbye Girl* (Der Untermieter) von Herbert Ross verfilmt. In De Niros Rolle gewann Richard Dreyfuss einen »Oscar«. Für das Drehbuch von *The Last Tycoon* hatte Sam Spiegel den hochgelobten britischen Dramatiker Harold Pinter ausgesucht, der sich eng an die Vorlage hielt. Doch das Projekt kam nicht zustande, und so übertrug Spiegel seinem alten Freund Elia Kazan die Regie. Kazan hatte zu dieser Zeit schon lange keinen Film mehr gedreht, nachdem seine letzten, sehr persönlich gefärbten Werke *The Arrangement* (Das Arrangement, 1969) und *The Visitors* (Die Besucher, 1971) kommerzielle wie künstlerische Mißerfolge geworden waren. Größere Resonanz hatte

Kazan mittlerweile als Romancier gefunden. Spiegels Angebot kam in einer Phase, in der Kazan in seiner Arbeit an einem neuen Roman stockte. Dankbar nahm er Spiegels Offerte an und überarbeitete mit Pinter noch einmal das Drehbuch. Die unglückliche Liebesgeschichte des Protagonisten drängte nun das Charakterbild des Filmproduzenten in den Hintergrund. Und auch für die Besetzung hatte er konkrete Vorstellungen. »Ich schlug Robert De Niro vor. Ich war mir sicher und nahm Sam an die Hand und brachte ihn zu De Niro, der sich gerade in Francis Coppolas Suite im Sherry-Netherland aufhielt. Ich machte sie miteinander bekannt. Und ich sagte: ›Jesus, das ist er, das ist er.‹ Wenn ich darüber nachdenke, hatte ich recht.«[1] »Sofort als ich das Drehbuch von Harold Pinter gelesen hatte«, erinnert sich De Niro, »wollte ich diese Rolle absolut spielen. Da gab es viele Dinge, in die ich mich einfühlen konnte. Die Dialoge hatten Gewicht, und viele Bedeutungen lagen irgendwie zwischen den Zeilen. Das war ein ganz anderer Charakter, als ich sie bis dahin gespielt hatte. Monroe Stahr war ein Mann, der alles hatte, bis auf eins: Er, der für Millionen in aller Welt Träume ersann, konnte seinen eigenen Traum nicht verwirklichen. Das ist eine ganz romantische Idee. Außerdem war es eine ganz andere Rolle, als ich sie bisher gespielt hatte. Es ist die Geschichte eines Romantikers, eines wirklichen Künstlers, der aber gleichzeitig ein harter Geschäftsmann sein muß. Er hat alles, was Leute faszinieren kann, aber irgendwie hat er doch gar nichts! Das ist romantisch, aber nicht sentimental.«[2]

Fitzgerald hatte seine Romanfigur Monroe Stahr nach einem realen Vorbild geschaffen, dem legendären MGM-Produzenten Irving Thalberg, der den eleganten, romantischen Stil des Studios geprägt hatte. Thalberg, verheiratet mit der Schauspielerin Norma Shearer, einem Superstar der dreißiger Jahre, galt als »wonder boy« und war unter anderem für die Verpflichtung der Marx-Brothers verantwortlich, deren anarchischen Stil er erfolgreich glättete. Thalberg war bekannt dafür, die Produktionen des Studios in allen Phasen zu überwachen und gegebenenfalls den künstlerischen Eindruck über den kommerziellen Erfolg zu stellen, was ihn bei den Bankiers zu keiner beliebten Figur werden ließ. Fitzgerald bewunderte den zerbrechlich wirkenden Thalberg, der 1936 im Alter von 37 Jahren starb. Einiges von dessen Erfolg erträumte der Romancier des Jazz-Zeitalters wohl auch für sich selbst. In Hollywood nämlich neigte sich die eigene Karriere dem Ende entgegen. Als Drehbuchautor zwar gut bezahlt, mußte Fitzgerald doch eine Erniedrigung erleben. Keines seiner Skripts wurde verfilmt, seine künstlerische Potenz blieb unbeachtet. Fitzgerald flüchtete sich wie so viele andere Romanautoren vor und nach ihm, die in Hollywood als Lohnschreiber engagiert waren, in den Alkohol und starb 1940 im Alter von 44 Jahren. In Kazans Film illustriert eine

›Der letzte Tycoon‹. Jack Nicholson, Robert De Niro

Szene die Situation dieser Autoren. Nachdem Donald Pleasance als renommierter britischer Schriftsteller von Monroe Stahr erklärt wurde, was es heißt, für das Kino zu schreiben, schließt er sich in sein Büro ein und betrinkt sich. Wenig später wird er von dem Produzenten gefeuert. Um sich in die Gefühlswelt eines Tycoons einzuleben, kleidete sich De Niro in die so charakteristischen eleganten Geschäftsanzüge und wanderte als »Manager« durch das Paramount-Studio-Gelände und dachte dabei, daß all dies ihm gehöre. In der meist improvisatorischen Arbeit mit Kazan vertiefte er dieses Gefühl. »Als ich mit Kazan *The Last Tycoon* machte, improvisierten wir die Natur eines Studioleiters«, erzählte De Niro. »Sehr einfache Improvisationen, bei denen er (Kazan) die ganze Zeit sehr hilfreich war. Man glaubte nicht, daß es Arbeit sei, es war eher Spaß. Er ist sehr locker. Er nimmt es sehr leicht. Wenn du es noch einmal versuchen willst, dann macht er es. Manchmal wiederhole ich etwas wieder und wieder, um sicher zu sein, daß es richtig wird. Seine Improvisationsmethode heißt nicht Improvisation auf der Leinwand. Es bedeutet Improvisieren hinter den Szenen, als ob man andere Farben finden wollte.«[3] Ein Problem resultierte aus Kazans enger Anlehnung an das Drehbuch von Harold Pinter, dem er versprochen hatte, kein Wort zu verändern. Robert De Niro dagegen betrachtet ein Drehbuch nur als Gerüst, als ein Provisorium, das in der Vorbereitung den Schauspielern und neuen Ideen angepaßt werden muß. Doch er gab nach und fügte sich in die Struktur der Vorlage. »Ich erzählte ihm eine Menge«, meinte Kazan. »Aber einem guten Schauspieler kann man eine Menge erzählen, und man muß beobachten, worauf er reagiert und worauf nicht. Er wählte aus dem aus, was ich erzählte, weil ich lange über einen Charakter erzählen kann. Er wählte das Richtige; er arbeitete hart daran, und er trug eine Menge mit bei. Ich bin ein Regisseur, der mit Schauspielern arbeitet. Auch ich trug etwas dazu bei, doch jeder, der mich dafür lobt, sollte zuerst Bobby erwähnen, denn es ist seine Vorstellung. Er nimmt eine Rolle an. Dieses alte Klischee, wie ein Schauspieler zur darzustellenden Person wird. Er stand außerhalb des Sets, bis man drehen konnte

166

– ich weiß wirklich nicht, was er macht. Er ist früh da. Er arbeitet ganz alleine hart. Bobby ist großartig! Er ist ein wunderbarer Kumpel.«[4] Doch in der Rolle des Monroe Stahr konnte De Niro nur teilweise überzeugen. Nicht zuletzt, weil ihm seine zahlreichen prominenten Ko-Stars die Show stahlen. Etwa Jeanne Moreau als alternde Diva, Tony Curtis als um seine Potenz fürchtender »Latin Lover« oder Jack Nicholson in der Rolle eines Gewerkschaftsführers.

Monroe Stahr ist der künstlerische Kopf der International World Studios, seine Filme kosten viel, spielen aber auch sehr viel wieder ein. Nach dem Tod seiner Frau lebt Monroe allein, als er eines Tages nach einem kurzen Erdbeben auf dem Studiogelände eine junge unbekannte Frau sieht, die der Toten sehr ähnelt. Stahr gelingt es, sich mit der jungen Kathleen Moore (Ingrid Boulting) zu verabreden und mit ihr eine Nacht in seinem noch unfertigen Strandhaus zu verbringen. Doch seine Welt ist nicht die Kathleens. So erhält er eines Tages einen Brief, in dem sie ihm ihre Hochzeit mit einem anderen mitteilt. Gebrochen muß Monroe außerdem erleben, wie ihn der Studiochef Pat Brady (Robert Mitchum) zusammen mit dem Anwalt Fleishacker (Ray Milland) entmachtet.

De Niro spielt die Figur des gleichermaßen schwachen wie energischen Tycoons in einer Mischung aus Spontaneität und eiskaltem Kalkül, aus Angespanntheit und Unruhe. Die Gefühle spielen sich in seinem Gesicht ab, sie explodieren nicht, sie werden nur skizziert und erscheinen deshalb um so nachempfindbarer. Seine Darstellung bewahrt eine gewisse Distanz zu seiner Figur, sein Monroe Stahr wirkt häufig seltsam leblos, somnambul – und trifft damit den Charakter des Films. »*Der letzte Tycoon* ist ein kühler Film«, sagt Kazan, »den man aus der Distanz betrachtet und der einen zum Nachdenken anregt. Ich glaube, man wird sich lange an die hervorragende Darstellung Robert De Niros erinnern. Der Film ist gegen die Zeit inszeniert, die gewalttätig ist, in der alle fünf Minuten etwas Schreckliches passiert. Dieser Film ist ruhig, nachdenklich.«[5] Es ist auch ein altmodischer Film, sehr literarisch und steif in allen Szenen, in denen De Niros

Partnerin, das Fotomodell Ingrid Boulting, mitwirkte. Der Mißerfolg schien vorprogrammiert, denn *The Last Tycoon* verzichtete auf alle Elemente, die das erfolgreiche Kino der siebziger Jahre ausmachten. »Ich habe ihn vorsätzlich gegen die heute üblichen Filme gemacht«, meint Kazan, »es gibt darin keine physische Gewalt. Es sollte ein Film zum Nachdenken werden, und ich glaube, daß es dafür schon noch ein Publikum gibt, besonders in Europa. Wir haben versucht, an Amerika Kritik zu üben, aber die hat weder mit Gewalttätigkeit noch mit Politik zu tun, es geht da um die Psyche des amerikanischen Mannes, um etwas ganz Offensichtliches: Was wir sagen wollten, ist, daß der amerikanische Mann im Bereich der Industrie, des Geschäfts und der Organisation durchaus kompetent und fähig ist; aber für den ›wärmeren‹ Teil seines Lebens, den menschlicheren, bei Frauen und Kindern, also im wichtigsten Bereich, da ist er völlig inkompetent und weiß nicht, was zu tun ist.«[6]

Doch Kazans Absicht scheiterte. *The Last Tycoon* geriet zum vergeblichen Versuch, die Vergangenheit angesichts einer veränderten Gegenwart, wie sie von Robert De Niro etwa in den Filmen Scorseses verkörpert wurde, zu romantisieren. Und De Niro vollzog gerade jenen Schritt, der ihn bis dahin von dem romantisierenden Schauspieler aus Hollywoods goldener Zeit unterschieden hatte: Er machte aus einer fiktiven Figur keine lebendige Persönlichkeit, sondern kreierte ein Imago. Dies allerdings brillant, jedoch ohne spürbare innere Beteiligung, mehr eine Frage von Stil als von Wahrheit – Resultat einer an Detailperfektion ausgerichteten Arbeitsweise. »Jeder Schauspieler ist anders, und mit keinem arbeitet man in derselben Weise«, erläuterte Kazan De Niros Methode und Präsenz im Vergleich zu der Marlon Brandos, seinem Lieblingsschauspieler, der Ikone des Method Acting. »Bobby ist detailbesessener und arbeitet härter. Er ist sehr einfühlsam, sehr präzise. Er stellt sich sowohl das Innenleben als auch das Äußere vor und hat ein gutes Gefühl. Er ist ein Charakterdarsteller: Alles, was er macht, kalkuliert er. In einem guten Sinne, aber er kalkuliert, wie er sitzt, welche Anzüge er trägt, welcher Ring wo ist, die Brille, alles ist sehr exakt. Er

›Der letzte Tycoon‹. Blasse Partnerin: Ingrid Boulting

ist der einzige Schauspieler, den ich kenne, der mich Freitag
abends nach den Dreharbeiten anrief und sagte: ›Laß uns
morgen und Sonntag zusammen arbeiten‹. Er ist der am härtesten arbeitende Schauspieler, den ich je kennengelernt habe und einer der besten Typen, die mir jemals im Showbusineß untergekommen sind.
»Brando ist anders, mysteriöser. Man weiß nie, woher seine
Ideen kommen. Er ist wirklich sehr intuitiv. Er ist sehr ge-
fühlsbetont, sehr verborgen, in gewissem Sinne auch brillanter. Brando überraschte mich andauernd. Brando macht etwas, das bei allen mir bekannten Schauspielern einzigartig
ist. Man erklärt ihm etwas, und mittendrin geht er weg und
sagt: ›Alles klar‹. Und dann macht er es, und er macht es besser, als man es ihm gesagt hat. Er wird etwas machen, das
man nicht erwartet hat. Sein Weggehen bedeutet, ›ich habe
daran gedacht, und ich habe mir etwas Besseres vorgestellt,
als du Bastard mir gesagt hast‹. Brando ist also überraschender, aber ich würde nicht sagen, daß er ein besserer Schauspieler ist als De Niro – er ist anders.«[7]

Eine größere Herausforderung als die Figur des Monroe Stahr erwartete Robert De Niro wieder bei Martin Scorsese. In dessen Musical *New York, New York* sollte er einen Saxophonisten verkörpern, weshalb er das Instrument zu spielen lernte. Den Mißerfolg des Films konnte seine intensive Arbeit indes nicht verhindern. Nach zwei Reinfällen war es an der Zeit, wieder einen erfolgreichen Film zu drehen. Doch De Niro denkt in anderen Kategorien. Der Erfolg und die damit einhergehende Publizität ist dem Schauspieler eher lästig. Und seine Entscheidung, die Hauptrolle in dem erst zweiten Film des nur Insidern bekannten Regisseurs Michael Cimino zu übernehmen, obwohl dieser einen Vietnam-Film in einer Zeit drehen wollte, da alle ähnlichen Projekte auf heftige Ablehnung stießen, beweist einmal mehr sein primäres Verlangen nach einer herausfordernden Rolle.

De Niro spielt in *The Deer Hunter* (Die durch die Hölle gehen, 1978) den Stahlarbeiter Michael, der mit seinen Freunden Nick (Christopher Walken) und Steven (John Savage) nach Vietnam eingezogen werden soll. Mit ihren Kumpels Stan (John Cazale) und Axel (Chuck Aspegren) verbringen die drei ihren Feierabend am liebsten in einer kleinen Bar, wo sie zur Musicbox singen und literweise Bier in sich hineinschütten. Bevor sie in den Krieg müssen, den sie als abwechslungsreiches Abenteuer in ihrem Arbeiterdasein begrüßen, feiern sie alle Stevens Hochzeit und fahren ein letztes Mal auf die Jagd. Michael gelingt es, einen kapitalen Hirsch mit einem Schuß zu erlegen. Dann: Vietnam. Michael, Nick und Steven sind Gefangene des Vietcong. Man hält sie in sogenannten »Tigerkäfigen«, bis zum Hals im Wasser, von Ratten umlagert. Die Wächter betreiben ein brutales Spiel. Sie lassen ihre Gefangenen russisches Roulette spielen. Abwechselnd müssen sich jeweils zwei einen mit einer Kugel geladenen Revolver an den Kopf halten und abdrücken. Wer überlebt, bekommt einen freundlichen Schlag auf die Schulter. Michael entpuppt sich als der Stärkste des Trios. Er fordert die Wächter heraus und verlangt drei Kugeln. Dann bringt er Nick dazu abzudrücken, setzt selbst den Revolver an die Schläfe und drückt ebenfalls ab. Die Kammer ist leer. Nick

muß es nun ein zweites Mal versuchen und hat Glück. Wieder
war die Kammer leer. Als Michael den Revolver nimmt, erschießt er mit den drei verbleibenden Kugeln die Wächter.
Die Freunde können fliehen, doch Steven verletzt sich auf
der Flucht schwer. Querschnittsgelähmt vegetiert er später in
einem Veteranenhospital dahin. Michael verliert Nick aus
den Augen und kehrt, als Held gefeiert, nach Hause zurück.
Doch er hat sich verändert, bei einer Hirschjagd mit Stan und
Axel läßt er sein Opfer laufen. Nach einer kurzen Romanze
mit Nicks Freundin Linda (Meryl Streep) kehrt Michael noch
einmal nach Vietnam zurück, um Nick zu suchen. Er findet
ihn im Saigon der Auflösung. In einem Hinterhof spielt Nick
professionell russisches Roulette. Er scheint seinen Freund
nicht wiederzuerkennen. Michael tritt daraufhin gegen Nick
an und überlebt, doch Nick jagt sich eine Kugel in den Kopf.

›Die durch die Hölle gehen‹ (The Deer Hunter)

»Meine Rolle in diesem Film ist die beste Vorstellung, die ich jemals gegeben habe«, urteilte De Niro über die eigene Leistung.[8] Die dritte »Oscar«-Nominierung war die Folge. Schon frühzeitig hatte er sich für das Projekt engagiert. Michael Cimino, der zuvor nur zwei Drehbücher (*Silent Running* [Lautlos im Weltraum, 1971; Regie: Douglas Trumbull]; *Magnum Force* [Calahan, 1973; Regie: Ted Post]) geschrieben und einen Film (*Thunderbolt and Lightfoot* [Die letzten beißen die Hunde, 1973]) gedreht hatte, war ein Protegé von Clint Eastwood, ansonsten aber nahezu unbekannt. Vier Jahre waren seit seinem Regiedebüt vergangen, doch die britische EMI entschloß sich, mit 7,5 Millionen Dollar Ciminos Vision von Amerika und dem Vietnamkrieg zu finanzieren, obwohl noch kein Drehbuch vorlag. Wochenlang suchten der Star und sein noch detailbesessenerer Regisseur nach geeigneten Drehorten. Während Cimino weiter an seinem Skript arbeitete, recherchierten er und De Niro auf den dreckigen Hauptstraßen der Stahlarbeiterstädte in Ohio, ließen sie sich von Vietnam-Veteranen deren Erlebnisse und Schicksale schildern, besuchten sie die Eisenhütten und die Bars. Dabei entdeckten sie Chuck Aspegren, einen Stahlarbeiter aus Gary, Indiana, der im Film dann die Rolle des kräftigen, ruhigen Axel spielte. Sechs Wochen vor Drehbeginn betrieb De Niro im Tal des Ohio River zudem eigene Milieustudien. »Zur Vorbereitung auf meine Rolle verbrachte ich viel Zeit in Mingo Junction und Stuebenville, Ohio und nahm die Umgebung in mich auf. Ich redete mit Arbeitern aus den Stahlwerken, trank und aß mit ihnen, spielte Pool-Billard. Ich versuchte einem Stahlarbeiter so ähnlich wie möglich zu werden, ohne wirklich in einem Werk zu arbeiten. Ich hätte auch das gemacht, doch keins der Stahlwerke erlaubte es mir. Ich durfte sie besuchen und zuschauen, aber nicht arbeiten.«[9] De Niro ging außerdem auf die Jagd und versuchte – wie Michael – einen Hirsch mit einem einzigen Schuß zu erlegen.

Für alle Beteiligten wurden die Dreharbeiten eine außergewöhnliche Belastung. »Wir drehten in acht verschiedenen Städten«, erzählte Michael Cimino, »in vier Staaten, um das Bild einer Stadt zu erhalten. Wir hatten oft 16-Stunden-Tage,

›Die durch die Hölle gehen‹ (The Deer Hunter). Robert De Niro auf Hirschjagd

danach probten wir dann oft noch vier Stunden lang. Irgendwie wurden wir alle damit fertig, wir waren eine Einheit, eine Gefühlseinheit. Es wurde eine Art gemeinsamer Besessenheit.«[10] John Cazale, der den Stan spielte, war bereits vom Tode gezeichnet – er starb nach Ende der Dreharbeiten. Cazale litt an unheilbarem Knochenkrebs, was fast zum Scheitern des gesamten Projektes geführt hätte. Nachdem sich alle

Darsteller einer ärztlichen Untersuchung unterzogen hatten und Cazales Zustand bekannt war, verlangte EMI von Cimino, den Part anders zu besetzen oder das Drehbuch umzuschreiben. Doch Cimino weigerte sich, drohte vielmehr selbst auszusteigen. Cazale durfte bleiben. Sehr zur Befriedigung seiner damaligen Lebensgefährtin Meryl Streep, die nicht zuletzt durch seine Vermittlung die Rolle der Linda bekommen hatte. Für Meryl Streep war es erst der zweite Auftritt in einem Kinofilm. Mit einer kleinen Rolle in Fred Zinnemans *Julia* hatte die renommierte New Yorker Bühnenschauspielerin 1976 neben Jane Fonda und Vanessa Redgrave auf der Leinwand debütiert. Cimino hatte die Figur der Linda nur ansatzweise skizziert, weshalb er Streep aufforderte, ihre eigenen Dialoge zu sprechen. »Ich kenne viele junge Frauen wie diese, die ihr Leben nicht in Frage stellen«, äußerte sie sich über ihre Rolleninterpretation. »Ich kannte sie aus Jersey. Es sind Kellnerinnen. Sie warten darauf, ausgeführt zu werden, sie warten darauf, geheiratet zu werden, und sie warten darauf, daß ihre Freunde aus dem Krieg heimkehren. Sie selbst machen nichts. Sie können es nicht. Aber sie sind wert, beachtet zu werden. Sie warten darauf zu leben.«[11] Ciminos Vertrauen in seine Darstellerin sollte sich auszahlen. Meryl Streep, bis dahin nahezu unbekannt, erhielt ihre erste »Oscar«-Nominierung (als beste Nebendarstellerin) und wurde in wenigen Jahren zu einem von Amerikas populärsten weiblichen Stars – eine Charakterdarstellerin von großer Kunstfertigkeit. Erstmals traf sie in *The Deer Hunter* auf Robert De Niro, und beider Zusammenspiel ließ bereits die »Chemie« zwischen ihnen erkennen. 1984 sollte dies dem altmodischen Liebesfilm *Falling in Love* (Der Liebe verfallen) von Ulu Grosbard seine Faszination verleihen.

Michael Cimino erwies sich im Verlauf der Dreharbeiten als ein überaus detailbesessener Regisseur. Für die Jagdszene wurden eigens Hirsche zum Drehort hoch oben am Mount Baker gebracht. Doch damit nicht genug. »Diese kleinen Hirsche kamen an«, erinnert sich Cimino, »und ich wurde verrückt. Der Titel des Films ist *The Deer Hunter* (Der Hirschjäger, Anm. d. A.). Wir benötigten einen großen

Hirsch. Ich erzählte ihnen, daß es in den Kinos einen Aufstand gäbe, wenn wir Bambi töteten.«[12] Bei den Szenen, die ihre Arbeit in der Eisenhütte zeigen, lernten die Darsteller die Härte des Jobs kennen. In Asbestanzüge gesteckt, standen sie in der Hitze eines feurigen Stroms fließenden Eisens – sehr zur Beunruhigung der Versicherungen. Dem Film indes gab dies schon von Anfang an ungeheure Authentizität, die Cimino in seiner Gestaltung der Hochzeitsszene nach rus-

›Die durch die Hölle gehen‹ (The Deer Hunter). Robert De Niro und John Savage vom Vietcong gefangen

175

sisch-orthodoxem Ritual zu einer fast mystischen Realität erhöhte. Ein echter Priester leitete die Feierlichkeiten.

Die Vietnam-Szenen wurden in Thailand gedreht, nahe der burmesischen Grenze am berühmten Fluß Kwai. Die Bevölkerung, die voller Neugier und Erstaunen das amerikanische Filmteam bei seiner Arbeit beobachtete, riet Cimino, am Flußufer eine buddhistische Andachtsstätte zu errichten, um Unheil abzuwenden. Cimino folgte dem Rat der Einheimischen, zum Glück. Denn bei einer der gefahrvollen Actionsequenzen, der Flucht von Michael und Steven aus dem Gefangenenlager an den Kufen eines Hubschraubers, kam es fast zu einer Katastrophe. De Niro und John Savage, die ihre Stunts selbst ausführten, hingen an den Kufen des Hubschraubers, als dieser sich in einem Kabel zu verfangen drohte. Im letzten Augenblick ließen sich die Darsteller in die eisigen Fluten des Kwai fallen, wo ein Motorboot sie aufnahm. Noch während der Dreharbeiten kam es in Thailand außerdem zu einem Militärputsch, doch auch die neuen Machthaber unterstützten den Film und stellten Soldaten als Statisten zur Verfügung. Für Cimino (und mehr wohl noch für die Produktionsfirma) hatte sich die Errichtung des kleinen Tempels gelohnt. Schon bei *The Deer Hunter* zeigte sich der aufwendige Inszenierungsstil Ciminos. Allein 15mal ließ er De Niro und Savage in das schlammige Wasser des Kwai stürzen, bevor er mit der Szene zufrieden war. Bei seinem darauffolgenden Film *Heaven's Gate* trieb Ciminos Detailwut das Budget auf astronomische Höhen und bescherte der Produktionsfirma United Artists den größten Flop ihrer Geschichte. Die Firma mußte anschließend verkauft werden.

The Deer Hunter löste bei seiner Aufführung bei den Berliner Filmfestspielen 1979 einen Skandal aus. Die sowjetische Delegation sah in dem Film, vor allem in der umstrittenen Russisch-Roulette-Szene, eine Beleidigung des heroischen vietnamesischen Volkes. Andere Teilnehmer aus den Ostblockstaaten schlossen sich dem sowjetischen Boykott an und zogen ihre Filme aus dem Programm zurück. Tatsächlich kann die beanstandete und auch in der europäischen Presse vielfach hart kritisierte Sequenz Anlaß zu Mißverständnissen ge-

›Die durch die Hölle gehen‹ (The Deer Hunter). Robert De Niro und Meryl Streep

ben. Die schier unerträgliche Spannung geht einher mit einer bis dahin nie dagewesenen psychischen Brutalität. Erst auf den zweiten Blick entpuppt sich die Russisch-Roulette-Szene als grandiose Metapher für die Selbstzerstörung des amerikanischen Traums, wie er zumal von Einwanderern – wie den russischen im Film – in den USA distanzlos geträumt wird.

Der Vietnamkrieg gerät bei Cimino zum Krieg schlechthin, in dem auf beiden Seiten – ob Aggressor oder Verteidiger – Grausamkeiten verübt werden. »Wir sprachen mit Hunderten von Vietnam-Veteranen und Leuten, die in speziellen Einheiten waren. Da ist ein Wort, das immer wieder auftaucht: Abenteuer. Man hört das vielleicht nicht gern, es mag ein unbequemes Wort sein, aber die meisten waren im Krieg aus Gründen, die nichts mit Politik zu tun hatten; für die meisten war es Zufall, und der Krieg war ein Akt des täglichen Überlebens, eine Sache, die mit Freundschaft zu tun hat, mit Beziehungen. So passiert es in allen Kriegen: Wenn man zwei Jahre lang mit einer Truppe von Männern trainiert, entwickelt sich Zuneigung und Freundschaft, und der Krieg wird ein Akt des Überlebens für diese Gruppe. Ich glaube, irgendwie handelt der Film davon: Was passiert mit Freundschaften in Krisen, wie ändern sich Beziehungen.«[13] Doch *The Deer Hunter* ist noch mehr als das. »Seine zweite Ohrfeige ist der Schluß, in dem die heimgekehrten und von Grund auf desorientierten Vietnam-Veteranen einen ihrer Freunde begraben, im schäbigen Beer-Joint Leichenschmaus halten und ihrer sentimentalen Rührung Ausdruck verleihen, indem sie zaghaft die Hymne ›God bless America‹ anstimmen – ein piepsiger und kläglicher Abschied von großen patriotischen Gefühlen. Sie heben matt die Gläser, und das Bild friert ein. So feiern keine Falken mehr, so rollen Geschlagene die Fahne ein.«[14] »Ich glaube«, erläuterte De Niro die Einstellung seiner Rollengestalt zu dieser Szene, »daß es für ihn soviel bedeutete wie ›Happy Birthday‹ auf einer Party ... Einige Leute, so habe ich gehört, mochten dies nicht. Für mich war es in Ordnung. Ich glaube, es war ganz nett. Es war keine Aussage, daß diese Leute irgendwie Gung Ho, irgendwie rechts geworden sind. Es war einfach das, was es war.«[15]
Ciminos Film wurde zu einem der erfolgreichsten des Jahres 1979. Während De Niro bei seiner dritten »Oscar«-Nominierung leer ausging (Jon Voight gewann den Academy Award für seine Darstellung eines querschnittsgelähmten Vietnam-Veteranen in Hal Ashbys sentimentalem *Coming Home*), erhielten Christopher Walken (als bester Nebendarsteller),

Michael Cimino (beste Regie), Peter Zinner (bester Schnitt) sowie die Sound-Crew die höchsten Auszeichnungen der Filmindustrie. Zusätzlich wurde der Film als bester des Jahres (1978) geehrt.

The Deer Hunter zeigte einen bis dahin wenig bekannten Robert De Niro – einen Schauspieler, der die härteste physische Anstrengung ebenso bewältigte wie die leise Darstellung innerer Konflikte. Ein Action-Schauspieler wie Clint Eastwood oder Sylvester Stallone und zugleich ein Charakterdarsteller mit der schon sprichwörtlichen Intensität des Method Acting. Ein schauspielerischer Höhepunkt ist sicherlich jene Szene, in der De Niro in einem Saigoner Hinterhof seinen Freund Nick (Walken) wiederfindet, ohne erkannt zu werden, und gegen ihn zum mörderischen russischen Roulette antritt. Die Szene entwickelte sich zu einer Demonstration darstellerischer Gefühlsklaviatur: Angst, Verzweiflung, Hoffnung und eine tiefe, innere Verbundenheit mit dem Freund spiegeln sich in seinem Gesicht, das zugleich ein Bild wilder Entschlossenheit bietet. »Es ist sehr schwer, diese Art von Intensität zu erhalten«, erinnert sich De Niro. »Wir haben uns wirklich geschlagen, man landet da plötzlich fast im Wahnsinn. So etwas ist sehr schwierig.«[16]

Hatte man De Niro für diese Leistung den »Oscar« noch nicht zugesprochen, so ließ sich dies bei seinem nächsten Film nicht mehr verhindern. Als Boxer Jake La Motta in Martin Scorseses *Raging Bull* bot De Niro eine darstellerische Leistung, die bis an die Grenzen der Vorstellungskraft ging. In seinem darauffolgenden Film *True Confessions* (Fesseln der Macht, 1981) sind die Spuren noch zu erkennen: Der kräftige Hals, eine gewisse Korpulenz, schwulstige Augenbrauen und eine etwas dicke Nase blieben von De Niros Gewichtszunahme von mehr als fünfzig Pfund noch zurück – ein Kraftakt, der noch Jahre später in seiner Physiognomie zu bemerken war.

1948 hatte ein brutaler Mord Hollywood erschüttert. Das Opfer war eine junge Frau, deren Leiche entblößt und zweigeteilt in einem Gebüsch gefunden worden war. Trotz intensiver Fahndung nach dem »Blue Dahlia«-Mörder wurde der

›Fesseln der Macht‹ (True Confessions). Robert De Niro als Monsignore Desmond Spellacy

Killer nie gefunden. Der Fall des ermordeten Callgirls und Starlets Elizabeth Scott inspirierte den Autor John Gregory Dunne zu seinem Roman »True Confessions«. Doch die fürchterliche Tat spielt nur eine Nebenrolle. Im Mittelpunkt der Geschichte stehen die beiden ungleichen Brüder Desmond und Tom Spellacy, katholischer Priester der eine, Polizist der andere. Paul Schrader sollte den Film machen. Peter Boyle (als Wizard in *Taxi Driver* der Kollege von De Niro/ Travis Bickle) sollte den Polizisten, Robert Duvall (seit *The Godfather* ein Star) den Priester spielen. Doch die Produzenten Irwin Winkler und Robert Chartoff wollten De Niro für die Rolle des Priesters engagieren. Winkler kannte den Schauspieler bereits von seinen Produktionen *The Gang That*

Couldn't Shoot Straight, New York, New York und *Raging Bull.* »Ich glaubte nicht, daß er ihn bekäme«, erinnert sich Schrader, »aber ich hatte unrecht. Ich wollte den Film unbedingt machen, aber ich hatte meine eigenen Vorstellungen, die ich schreiben wollte, und ich war arrogant genug zu glauben, daß ich lieber meinen eigenen Stoff als den eines anderen machen könnte.«[17] Chartoff/Winkler beauftragten den aus Antwerpen stammenden Theaterregisseur Ulu Grosbard mit der Regie – ein ausgesprochener Schauspieler-Regisseur, wie sich bei seinem bis dahin bekanntesten Film *Straight Time* (Stunde der Bewährung, 1977) mit Dustin Hoffman erwiesen hatte. Grosbard legte den Akzent seines Films (der in Deutschland nur auf Video erschien) auf das Verhältnis der beiden Brüder: »Es ist keine Detektivgeschichte. Es ist eine

›Fesseln der Macht‹ (True Confessions). Ungleiches Brüderpaar: Robert De Niro und Robert Duvall

181

Geschichte über zwei Brüder. Wir versuchten es so aufzubauen, daß das Publikum nicht überrascht davon war. Der Mord zum Beispiel kommt erst nach 15 Minuten vor. Es war ein kalkuliertes Risiko, um das Publikum darauf vorzubereiten, daß uns mehr an der Beziehung lag.«[18]

Anfang der sechziger Jahre besucht Tom Spellacy (Duvall) seinen Bruder Desmond (De Niro) in seiner Pfarre in der südkalifornischen Wüste. Desmond erklärt seinem Bruder, bald sterben zu müssen. Sie erinnern sich an ihr Verhältnis von vor 15 Jahren. Tom arbeitet bei der Mordkommission, Desmond ist die rechte Hand des Bischofs (Cyril Cusack) von Los Angeles. Mit dem zwielichtigen Bauunternehmer Jack Amsterdam (George Durning) macht Desmond Geschäfte in Millionenhöhe. Doch die Untersuchungen, die Tom über den brutalen Mord an einem Starlet anstellt, ergeben konkrete Hinweise darauf, daß Amsterdam die Tote gekannt hat. Tom weiß, daß Amsterdam, der »katholische Laie des Jahres«, früher Zuhälter war und ist angewidert von dem Verhältnis seines Bruders zu diesem. Obwohl bald offensichtlich ist, daß Amsterdam nicht der Mörder sein kann, läßt Tom nicht locker. Seine Aktivitäten führen schließlich dazu, daß auch Desmond in den Mordfall verwickelt wird und seine Position verliert. Etwa 15 Jahre später will sich Tom bei seinem Bruder für sein damaliges verbohrtes Verhalten entschuldigen, doch Desmond versichert ihn seiner Dankbarkeit dafür, daß er durch ihn wieder zu seiner eigentlichen Berufung als Priester zurückgefunden habe.

Gegenüber der ungestümen Aktion des *Raging Bull* setzte De Niro in *True Confessions* das exakte Gegenteil ein: eine meisterliche Übung in Zurückhaltung. Wie von ihm nicht anders zu erwarten, hatte er sich Monate zuvor in die Vorbereitungen gestürzt. Er erlernte die gesamte katholische Liturgie in Latein und befaßte sich darüber hinaus mit den damaligen Dogmen der Kirche. Sein Berater, der Priester Henry Fehren, war beeindruckt: »Er wollte nicht nur die alltäglichen Verrichtungen eines geweihten Priesters beherrschen, sondern auch die Empfindung, das Gefühl und die Tradition der Kirche von 1948. Er wird wohl der authentischste Priester

›Fesseln der Macht‹ (True Confessions). »Er war ein Priester.«

sein, den man jemals auf der Leinwand sehen konnte.«[19] De Niro bestand darauf, auch während der Proben die Kleidung eines Priesters zu tragen. »Als wir zum Drehen bereit waren«, erinnert sich Grosbard, »redete er wie ein Priester. Er *war* ein Priester.«[20]

Doch nicht nur De Niro konnte darstellerisch überzeugen. Ebenso sein Ko-Star Robert Duvall, der einmal mehr bewies, daß er für jede Rolle der Richtige sein kann. Auch er, der häufig mit großer Glaubwürdigkeit aufbrausende, jähzornige Personen verkörpert, spielte in *True Confessions* einen eher zurückhaltenden Charakter. Als er jedoch die Heuchelei von Amsterdam nicht länger ertragen kann, provoziert er diesen auf dessen Festbankett zur Feier des »katholischen Laien des Jahres« – nur zu versessen darauf, selbst zuschlagen zu können. Auch in den Nebenrollen war der Film glänzend besetzt. Grosbards Frau Rose Gregorio spielte die alternde Puffmutter Brenda mit nachempfindbarer Resignation und Erschöpfung. George Durning, einer der profiliertesten Nebendarsteller im Hollywoodkino der siebziger und achtziger Jahre, verstand es, in seiner Rolle als Jack Amsterdam die latente Brutalität und Hemdsärmeligkeit eines früheren Zuhälters durchschimmern zu lassen, dessen wahre Natur sich um so mehr offenbart, je stärker seine bürgerliche Fassade ins Wanken gerät. Und Kenneth McMillan, schon abonniert auf korrupte Bullen, brilliert einmal mehr in seiner Paraderolle an der Seite von Robert Duvall. Von vornherein war den meisten Beteiligten klar, daß *True Confessions* kein großer Erfolg werden würden, was dann auch prompt eintrat. Auch De Niros nächster gemeinsamer Film mit Ulu Grosbard, den er als Regisseur sehr schätzen gelernt hatte, wurde kein Erfolg.

Falling in Love (Der Liebe verfallen, 1984) erinnerte stark an David Leans *Brief Encounter* (Begegnung, 1945). Eine traditionelle Liebesgeschichte, wie sie im Kino der achtziger Jahre überlebt scheint. Und einmal mehr ein »Schauspieler-Film«. Zum zweiten Male standen De Niro und Meryl Streep gemeinsam vor der Kamera. Doch nun war es die Begegnung zweier Stars. Die Geschichte des Films spielt im New York von heute. Frank Raftis (De Niro) muß wegen einer Autopanne den Zug zur Arbeit nehmen. Ebenso Molly Gilmore (Streep), die ihren kranken Vater in New York besuchen fährt. Doch erst Wochen später begegnen sich beide bei einem Einkaufsbummel in der Buchhandlung Rizzoli. Eine

Begegnung, die Folgen hat. Denn im vorweihnachtlichen Gedränge vertauschen beide ihre Geschenke für ihre jeweiligen Ehepartner. Monate später begegnen sich Frank und Molly erneut. Sie erinnern sich aneinander und beginnen ein Gespräch. Eine Verabredung schließt sich an, weitere folgen. Von nun an nehmen beide regelmäßig den Zug und verbringen viel Zeit gemeinsam – ganz allmählich verlieben sie sich ineinander. Ihre Ehen zerbrechen, doch ein Happy-End ist zunächst nicht in Sicht. Frank geht aus beruflichen Gründen nach Texas, und wieder ist es eine Autopanne, die Schicksal spielt, dieses Mal aber ein Treffen mit Molly verhindert. Ein Jahr später aber – wieder ist Weihnachten – begegnen sich Frank und Molly erneut bei Rizzoli – beide leben jetzt allein.

›Der Liebe verfallen‹ (Falling in Love). Die »Chemie« war da, Meryl Streep und Robert De Niro

Ulu Grosbards Film barg eine Überraschung. Zum ersten Male spielte Robert De Niro einen ganz gewöhnlichen Menschen, einen Bauingenieur, verheiratet, Vater zweier Söhne. Ein stiller Mann, zurückhaltend und unauffällig (wie Desmond Spellacy). Ein Mann, der sich mehr durch seine alltäglichen Details definiert als durch seine Handlungen oder Gefühle. »Ich war müde«, meinte De Niro über seine Entscheidung, die Rolle anzunehmen. »Da bekam ich dieses Drehbuch. Es war eine nette Geschichte, in New York angesiedelt ... Ich muß nicht immer risikoreiche Rollen spielen. Für mich war es etwas anderes als das, was ich bis dahin gemacht hatte, und schon aus diesem Grund war es gut, ihn zu machen.«[21] Der Film zeigt, so Grosbard, »eine Seite von Bobby, die er noch nie gezeigt hat – zärtlich, offen, verständnisvoll und humorvoll. Es ist viel leichter, eine Szene voller Wut zu spielen – aber die Subtilität dieser Rolle war viel härter.«[22] Was in seiner Darstellung einen so natürlichen, echten Eindruck macht, ist tatsächlich aber das Ergebnis einer peniblen Vorbereitung und Reflexion. Obwohl er sie zum Beispiel nie brauchte, ließ er sich Visitenkarten mit seinem Rollennamen anfertigen. Schon selbstverständlich ist da, daß er einige Zeit Vorarbeiter auf Baustellen beobachtete und befragte. Von dem Drehbuchautor Michael Christofer ließ er für ein Telephongespräch, das seine Frau Ann (Jane Kaczmarek) mit ihm führt und bei dem der Zuschauer nur seine Reaktionen, nicht aber Anns Worte vernimmt, eigens einen Text anfertigen, den er durch das Telephon hören konnte. »Er ist unfähig, eine falsche Bewegung zu machen«, urteilte Meryl Streep über De Niro. »Wenn also etwas mit dem Drehbuch nicht stimmte, konnte er es nicht spielen. Jeder merkte, daß die Szene falsch war, und wir brachten sie in Ordnung. Er ist unfehlbar wie ein Kompaß. Man kommt nie vom Weg ab.«[22] Schon seit ihrem Auftritt in *The Deer Hunter* wollte De Niro wieder mit Meryl Streep zusammenarbeiten, die er für eine großartige Schauspielerin hält und die – wie er – eine intensive Rollenvorbereitung betreibt. Merkwürdigerweise hebt er eine bislang nahezu unbekannte Seite Meryl Streeps hervor, die in einem krassen Widerspruch zu ihren meist leidenden

›Der Liebe verfallen‹ (Falling in Love). Harvey Keitel und Robert De Niro

Rollen steht. »Sie hat ein exzellentes Gefühl fürs Timing, und sie ist sehr komisch«, meint er. »Immer brachte sie die Leute zum Lachen.«[24]

Tatsächlich ist das herausragendste Moment von *Falling in Love* das Spiel zwischen De Niro und Streep. »Zusammen auf der Leinwand haben sie diese unverfälschte, erstaunliche Chemie. Wenn dies nicht gewesen wäre, hätte ich (das Drehbuch) nicht angerührt«, meinte Grosbard. »Man muß sich in Erinnerung rufen, daß beide *sehr* intelligente Leute sind. Ihre Intuition, ihr Gespür für Menschen ist enorm. Sie besitzt einen sehr schnellen Verstand. De Niro spricht sich nicht so deutlich aus – ein Beispiel dafür, daß Intelligenz und verbale Ausdrucksfähigkeit nicht Hand in Hand gehen.«[25] Wie verselbständigt von Grosbards Regie und der teilweise schwa-

187

›Der Liebe verfallen‹ (Falling in Love). Robert De Niro und Meryl Streep

chen Handlungsführung ergreifen De Niro und Meryl Streep
Besitz von der Leinwand. Ihr Spiel besteht aus wie bei einer
flüchtigen Skizze hingeworfenen Andeutungen, kleinen Gesten mit den Händen oder dem Körper, die Gesichtsbewe-
gungen sind auf sparsame Mimik reduziert, Sätze, die nicht
ausgesprochen, sondern verschluckt werden, Blicke, die
neugierig und erwartungsvoll sind und eine heimliche Sehn-
sucht widerspiegeln, überwiegen. *Falling in Love* barg eine
weitere Überraschung. Es ist ein Liebesfilm, der ohne Sex
auskommt. Nur einmal versuchen Frank und Molly miteinander ins Bett zu gehen, doch die Schuldgefühle gegenüber
ihren Ehepartnern lassen diesen Versuch scheitern. »Das ist
schön daran, dieses Nichtzustandekommen«, urteilte De Ni-

ro anschließend. »Darum geht es. Sex in einem Film, ist das nicht zu einfach?«[26]

Falling in Love hatte noch einen weiteren Hauptdarsteller – die Stadt New York. Fast ausschließlich »on location« gedreht, bewegten sich die Schauspieler auf vertrautem Terrain. Auch Meryl Streep ist wie De Niro eine überzeugte New Yorkerin. Die Dreharbeiten fanden zu ungewöhnlichen Zeiten statt, um größere Menschenaufläufe zu vermeiden. Auf dem New Yorker Bahnhof, einem wesentlichen Schauplatz, durfte nur außerhalb der Spitzenzeiten gedreht werden, obwohl die entsprechenden Szenen gerade während der Rush Hour spielten. Die Produktion mußte Hunderte von Statisten engagieren, die dem leeren Bahnhof einen Eindruck von betriebsamer Geschäftigkeit vermitteln sollten. Im Kaufhaus

›Der Liebe verfallen‹ *(Falling in Love)*. *Robert De Niro und Meryl Streep*

189

Saks konnte nur nach Ladenschluß gedreht werden, weil man – es war April – die Räumlichkeiten weihnachtlich dekorieren mußte. Am nächsten Morgen war dann alles jeweils wieder verschwunden. Bei Rizzoli, einer New Yorker Institution, sperrte man einen Teil des L-förmig gebauten Ladens ab und drehte, während sich im Hintergrund echte Kunden die ausgestellten Bücher anschauten. New York – das ist ein vertrautes Terrain auch für Harvey Keitel, der Franks Freund Ed Lasky spielt. Wie schon in ihren gemeinsamen Filmen *Mean Streets* und *Taxi Driver* werfen sich De Niro und Keitel die Bälle zu, machen in ihren Szenen einen ungeheuer spontanen, improvisierten Eindruck. Als sogenannte »one night stands«, als rüde Anmacher verschrien, halten sich die beiden Freunde meist in dem New Yorker Café Central auf[27], einem In-Lokal an der Upper Westside.

Einen ungewöhnlichen Part übernahm Robert De Niro gleich anschließend. In der abstrus-skurrilen Fantasy-Komödie *Brazil* des Monthy-Python-Mitglieds Terry Gilliam spielte er den Heizungsinstallateur Harry Tuttle. Es sind vielleicht nicht mehr als fünf Minuten, die De Niro im Film zu sehen ist, und dies in einer Art Taucheranzug vermummt. In dieser klaustrophobischen Geschichte von dem Beamten Sam Lowry (Jonathan Pryce), der aus Liebe zu dem Mädchen Jill (Kim Greist) gegen die unumstößlichen Gesetze seines Amtes verstößt und Akten zu privaten Zwecken mißbraucht und der daraufhin selbst zum Opfer seiner monströsen Behörde, dem Ministerium für Informationswiederbeschaffung wird, ist sein erster Auftritt ein komisches Meisterstück. Mit gezogener Pistole stürzt der wegen subversiver Aktivitäten gesuchte Tuttle in Sams Wohnung wie ein GSG 9-Mann im Einsatz. Wie Tarzan oder Errol Flynn oder ein Comic-Held à la Batman seilt er sich nach geschaffenem Chaos mit sardonischem Lächeln ab in die Tiefen des großstädtischen Hochhausdschungels. Auch sein zweiter Auftritt ist bemerkenswert. Wiederum am Seil herunterrutschend, taucht er unvermittelt auf, um Sam aus der Folterkammer seines Amtes zu befreien. Zum Schluß, nach einer wilden Schießerei mit den verfolgenden Sicherheitskräften, schält sich der »freischaffende

Robert de Niro als revolutionärer Heizungsmonteur in ›Brazil‹

Subversive« aus seinem Taucheranzug, ist wenige Sekunden
in normaler Straßenkleidung zu sehen (und als Robert De Niro erkennbar), bevor er nach und nach von herumfliegenden
Papieren bedeckt wird und sich dematerialisiert. Die Büro-
kratie und ihre Papierflut haben Tuttle schließlich doch erreicht und seine Persönlichkeit verschwinden lassen.
Brazil ist eine ebenso furiose wie kuriose Mischung aus Komödie, Fantasy, Orwellscher Zukunftsvision, Satire und
»Swashbuckler« – mit atemberaubenden Effekten und Einfällen. Produziert wurde der Film von Arnon Milchan, dem
zuliebe De Niro nach *King of Comedy* und *Once Upon A
Time In America* die »Cameo«-Rolle übernahm. Doch wie
die beiden vorherigen, komplexen Visionen hatte es auch

›The Mission‹

Brazil an den Kinokassen in den USA überaus schwer, wi-
dersetzte er sich doch der konventionellen, linearen Erzähl-
weise auf verwirrende Art.
Für eine weitere Überraschung sorgte De Niro in einer anderen britischen Produktion, in Roland Joffés aufwendigem
Dschungel-Drama *The Mission*. Der noch in seiner Rohfassung in Cannes 1986 uraufgeführte Film erhielt dort die Gol-
dene Palme. Für De Niro war es eine erneute Herausforderung. Erstmals spielte er in einem Kostümfilm eine historische Rolle. Die Geschichte des Films beruht auf wahren Begebenheiten. Mitte des 18. Jahrhunderts teilten das spani-

sche und das portugiesische Königreich ihre lateinamerikanischen Kolonien neu unter sich auf – ohne Rücksicht auf die einheimischen Indianer, die von ihnen als Sklaven gejagt wurden. Nur ein Hindernis gab es bei diesem Machtpoker um Gebiete des heutigen Paraguay – die Jesuiten, die die Indianer missionierten. Mit dem Hinweis auf seine europäischen Besitztümer wurde der Orden schließlich gezwungen, seine Missionen zu verlassen, doch die Indianer blieben. Spanische Truppen veranstalteten unter ihnen ein Massaker.

De Niro spielt Mendoza, einen spanischen Söldner und Sklavenjäger, der nach einem Streit seinen Bruder (Aidan Quinn) tötet und sich aus Reue den Jesuiten unter der Führung Pater Gabriels (Jeremy Irons) anschließt. Zur Buße

Regisseur Roland Joffé und sein Star Robert de Niro im Dschungel Kolumbiens

schleppt er ein gewaltiges Netz voll unnützer Rüstungsgegenstände durch die Wildnis, als er Pater Gabriel auf seinem Weg in dessen blühende Guarani-Mission begleitet. Die Indianer, die er früher gejagt hat, verzeihen ihm und befreien ihn von seiner Last. Der geläuterte Mendoza erringt das Vertrauen der Ureinwohner und tritt schließlich dem Jesuitenorden bei. Doch die Gouverneure Spaniens und Portugals stören mit ihrem Machtpoker den Frieden. Auf Weisung des päpstlichen Gesandten sollen Pater Gabriel und seine Mitbrüder die Mission auflösen. Mendoza widersetzt sich und greift zur Waffe. Doch die Soldaten Spaniens sind mächtiger. In kurzer Zeit werden Indianer und Padres massakriert. Nur wenige Kinder überleben.

Für 23 Millionen Dollar drehte Roland Joffé, dessen Kambodscha-Film *Killing Fields* (1984) mit drei »Oscars« ausgezeichnet worden war, im Dschungel Kolumbiens eine epische Paraphrase über den Kolonialismus – und führte sich dabei fast selbst wie ein Kolonialist auf. Nicht nur Kameras und das Material für Spezialeffekte, Aufbauten und Elektrik wurden eigens aus Großbritannien eingeflogen, auch zwei mobile Küchen bis zur Salatsoße wurden in den Dschungel geschafft. Eine riesige Produktion, von deren Erfolg nicht nur das Schicksal der Produktionsfirma Goldcrest abhängt, sondern möglicherweise auch der Fortbestand der gerade aufgeblühten britischen Filmindustrie. Außer seiner physischen Fitneß konnte De Niro nicht viel präparieren. Er las die Literatur über die politischen und philosophischen Auseinandersetzungen jener Zeit, besuchte die vorgesehenen Drehorte und unterhielt sich mit Söldnern. »*The Mission* war für Bobby eine sehr mutige Entscheidung, eine sehr richtige – ich bin froh, daß er sie getroffen hat«, meint Joffé. »Mendoza war eine klassische Rolle, und keiner hatte bislang den Mut und das Format, sie anzugehen. Aber ich fühlte, daß Bobby dazu in der Lage war. Und er war es auch. (...) Bobby war der erste, an den ich für diese Rolle dachte. Aber dann dachte ich, ›nein, es muß andere geben‹. Ich liebe es, neue Talente zu entdecken. Ich schaute mich um, doch am Ende merkte ich, daß mein erster Instinkt der richtige war. Keiner besaß die in-

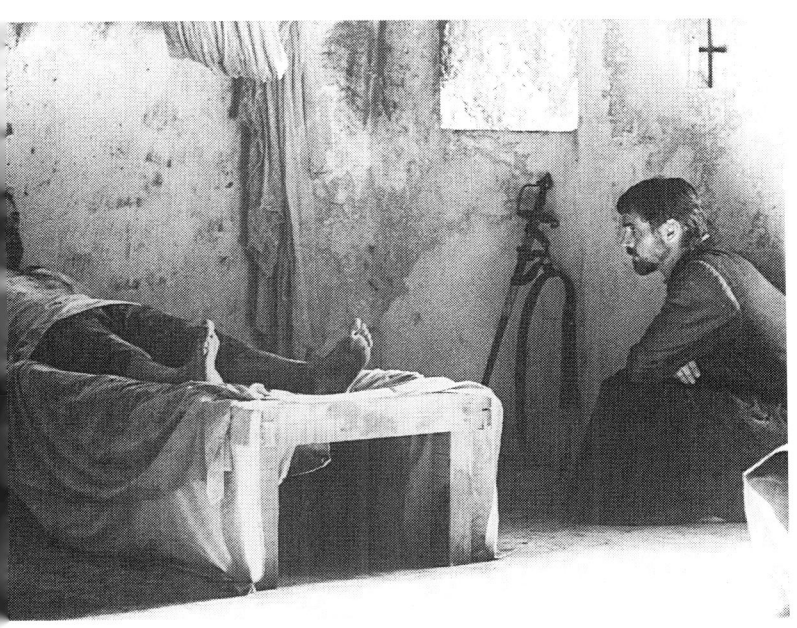

Zwei Schauspielstile: Robert De Niro und Jeremy Irons in ›The Mission‹

nere Komplexität, wie Bob sie hat. Die meisten anderen Darsteller, die sich mit der Rolle auseinandersetzten, hatten meist daran gearbeitet. Das Außergewöhnliche bei Bob ist, daß diese innere Komplexität vorhanden ist, ohne daß er daran arbeitet – sie ist ein Teil seiner ›Präsenz‹.«[28] Eine besondere Faszination von *The Mission* ergibt sich aus der Konfrontation zweier schauspielerischer Stile: dem von De Niro, dem amerikanischen Method Actor nach Stanislawski, und den von Jeremy Irons, einem britischen (Shakespeare-)Darsteller und prototypischen Verkörperer des traditionellen Sprechstils. »Ich glaube«, erklärte Irons, »unsere Annäherung an die Rolle ist nicht sehr verschieden. Wir haben denselben offenen und überraschenden Anspruch zur Wahrheit vor der Kamera. Wie er dazu kommt, unterscheidet sich ein wenig von meinem Weg. Er ist ein Method Actor, ich nicht.

195

Als Mensch trifft er nicht gerne Entscheidungen und engagiert sich, deshalb tendierte Bob dazu, ein wenig langsamer das zu erreichen, was er wollte als ich. Außerdem ist er Amerikaner. Und amerikanische Schauspieler mißtrauen englischen, weil sie denken, daß wir eine größere Technik und Tradition des Schauspielens haben. Doch sie – und wir – wissen, daß Technik und Tradition im Augenblick der Wahrheit vor der Kamera nicht weiterhelfen. Die meisten erfolgreichen Filmschauspieler sind Amerikaner. Anfangs dachte er wohl, daß er mit einem britischen Darsteller arbeiten müsse, der ›schauspielere‹. Doch nach drei Wochen gemeinsamer Arbeit merkte er, daß dies nicht der Fall war. Von da an faßten wir gegenseitiges Vertrauen.«[29] Die Leistung beider Darsteller wird indes von der grandiosen landschaftlichen Kulisse ebenso in den Hintergrund gedrängt wie durch die zweifellos interessante Geschichte. »Ich war der Meinung, daß wir aus der Geschichte etwas Außergewöhnliches machen könnten, besonders weil es von Südamerika und den Wurzeln all dessen handelte, was heutzutage geschieht«, faßte Joffé seine Intention zusammen.[30] Gleich anschließend drehte Robert De Niro erneut mit einem britischen Regisseur, wenn auch nur in einer kleinen Rolle.

In *Angel Heart,* der beim Verfassen dieses Buches gerade abgedreht war, spielt De Niro unter der Regie von Alan Parker (*Bugsy Malone,* 1977; *Birdy,* 1984) die finsterste Figur seiner bisherigen Karriere. Als mysteriöser und reicher Louis Cyphre beauftragt er den heruntergekommenen Privatdetektiv Harry Angel (Mickey Rourke), nach dem Sänger Johnny Favorite zu suchen, der ihm verpflichtet ist. Harry entdeckt, daß Favorite schon lange verschwunden ist. Geholfen hat diesem dabei ein Dr. Fowler (Michael Higgins), der wenig später erschossen aufgefunden wird. Harry will seinen Auftrag wieder loswerden, doch Cyphre erhöht die Gage, und der Privatdetektiv stolpert in eine mysteriöse Mordaffäre, die ihn bis nach New Orleans in Voodoo- und Satanszirkel führt.

Die Geschichte spielt 1955 und wird von den *Rambo-* und *First Blood, Part II*-Produzenten Mario Kassar und Andrew

Vajna produziert. Alan Parker drehte meist »on location« in New York, New Orleans und Florida. In seiner Heimat England hat er seit *Pink Floyd-The Wall* (1982) keinen Film mehr gemacht. »Ich werde andauernd kritisiert, weil ich amerikanische Filme mache, anstatt die britische Filmindustrie zu unterstützen, aber wenn man De Niro und Rourke zusammen spielen sieht«, rechtfertigte er sich, »dann weiß ich, warum ich hier arbeite. Die amerikanischen Schauspieler haben eine Kraft und einen Naturalismus, den man nirgendwo anders findet.

»Wenn De Niro am Drehort erscheint, kann man seine Präsenz fühlen. Aber er verhält sich nie wie ein Filmstar, sondern nur wie ein Schauspieler. Und wenn er spielt, durchdringt seine völlige Konzentration den ganzen Set.«[31] Parker

›The Mission‹

›Angel Heart‹

hatte indes auch Schwierigkeiten mit der Arbeitsweise De Niros. »Ich bin mir nicht sicher, ob ich mit ihm einen ganzen Film machen könnte, es wäre zu anstrengend. Ich glaube, daß Roland Joffé nach dem, was er mir erzählte, mit mir einer Meinung wäre. De Niro stellte am Drehort andauernd Fragen und sprach mich jeden Tag mit neuen Ideen und Möglichkeiten an. Sein Engagement war phänomenal, wirklich phänomenal.«[32] Unübertroffen bleibt indes De Niros Einleben in eine Rolle. Auch nach mehr als 20 Jahren Filmarbeit, bei der jede Rolle eine neue Herausforderung bedeutete, ist seine Vorgehensweise immer noch einmalig. »Es gibt keinen Aspekt an seiner Figur, den er nicht genau untersucht hätte«, erinnert sich Alan Parker, »von seinen Fingernägeln über seine Augen bis hin zu seinem Haar. Die Masse an Details, mit denen er Louis Cyphre ausstattet, ist phänomenal. Er hat sowohl eine physische wie intellektuelle Annäherungsweise, eine *umfassende* Annäherung an eine Darstellung. Noch nie habe ich einen Darsteller getroffen, der so viel in eine Rolle steckt, und zumal in eine solch kleine Rolle.«[33]

Für Robert De Niro ist eine derartige Vorgehensweise, eine derart intensive Auseinandersetzung mit einer Rolle nichts Außergewöhnliches. Indes – sie überrascht immer wieder, und wie ihr Darsteller, so bleibt auch der Zuschauer gespannt und neugierig auf jede schauspielerische Herausforderung, mit der Robert De Niro Kritiker und Publikum jedes Mal aufs neue konfrontiert. Er ist vielleicht kein Superstar, doch sein Beitrag zur Geschichte des Filmschauspielens ist von bleibender Gestalt. Wie kein anderer verkörpert er die Strömungen unserer Zeit, spiegelt ihre Dissonanzen auf eine unvergleichbare und bislang von keinem anderen erreichte Weise wider. Robert De Niro – das ist womöglich die Apotheose des Schauspielens vor der Kamera.

KAPITEL 8

Auf dem Weg zum Superstar

Seichtes und Anspruchsvolles in der Waage

Der Drogentod seines Freundes, des Komikers John Be-
lushi, am 5. März 1982 war für Robert De Niro ein Schock.
Immer schon ein sehr zurückhaltender Schauspieler, entzog
er sich noch stärker der Öffentlichkeit. Und begann Mitte der
achtziger Jahre, seine Karriere zu überdenken. Nach seinen
anstrengenden Unternehmungen mit Martin Scorsese, die
seinen Ruf als komplexester Schauspieler seiner Zeit begrün-
deten und ihn häufig bis an den Rand des physisch Ertragba-
ren, trotz »Oscar«-Auszeichnungen aber nicht den großen
Erfolg brachten, suchte er nun den Weg zu breiteren Publi-
kumskreisen. Ein insgesamt etwas leichter begehbarer Weg,
dennoch nicht ohne Rückschläge. Wenn De Niro auch seit
Mitte der achtziger Jahre, nach seiner Rolle als Al Capone in
De Palmas *The Untouchables,* auf seine intensiven Rollen-
vorbereitungen verzichtete, dabei wohl auch einen Tribut an
sein Alter zollte, so bedeutete dies nicht eine abnehmende
Intensität seiner Darstellung. Ihm gelang es einfach, sich
Rollen auszusuchen, die der Vielfalt seiner schauspielerischen Farben eine weitere, neue hinzufügten und dabei Anspruch und Unterhaltung gleichermaßen ausbalancierten.
Nicht selten aber traf er eine Wahl, die weniger erfolgreich
schien. Doch sein Weg zum Superstar, mit Gagen in Millionenhöhe, blieb davon unberührt. Begonnen hatte dieser
Weg zum breiten Publikum mit einer Action-Komödie. *Midnight Run* (Midnight Run – Fünf Tage bis Mitternacht) ist ein
ungemein unterhaltsames Road Movie in traditioneller
Machart.
Im Mittelpunkt des Films von Martin Brest, der mit dem
Eddie-Murphy-Vehikel *Beverly Hills Cop* (1984) seinen bislang größten kommerziellen Erfolg feierte, steht ein Paar un-
gleicher Männer, die im Zuge verschiedener Abenteuer zu

Freunden werden. Jack Walsh (De Niro) ist ein moderner Kopfgeldjäger. Er bringt Kriminelle zurück ins Gefängnis, die durch eine von seinem Auftraggeber gestellte Kaution in Freiheit sind und keine Anstalten machen, bei Fälligkeit der Kaution ins Gefängnis zurückzukehren. So ein Fall ist auch Jonathan Mardukas (Charles Grodin), genannt der Duke. Als Buchhalter eines Mafia-Paten war er mit dem ihm anvertrauten 15 Millionen Dollar spurlos verschwunden, nachdem Walshs Auftraggeber ihm eine Kaution von 450.000 Dollar gestellt hatte. Nun fürchtet der um sein Geld und verspricht Jack 100.000 Dollar, wenn der es schafft, Mardukas vor Ablauf der Kautionsfrist in fünf Tagen nach Los Angeles zurückzubringen. Relativ leicht gelingt es Walsh, den verschwundenen Duke aufzutreiben. Doch dann beginnen die Schwierigkeiten. Das FBI heftet sich auf Walshs Fersen, ebenso die Handlanger des Mafioso Jimmy Serrano (Dennis Farina), und außerdem erklärt ihm Mardukas, Flugangst zu haben. Also müssen die beiden den Zug nehmen, verfolgt von Gangstern, FBI und einem weiteren Kopfgeldjäger, Marvin Dorfler (John Ashton). Aus dem Zug geht es, der Not gehorchend, ins Auto. Später dann wieder in den Zug. Dorfler gelingt es, den Duke Walsh abzunehmen, doch gerät er in die Fänge der Mafia, während Jack beim FBI landet. Schon sieht Walsh seine Belohnung – und damit die Hoffnung, ein Café zu kaufen und sich in den Ruhestand zurückzuziehen – gefährdet, da fällt ihm ein genialer Trick ein. Er konstruiert in Abstimmung mit dem FBI-Agenten Alonzo Mosely (Yaphet Kotto), dem er am Anfang den Ausweis hat abnehmen können, eine Situation, die Mardukas' Leben rettet und den Gangsterboß Serrano hinter Gitter bringen wird. Wäre da nicht noch der wütende Dorfler, der Walshs Plan fast vereitelt. Aber nur fast, denn am Ende gelingt es Jack, seinen Klienten vor Ablauf der Frist nach Los Angeles zu schaffen. Dann aber läßt er ihn frei.

Das Drehbuch von George Gallo erzählt wahrlich keine neue Geschichte. Ebenso sind die Spannungsmuster, derer er sich bedient, nicht gerade unbekannt. Daß *Midnight Run* dennoch ein spannender Thriller wurde, liegt vor allem an den beiden Hauptdarstellern. De Niro als ehemaliger Polizist, dessen Rechtsverständnis ungebrochen ist, auch wenn er gelegentlich die Gesetze bricht, der manchmal zynisch, manchmal kleinlich, immer aber clever ist, und Grodin als weltfremder Buchhalter, der nicht nur seine Flugangst simuliert, sondern seinem Begleiter mit besserwisserischen Bemerkungen auf die Nerven fällt, sich nach und nach aber als äußerst trickreicher Ganove mit einem verschmitzten Lächeln erweist, liefern sich ein darstellerisches Duett von höchster Qualität. Ein Duett, das nicht durch Aufdringlichkeit miß-, sondern durch die kleinen Gesten gefällt. Blicke, Kopfbewegungen, ein Lächeln sind die schauspielerischen Mittel, die De Niro und Grodin in erstaunlicher Vielfalt hier vorführen. Scheinbar weit entfernt von dem psychologischen Realismus seiner bisherigen Rollengestalten, skizziert De Niro die Figur des Jack Walsh als Mischung aus Verletzlichkeit und derbem Straßencharme. In seinem Partner Charles Grodin, der als Schauspieler, Regisseur und Autor selbst von ungeheurer Vielseitigkeit ist, hatte De Niro zudem ein brillantes Gegenüber. Keine Rolle, die eine große Herausforderung darstellte, ihm aber – das ist deutlich zu spüren – großen Spaß bereitet hat. In der hektischen Jagd quer durch die USA, zugleich komisch wie aufregend, mit rührenden Szenen und welchen voller Action, in den besten Momenten ein ganzes Genre ironisierend, stellt die Figur des Jack Walsh durch ihren realistischen Ansatz einen ruhenden Pol in dieser phantasievollen Geschichte dar. Mit seinem Regisseur Martin Brest hatte De Niro zuvor echte Kopfgeldjäger bei ihrer Arbeit beobachtet und ihr Leben studieren können. »Seine Mitwirkung wirkte sich dann ungeheuer positiv auf die Arbeit aus«, äußerte sich Brest, »durch ihn wurde die Figur des Jack Walsh so komplex und vielschichtig, wie wir sie uns nie hätten träumen lassen«.[1] Eine Vielschichtigkeit, die durch die Improvisation von De Niro und Grodin zustande kam, weniger durch langwierige Recherchen und Vorbereitungen.

Midnight Run wurde nicht der erhoffte Erfolg und warf seinen Regisseur Martin Brest zurück. Mehrere Jahre lang konnte er keinen Film mehr drehen. Nachdem Robert De

Niro sich aber entschlossen hatte, allzu zeitintensive Vorbereitungen selbst zu unternehmen, war er in der Lage, in rascher Folge höchst unterschiedliche Rollen anzunehmen. »Ich habe mich gut dabei gefühlt ... Durchschnittlich habe ich davor alle anderthalb Jahre einen Film gedreht und war bereit für ein schnelleres Tempo. Ich bin in diesem Alter, in dem man keine Zeit vergeuden will. Ich möchte noch vieles machen. Vielleicht nicht immer, aber im Augenblick ja.«[2] Im Anschluß an Brests Action-Komödie nahm De Niro eine Rolle an in einem Film, der vor allem auf seinen drei Hauptdarstellern beruhte. *Jacknife,* unter der Regie des Briten David Jones (*Betrayal,* Betrug, 1982; *84 Charing Cross Road,* Zwischen den Zeilen, 1987), basierend auf dem Theaterstück »Strange Snow« des jungen Off-Broadway-Autors Stephen Metcalfe. Zum dritten Male spielt De Niro darin einen Vietnam-Veteranen. In *Taxi Driver* führte er den Krieg im asiatischen im urbanen, New Yorker Dschungel fort. In Michael Ciminos *The Deer Hunter* versuchte er in der Zeit nach seiner Rückkehr aus Vietnam seine schockierenden Erlebnisse zu verarbeiten. Wochenlang hatte er damals echte Veteranen besucht und von ihren Problemen erfahren. Eine Erfahrung, die er eingeschränkt auch für Jones' Film verwenden konnte, obgleich dieser einen anderen Ansatz hat. »Als ich *Deer Hunter* machte, verbrachte ich sehr viel Zeit mit Veteranen. Aber das war anders damals. Das war vor zehn oder elf Jahren«, äußerte er sich anläßlich *Jacknife,* »und man hatte ein anderes Gefühl, eine andere Einstellung dazu. Über bestimmte Dinge haben wir gar nicht gesprochen, wir sind ihnen aus dem Weg gegangen. Es gab eine Art von Einverständnis, ich glaube, dieses Gefühl gab es damals im ganzen Land. Bestimmte Dinge berührte man einfach nicht – und jetzt kommt anderes zum Vorschein, Gedanken, Gefühle, die man damals verleugnete und nicht an sich herankommen ließ.«[3] Gut 15 Jahre ist die Rückkehr der Veteranen her, doch noch immer nicht haben sie ihre Erlebnisse psychisch verarbeitet.

Megs, genannt Jacknife (De Niro) besitzt eigentlich nichts. Er haust unterm Dach, in einem Zimmer mit Bett, Kühlschrank und seinem Seesack, in den er seine Habseligkeiten immer dann stopft, wenn ihm das Dach auf den Kopf fällt. Immer noch läßt ein Alptraum ihn aus dem Schlaf aufschrekken: Bei einem Kampfeinsatz müssen er und seine Freunde Dave und Bobby von einem Hubschrauber abspringen. Dave verstaucht sich den Knöchel, wird von Bobby in Sicherheit gebracht, der sich dann aufmacht, den angeschossenen Megs zu retten, dabei aber sein Leben verliert. Eines Morgens nun taucht Megs überraschend bei Dave (Ed Harris) und dessen Schwester Martha (Kathy Baker) auf. Er will mit beiden zum Angeln fahren. Dave ist mit den Erlebnissen von damals nie fertig geworden. In dem Wissen um seine Feigheit flüchtet er sich in Alkohol und Tabletten und gibt Megs die Schuld an Bobbys Tod. Anders als Jacknife, der versucht, seine Erinnerungen auf Veteranentreffen zu bewältigen, will Dave sich nicht erinnern und droht Megs in den Strudel des Vergessens hineinzuziehen. Der beginnt eine vorsichtige Romanze mit Martha, die als schüchterne Lehrerin noch nie die Liebe erlebt hat. Während die beiden immer stärker aneinanderwachsen, verzweifelt Dave zusehends. Erst als er genug Alkohol konsumiert hat, brechen die Erinnerungen auf. Es kommt zum Streit zwischen ihm und Megs, der beider Leben verändert. Während sich Dave einer Veteranengruppe anschließt, packt Megs erneut seinen Seesack. Er hat Angst davor, eine Beziehung zu Martha einzugehen. Doch auf der Flucht kehrt er um, Martha nimmt ihn in ihre Arme. Jacknife wird seinen Seesack bei ihr, vielleicht für immer, auspacken.

David Jones' Inszenierung ist die Bühnenherkunft der Vorlage anzumerken. Allzu steif stellt er seine drei Hauptdarsteller in bezuglose Räume und reduziert die Konflikte und Probleme durch eine allzu sentimentale Sicht. Die Figuren bleiben merkwürdig blaß, ihre Psychologie wirkt recht vereinfacht, auch wenn De Niro, Ed Harris und Kathy Baker hervorragende Leistungen darbieten. Robert De Niro, der Megs als mal ungehobelten, mal sensiblen Alt-Hippie mit schulterlangem Haar und Vollbart spielt, vermittelt zwar etwas von der verkorksten Psyche seiner Figur, doch kann er die Sprüche und Löcher des Drehbuchs nicht ausgleichen. Im Vergleich zu seinen Rollen in Scorseses *Taxi Driver* und Ciminos *The Deer Hunter*, die aus der Explosivität ihrer Gefühle und der Ohnmacht innerhalb einer komplexer gewordenen Gesellschaft ihre emotionale Kraft, ja Brutalität gewannen, bleibt die Figur des Jacknife gefühlsmäßig weitgehend indifferent. Ein Charakter, dessen psychische Probleme kaum glaubhaft aus seinen Vietnam-Erlebnissen resultieren. Ein Charakter zudem, dessen innere Zerrissenheit sich nur selten nach draußen vermittelt und der eher dazu geeignet ist, beim Zuschauer rührseliges Mitgefühl zu erzeugen, als das Nachdenken über die Folgen des Vietnam-Krieges anzuregen. Robert De Niro tat sein Bestes, wie ihm die meisten Kritiker bescheinigten, doch die Grenzen seiner Rolle konnte auch er nicht sprengen. *Jacknife* wurde weltweit ein Mißerfolg, ließ seinen Anspruch in der Seichtheit aufgehen und bekräftigte De Niros Ruf als exzellenter, wenngleich nicht kassenattraktiver Schauspieler, was ihn selbst allerdings kaum stört. »Ich möchte fast lieber durch einen Film erinnert werden, der nicht notwendigerweise ein kommerzieller Erfolg ist. Wenn er sein Geld wieder einspielt, schön, ich bin glücklich. Aber ich wäre lieber bekannt durch Filme, die noch in 50 Jahren von jetzt an als gut in Erinnerung bleiben, lieber als durch Filme mit großem Erfolg, die nur für den Augenblick sind.«[4] Doch *Jacknife* wird kaum als wertvoller Film in Erinnerung bleiben, ebensowenig wohl die rührselige Liebesgeschichte *Stanley & Iris*.

Der Film ist im Arbeitermilieu angesiedelt, für das Hollywood-Kino ein eher exotisches Gefilde, für seinen Regisseur Martin Ritt aber ein gewohntes Betätigungsfeld. Wie kein anderer amerikanischer Filmemacher verstand es Ritt, das Milieu des gewöhnlichen Arbeiters wiederzugeben. Gewöhnlich allerdings sind Stanley (De Niro) und Iris (Jane Fonda) nicht. Beide arbeiten in einer Großbäckerei, er in der Küche, sie am Fließband. Als sie sich kennenlernen, spürt Stanley die Einsamkeit von Iris, die seit einem halben Jahr verwitwet und Mutter zweier heranwachsender Kinder ist. Die Erinnerung an ihren verstorbenen Mann aber läßt es nicht zu, daß sie ein neues Leben beginnt. Stanley dagegen lebt in seiner ganz eigenen Welt, bedingt durch seinen Analphabetismus. Schon bald verliert er seinen Job, muß seinen kränkelnden Vater in ein öffentliches Pflegeheim bringen, weil er kein Geld mehr verdient. Die Bekanntschaft mit Iris aber gibt ihm neuen Mut. Er entschließt sich, Lesen zu lernen. Iris wird seine Lehrerin. Es gibt Rückschläge, Stanley hört auf, verschwindet aus Iris' Leben, das durch ihre schwangere, minderjährige Tochter ohnehin nicht leicht ist, kommt dann aber zurück und setzt seine Studien fort. Mit zunehmendem Erfolg. Endlich kann er lesen und schreiben. Seine Liebe zu Iris durchdringt auch deren Einsamkeit, sie beginnen ein Verhältnis. Als dann noch Stanley mit einer seiner Basteleien Erfolg hat und einen gutdotierten Job bekommt, wendet sich beider Schicksal endgültig zum Guten. Sie werden zusammenziehen. Jetzt erst sind sie ganz gewöhnliche Leute.

In »Union Street«, der Vorlage des Films, kommt die Figur des Stanley überhaupt nicht vor. Sie ist eine Erfindung der Drehbuchautoren, die so gleich zwei Probleme meisterten. In jedem guten Hollywood-Film muß es eine Liebesgeschichte mit Happy-End geben, und mit Stanleys Analphabetismus fand man auch gleich ein soziales Anliegen. Tatsächlich wird vermutet, daß jeder fünfte Amerikaner Schwierigkeiten mit Lesen und Schreiben hat oder dessen ganz unkundig ist. Im Unterschied zu seinen anderen Filmen, etwa *Norma Rae,* verwässert Ritt die ohnehin schwach konstruierte Geschichte durch die Sentimentalität der Liebesgeschichte. De Niro und Jane Fonda, zum ersten Male gemeinsam vor der Kamera, spielen dagegen voller Nuancen, bestechen durch die leisen Töne ihrer subtilen Darstellungen. Sie sorgen glaubhaft für die menschliche Note, so überzeugend allerdings, daß das soziale Anliegen des Films in seinem Verlauf zusehends dahinter verschwindet. Für seine Rolle unternahm De Niro einmal mehr umfangreiche Vorbereitungen. Indes vereinfachte er sich die Arbeit, ohne damit – wie seine Darstellung zeigt – an Intensität zu verlieren. »Für *Stanley & Iris* ließ ich eine Frau eine Menge Analphabeten interviewen und auf Video aufnehmen und verbrachte viel Zeit damit. Ich schaute einfach nur an, was sie getan hat, anstatt selbst die Interviews zu führen. Es war für mich hilfreicher, weil ich nicht soviel Zeit brauchte – durch all die sozialen Dinge mit ihnen gehen zu müssen. Das kann man nicht immer machen, aber in diesem Falle war es hilfreich. Ich konnte einfach nur zurückspulen und so eine Menge Nuancen aufnehmen. Es paßte mir und ich mußte mir keine Sorgen machen und so viel von mir selbst ausbreiten.«[5] Den Mißerfolg auch dieses Films verhinderte Robert De Niro damit allerdings nicht. Anscheinend wollte das Publikum die Kombination von glücklicher Liebesgeschichte und unspektakulärem Sozialdrama nicht sehen. Ebensowenig konnte er das unglückliche Schicksal des gleich anschließend gedrehten Films verhindern, obgleich er als ausführender (Executive) Produzent eine Premiere feierte.

Art Linson war der ausschlaggebende Produzent der verkrampften Komödie *We're No Angels,* der schon für den »Blockbuster« *The Untouchables* verantwortlich zeichnete und dem ein Gespür für erfolgreiche Stoffe nachgesagt wird. Das Drehbuch stammt von David Mamet, dem renommierten Dramatiker und Autor von *The Untouchables.* Zweiter Hauptdarsteller ist Sean Penn, bekannt vor allem durch seine stürmische Ehe mit der Pop-Ikone Madonna. Penn, inzwischen mit *Indian Runner* (1990) selbst unter die Regisseure gegangen, wird als Darsteller weitgehend unterschätzt, obgleich er sich fast ebenso intensiv wie De Niro vorbereitet und durch die Intensität seines Spiels beeindruckt. »Ich habe viel Respekt vor ihm«, meinte De Niro, »und ich weiß, daß er ein ernst zu nehmender Schauspieler ist. Wir sprachen miteinander, und ich sagte: ›Laß uns zusammenkommen, etwas versuchen und machen.‹ Dann holten wir Art Linson – ein sehr, sehr guter Produzent, sehr geschäftstüchtig –, und so fing das mit *We're No Angels* an. Für Sean ist es wichtig, was er macht, und er ist sehr klug. Er mag vielleicht einen anderen Eindruck machen, aber er ist intelligent und für viele Dinge empfänglich.«[5] Als Regisseur wurde der Ire Neil Jordan engagiert, der durch seinen wunderbaren Gangsterfilm *Mona Lisa* (1986) weltweiten Ruhm erntete.

Unfreiwillig werden die beiden Sträflinge Ned (De Niro) und Jim (Sean Penn) in einen Ausbruch verwickelt. Nach anfänglichem Zögern nutzen sie ihre Chance, trennen sich von dem schießwütigen Ausbrecher Bobby (James Russo) und gehen ihrer eigenen Wege. Sie wollen über die Grenze nach Kanada, werden aber in der Grenzstadt mit zwei Priestern verwechselt, die von der dortigen Klostergemeinde erwartet werden. Der clevere Ned sieht eine Chance, sich im Kloster vor den Suchmannschaften zu verstecken und auf eine Gelegenheit zum Grenzübergang zu warten. Das einzige Problem der beiden ist ihre fehlende Bibelfestigkeit. Doch keiner der Mönche zweifelt an ihrer Identität, und so beginnen sich Ned und Jim in der Soutane wohl zu fühlen. Ned wird gar zum geistigen Beistand eines reumütigen Polizisten, der ein Verhältnis mit der hübschen Molly (Demi Moore) hatte. Für Molly und ihre stumme Tochter interessiert sich auch Ned, doch die Soutane verhindert weitere Annäherungsversuche. Nach einem erfolglosen Versuch, als Priester die Grenze zu überqueren, setzen Ned und Jim ihre ganze Hoffnung auf die bald stattfindende große Prozession, die von einem Ufer des ländertrennenden Flusses ans andere führt. Bobbys Auftauchen und seine Festnahme durch die Polizei drohen ihren schönen Plan zu vereiteln. Doch in Mollys Tochter erwächst eine neue Möglichkeit. Ned befreit Bobby und versteckt ihn unter dem Kleid der weinenden Madonna, die in der Prozession über die Grenze gebracht werden soll. Doch dann geht alles schief. Bobby wird erschossen, die Madonna fällt in den Fluß, mit ihr Mollys kleine Tochter, und der verzweifelte Ned springt hinterher. Da das Mädchen plötzlich sprechen kann, wird Ned als Wunderheiler gefeiert. Zusammen mit Molly und deren Tochter kann er unbehelligt nach Kanada, während Jim beschließt, als Mönch ins Kloster zurückzukehren.

Schon einmal hatte es eine Verfilmung des Theaterstückes »La cuisine des anges« von Albert Husson gegeben. 1955 inszenierte Michael Curtiz den Film unter gleichem Titel mit Humphrey Bogart, Peter Ustinov und Aldo Ray in den Rollen der entflohenen Sträflinge, die in seiner Version allerdings nicht in der Soutane herumlaufen und sich im Kloster verstecken müssen. Autor David Mamet reduziert das Trio auf ein Duo, in dem sich De Niro und Penn gegenseitig die Bälle zuwerfen. Unerklärlicherweise verlegt er die Geschichte ins Jahr 1935, kümmert sich aber nicht um deren Wahrscheinlichkeit. Ebensowenig wird der Grund für die Verkleidung als Priester ersichtlich, denn die Witze über Religion und Wunderglauben bleiben blaß und werden von Neil Jordan ohne Gefühl für das Timing inszeniert, was den Film kaum witzig wirken läßt. Robert De Niros Versuche, komisch zu sein, scheitern an dem Mißverständnis, Grimassen allein schon seien komisch. Vielmehr erscheint seine Figur höchst lächerlich und wirkt, als hätte er im Laufe der Dreharbeiten die Lust am Film verloren, obgleich er als ausführender Produzent doch auch noch in anderer Funktion beteiligt war. Wirklich überraschend ist die für einen Robert De Niro seltsam unbeteiligt scheinende Darstellung. Keine Überraschung dagegen ist der Mißerfolg des Films, der in Deutschland nur als Videopremiere auf den Markt kam.

Eine Glanzleistung erbrachte er in seinem folgenden Film, *Awakenings,* der Geschichte eines Arztes und seiner Erfolge bei Patienten, die unter der Encephalitis lethargica, der Europäischen Schlafkrankheit, litten und völlig katatonisch in ihrer Umgebung verharrten. De Niro spielt die authentische Figur des Leonard Lowe, der noch als Jugendlicher daran erkrankte und 30 Jahre lang »schlief«. Dr. Oliver Sacks, der jenes »Wunder« des Erwachens in der Realität bewirkte, schildert in der Neuausgabe seines Buches »Awakenings – Zeit des Erwachens« – die Arbeitsweise De Niros. »Robert De Niros Besessenheit, genau zu verstehen, was er darstellen soll, es bis ins kleinste, mikroskopisch genaue Detail zu erforschen, ist geradezu legendär; nun erlebte ich selbst zum erstenmal, mit innerer Beteiligung, wie ein Schauspieler sich eine Rolle aneignet – bis er schließlich ... wirklich ganz in sie hineinschlüpft, sie in- und auswendig kennt wie seinen eigenen Körper. (...)

Soweit ich es beurteilen konnte, bestand Bobs Methode darin, alles, was er über Parkinsonismus in Erfahrung brachte, aufzunehmen, schweigend zu absorbieren, ohne äußerlich etwas davon merken zu lassen. Er ließ die aufgenommenen Bilder in sein Unterbewußtsein absinken und sich dort in einer Art Gärungsprozeß mit seinen eigenen Erfahrungen, Kräften, Phantasien und Gefühlen vermengen – und erst dann tauchten sie wieder auf und wurden sichtbar, nunmehr so tief durchdrungen von seiner eigenen Persönlichkeit, daß sie integraler Bestandteil oder Ausdruck seiner selbst waren.«[6] Tatsächlich fasziniert De Niro durch die große Sensibilität, mit der er sich in Psyche und Gestik des Leonard Lowe hineinversetzt. Dennoch bemängelten viele Kritiker, daß seine schauspielerische Technik allzu sichtbar sei, daß seine Tricks und Ticks zu sehr auf ein darstellerisches Duell mit Robin Williams abzielten. Eine Kritik, die seiner schauspielerischen Arbeitsweise und Intensität nicht gerecht wird. Denn De Niro versteht als einer der wenigen seiner Branche, ohne mimische Tricks auszukommen und Emotionen zu erzeugen. Sein Spiel drückt viel aus, ohne viel zu sagen. »Wir wissen alle«, meinte er in einem Interview, »daß man sehr viel machen kann, ohne etwas zu sagen. Du beobachtest ein Verhalten, eine Situation wie Sie und ich jetzt, ganz einfach Körpersprache oder so etwas. Ich versuche, dies wahrzunehmen. Du kannst manchmal mehr mit einer Augenbraue bewirken als mit zehn Dialogzeilen. In Filmen muß man sich immer bewußt sein, ob etwas zu geschwätzig ist, und wenn, danach trachten, daß man es los wird – du mußt wissen, was wichtig ist und was nicht, und es dann zurückschneiden.«[7]

In *Awakenings* steht indes De Niros Spiel, seiner Verwandlung vom »Schlafenden« zum »Erwachten«, der staunenden Wahrnehmung einer unbekannten Welt und der allmählichen Rückkehr in den Zustand des »Schlafes« sowie dem verzweifelten, aber vergeblichen Widerstand dagegen, kein inszenatorisches Einfühlungsvermögen gegenüber. Penny Marshall setzte zu sehr auf wohldosiert verabreichte Emotionen, nicht aber auf die Schilderung eines Entwicklungsprozesses, der einen Erwachsenen die Welt mit den Augen eines Kindes wahrnehmen läßt. Denn das stellt sich als größtes

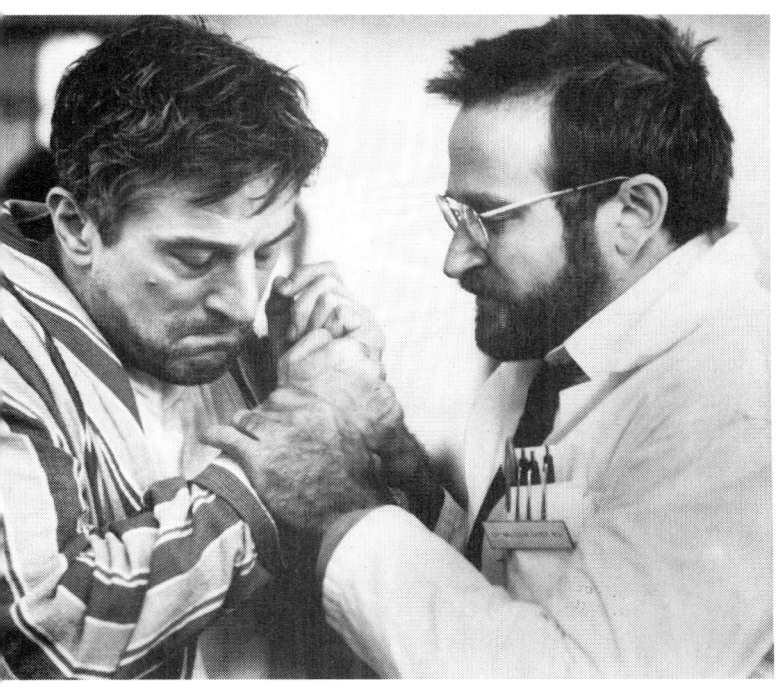

›Awakenings‹ (Zeit des Erwachens). Robert De Niro (links) und Robin Williams

Problem der Patienten heraus, die drei Jahrzehnte im Dämmerschlaf verharrten und durch die ihnen verabreichte Droge L-Dopa zum kurzfristigen Leben erweckt werden. Die Welt ist eine andere geworden, und die meisten finden sich in ihr nicht mehr zurecht. Ein Umstand, den auch Dr. Sayer (Robin Williams) akzeptieren muß und den er bei seinen Forschungen nicht bedacht hatte. Die größte Schwäche des Films, abgesehen von seiner konventionellen Dramaturgie und gelegentlich überstrapazierter Sentimentalität, ist die wechselnde Perspektive zwischen beiden Protagonisten. Vor allem die Figur des Dr. Sayer wird dabei klischeehaft und schematisch charakterisiert, von Robin Williams' nuanciertem Spiel allerdings nach Möglichkeit ausgeglichen. Der Zuschauer aber bleibt allein gelassen in seiner Fixierung auf die Personen und hat am Ende nicht mehr als ein Melodram vor sich, das die offenen Fragen, die sich in der Realität gestellt haben, unbeantwortet läßt. Nach mehreren erfolglosen Filmen bedeutete *Awakenings* für Robert De Niro wieder einen Erfolg an der Kasse. Eine gute Ausgangsposition für die nächsten Projekte. Etwa die aufwendige Super-Produktion *Backdraft,* die 39 Millionen Dollar verschlang.

Ein großes Spektakel mit dünner Story und ohne Anspruch. Im Mittelpunkt stehen die beiden ungleichen Brüder Stephen (Kurt Russell) und Brian (William Baldwin), Feuerwehrmänner wie ihr Vater, der bei Löscharbeiten ums Leben kam. Eine Frau spielt natürlich auch eine Rolle, doch im Blickpunkt des Geschehens stehen die Brände und die Löscharbeiten. Robert De Niro spielt den Ermittlungsbeamten Donald Rimgale, der einem pyromanischen Psychopathen (Donald Sutherland) auf der Spur ist. Eine Nebenrolle, die sich dennoch schauspielerisch hervorhebt, aber keine Chance hat gegen die erstaunlichen Feuerszenen. Die sind die wahren Stars dieses Films von Ron Howard *(Splash, Cocoon),* Höhepunkte eines Werkes, das der Dramaturgie der Katastrophenfilme folgt. Noch nie wirkten Brände so echt auf der Leinwand, alles brennt wirklich und unterstützt das Heroische von *Backdraft* auf eindrucksvolle Weise. Angesichts der bewundernswerten Meisterleistungen des Special-Effects-Teams fällt das Fehlen einer schlüssigen Geschichte kaum noch ins Gewicht. Den Mißerfolg dieses effektvollen Films aber konnten auch sie nicht verhindern.

Seinen Mißerfolgen im Mainstream-Kino sollte die Hauptrolle in dem anspruchsvollen Drama *Guilty by Suspicion* wieder einen auch künstlerisch überzeugenden Erfolg entgegensetzen. Ein Unternehmen, das scheiterte. Vor allem, weil Irwin Winkler, Produzent der *Rocky*-Filme und Scorseses *Raging Bull, GoodFellas,* bei seinem Regiedebüt eine politische Geschichte entpolitisierte.

Nach Erfolgen in Paris kehrt der Regisseur David Merrill (De Niro) nach Hollywood zurück. Für ihn bricht eine Welt

zusammen, als er die Veränderungen in seinem Freundes-
kreis bemerkt und kurz darauf selbst Opfer von McCarthys
Hexenjagd wird. Verdächtigt, Kommunist zu sein, bleiben
die Aufträge aus, drängt sein Studiochef ihn zur Kooperation

›Guilty by Suspicion‹ (Schuldig bei Verdacht)

mit dem Komitee für unamerikanische Umtriebe. Merrills Weigerung führt zu seiner Aufnahme in die berüchtigte »schwarze Liste«, was einem Berufsverbot gleichkommt. Alte Freunde wenden sich von ihm ab, sagen sogar gegen ihn aus. Einzig seine Exfrau Ruth (Annette Bening) hält zu ihm. Beide erkennen in dieser schwierigen Situation erneut ihre Liebe und finden am Ende wieder zusammen. Merrill, für ein paar Tage als Regisseur eines unabhängig produzierten Billig-Western engagiert, dann aber wieder gefeuert, erklärt sich schließlich unter dem Druck der Verhältnisse zur Aussage bereit. Als er vor dem Komitee hysterischer Kongreßabgeordneter die Namen von angeblich kommunistischen Freunden in der Filmindustrie nennen soll, weigert er sich und verläßt die Anhörung. Er hat seine Integrität wahren können, selbst um den Preis der beruflichen Vernichtung.

Das Drehbuch schrieb Abraham Polonsky, der seinen Namen entsetzt zurückzog, als er spürte, was Irwin Winkler daraus machen wollte. »Der Film vergewaltigt meine ethischen Grundsätze, meine politischen Anschauungen, meine Moral«, äußerte sich Polonsky, selbst ein von der »schwarzen Liste« Betroffener.[8] Im ursprünglichen Skript war Merrill, eine vor allem nach dem 1951 nach Paris exilierten Regisseur John Barry gestaltete, fiktive Figur, ein überzeugter, ehemaliger Kommunist, der zu seinen früheren Aktivitäten steht. »Es war nicht allein eine kommerzielle Entscheidung«, rechtfertigte sich Winkler. »Ich mußte etwas von mir in dieser Geschichte finden. Ich mußte eine Beziehung dazu finden. Jemand anders kann einen Film über einen Kommunisten machen.«[9] Winkler stieß auf den Stoff, als er Bertrand Taverniers *Round Midnight* in Paris produzierte. Tavernier ist mit Polonsky befreundet und sollte ursprünglich die Regie übernehmen, zog sich aber aus dem Projekt zurück, als Winkler das Drehbuch überarbeitete, die politischen Dimensionen tilgte und ein persönliches Melodrama daraus entstand. Nun war Robert De Niro für seinen langjährigen Freund und Produzenten das wichtigste Element bei diesem Projekt. Sein Name ist »bankable« und garantiert weltweite Aufmerksamkeit.

›Cape Fear‹ (Kap der Angst). Mit Robert De Niro (links) und in einer Gastrolle Gregory Peck

Tatsächlich gewinnt De Niro der Figur des David Merrill schauspielerisch interessante Aspekte ab. In der Tradition eines Gary Cooper oder James Stewart stellt er den weitgehend unpolitischen Regisseur als einen aufrechten Helden dar, der seine Zweifel überwindet und trotz persönlicher Angriffe sein Gerechtigkeitsgefühl lebt: der einfache Mann mit soliden Werten. De Niros Darstellung evoziert, im Gegensatz zu seinen bisherigen Rollen, die Erinnerung an Hollywoods charakterstarke Filmhelden, ist weniger genuine Schöpfung als bewußte Reminiszenz. Regisseur Winkler ließ ihm offensichtlich Freiheiten, zum Gefallen De Niros, der weitere Projekte mit ihm plant, als erstes die Neuverfilmung eines klassischen Film noir, Jules Dassins *Night and the City* (1950; Die Ratte von Soho) mit Richard Widmark und Gene Tierney in den Hauptrollen. Robert De Niro spielt in der Neuverfilmung – nach *Cape Fear* die zweite innerhalb eines

215

Jahres – einen Anwalt, der ins Boxgeschäft einsteigt. An seiner Seite Jessica Lange, Partnerin in *Cape Fear.* Es scheint, als gäbe es für De Niro keine schauspielerischen Herausforderungen, keine Neuerungen mehr. Vielleicht spielt er deshalb in den Remakes zweier hervorragender Filme mit, deren Hauptdarsteller (Widmark, Mitchum) eine der besten Leistungen ihrer Karriere lieferten. Es scheint, als suche De Niro nun den schauspielerischen Wettkampf mit den Großen der Vergangenheit. Ein Spiel gegen die Erinnerung, für die Unvergeßlichkeit. Für den Zuschauer auf jeden Fall eine interessante Lektion.

KAPITEL 9

Die neunziger Jahre

Unabhängigkeit und Mißerfolge

Die schauspielerische Herausforderung, der sich Robert De Niro in seinem Messen mit einigen großen Stars der Vergangenheit stellte, war der unmögliche Vergleich mit zwei Hollywood-Mythen. Robert Mitchum hatte in *Cape Fear* die gleiche Rolle des Max Cady gespielt wie De Niro nun in Martin Scorseses Remake von 1991. De Niro schuf in seiner Darstellung ein abscheuliches, menschliches Monster, während Mitchum seinen Part als zwar verabscheuungswürdige, aber dennoch bemitleidenswerte Kreatur gestaltete. Das macht dann den Unterschied aus zwischen einer Legende und einer brillanten Darstellung.

In Jules Dassins Film *Night and the City* (Die Ratte von Soho) spielte Richard Widmark 1950 die Hauptrolle eines windigen Kleingangsters in den Clubs von Soho, der sich anschicken will, die korrupte Welt der professionellen Ringer aufs Kreuz zu legen und selbst Promoter zu werden. Dabei betrügt er nicht nur sich selbst, indem er die Grenzen seiner Möglichkeiten nicht erkennen will, sondern vor allem die Menschen, die ihm nahe stehen und die an ehrliche Absichten glauben. Am Ende wird Henry Fabian, kongenial von Widmark verkörpert, erwürgt und in die Themse geworfen. Jules Dassins *Night and the City* wurde berühmt und gilt inzwischen als ein Klassiker des Film noir. Das ausgeprägte Spiel mit Licht und Schatten bei einer ansonsten naturalistischen Kameraarbeit, die Lichtsetzung in Beziehung zu den Charakteren, vor allem im Zusammenwirken mit der hageren Physiognomie von Richard Widmark, akzentuierten die trostlose Geschichte um einen geborenen Verlierer und verliehen ihr eine stilbildende Bedeutung.

Davon ist in Irwin Winklers Remake von 1992 nicht mehr viel zu spüren. Robert De Niro spielt die Rolle von Harry

Fabian, einem New Yorker Winkeladvokaten, der auf Schadensersatzprozesse spezialisiert ist. Harry verkehrt meist in der Bar von Phil Nasseros (Cliff Gorman), mit dessen Frau Helen (Jessica Lange) er ein Verhältnis hat. Phils Bar ist auch die Stammkneipe des Box-Promoters Boom Boom Grossman (Alan King), der Kontakte zur Unterwelt pflegt, ihr wahrscheinlich selber angehört, und ansonsten das Monopol auf Boxveranstaltungen hält. Als Harry in der Zeitung liest, daß einer von Boom Booms Boxern in eine Diskothekenschlägerei verwickelt war, überredet er das vermeintliche Opfer zu einer Klage auf Schmerzensgeld. Da sein Klient doppelt so groß ist wie der angeklagte Boxer, verliert Harry den Prozeß, entwickelt aber die Idee, selbst Promoter zu werden.

Als erstes besorgt er sich eine Lizenz und gründet seine Firma »Bullshit Productions«. Doch von Beginn an ist seine Unternehmung zum Scheitern verurteilt. Nur weil er Boom Booms kranken, älteren Bruder Al (Jack Warden), eine Boxlegende, zum Mitmachen überreden kann, läßt ihn Boom Boom gewähren. Doch Harry fehlt das Geld, um einen Kampfabend zu organisieren. Phil will ihm 7.500 Dollar leihen, wenn Fabian die andere Hälfte besorgt. Die bietet ihm Helen an, als Gegenleistung dafür, daß Harry ihr eine Barlizenz verschafft. Das tut der Advokat auch, doch handelt es sich um eine gefälschte. Am Vorabend des Kampfes fliegt alles auf. Al erleidet eine tödliche Herzattacke, weshalb Boom Boom Harry töten lassen will. Phil erfährt von Fabians Verhältnis zu Helen, die ihn inzwischen verlassen hat, um ihre Bar zu eröffnen, und verrät sie an die kommunalen Behörden. Noch vor der Eröffnung wird Helens Bar geschlossen, und sie bricht auf nach Kalifornien. Harry Fabian aber, vom Mißerfolg scheinbar ungebrochen, wird von Boom Booms Leuten niedergeschossen.

Night and the City war eine weitere Produktion von Robert De Niros Produktionsfirma Tribeca. Und es war bereits das dritte Mal, daß er sich an einer Neuverfilmung beteiligte. Denn schon bei *We're No Angels* und *Cape Fear*, an deren Herstellung Tribeca beteiligt war, hatte man sich auf be währte Vorlagen verlassen, ohne indes deren Qualitäten und vor allem deren kommerziellen Erfolg zu erreichen. Daran schloß auch Irwin Winklers Film an, der in mehrfacher Hichsicht enttäuschte. Zum einen entpuppte sich die Regie als reichlich einfallslos und die Besetzung als kaum überzeugend. Allenfalls Alan King als Boom Boom Grossman vermittelte den Anschein von Authentizität in Verbindung mit einem Hauch von Mythos, den Unterweltfiguren im Kino immer vor sich her tragen. Story und Figuren in Winklers farbigem Film wirkten eher realistisch, doch die Geschichte um den traumtänzerischen, ambitionierten Verlierer Harry Fabian ist alles andere als wirklichkeitsnah. Vielmehr handelt es sich um ein Kino-Märchen mit einem Charakter, der inzwischen aus dem Figurenarsenal des Films nicht mehr wegzudenken ist, verdankt man ihm doch die modernen Tragödien – der Verlierer.

Robert De Niro spielt diese Rolle mit der ihm eigenen Bravour. Doch ihm gelingt es nicht, und darin lag vielleicht ein Grund für den Mißerfolg des Films, eine Beziehung zum Zuschauer herzustellen und in seiner Darstellung des Harry Fabian Momente zu kreieren, die eine Möglichkeit zur Identifikation bieten. Dieser kleine Winkeladvokat ist im Grunde nicht mehr als ein Clown, zappelig um Aufmerksamkeit heischend, großmäulig und immer an der Grenze zur Peinlichkeit. De Niro verlieh Harry Fabian eine ungeheure Energie, ließ ihn rennen und fast durchweg tänzeln statt gehen. »Er hat Angst, sich mit sich selbst auseinanderzusetzen, deshalb rennt und rennt er und versucht verzweifelt, seine innere Leere zu füllen«, beschrieb De Niro den Charakter. »Harry ist wie jemand, der über ein Flüßchen springt, dabei von Stein zu Stein hüpft. Er kann es sich nicht leisten, naß zu werden oder bei einem dieser Steine daneben zu treten. Er fliegt.«[1] Das hektisch wirkende Agieren De Niros, das er selbst wie das Umherirren eines kopflosen Huhns beschrieb, verhinderte indes, aus der Figur eine wirklich tragische zu machen, wie es Richard Widmark in seiner Darstellung gelang. Doch immer wieder finden sich auch in *Night and the City* schauspielerische Höhe-

punkte. So als Boom Boom in einer Bar auf den selbstzu-
friedenen Harry zugeht, dessen Kopf in seine Hände nimmt
und ihm ganz freundlich androht, mit seinen Fingern zwei
Löcher in seinen Schädel zu drücken, wenn seinem Bruder
Al etwas zustoße. Da spiegelt sich auf unnachahmliche Weise in De Niros Gesicht die Angst vor dem zu erwartenden
Schmerz und Sekunden später die Erleichterung darüber,
noch einmal davongekommen zu sein.

Als Produzent wollte De Niro seinem Freund Irwin Winkler mit der Produktion einen Gefallen erweisen. Doch wie
schon bei *Guilty by Suspicion* erwies sich der ursprünglich
als Produzent bekannt gewordene Winkler als wenig inspi-
rierter, überaus konventioneller Regisseur. »Es war ein anderes Drehbuch von Richard Price, das schon seit Jahren
rumlag. Martin Scorsese hatte eine gewisse Zeit daran gearbeitet, und ich hatte es vor zehn oder zwölf Jahren schon
gelesen«, erzählte De Niro über das Projekt. »Damals hatte ich andere Pläne. Als Irwin es mir erneut vorschlug, und
ich es wiederlas, fand ich es sehr gut geschrieben. Ich sagte
mir, es handelt sich vielleicht nicht um einen wirklich
›kommerziellen‹ Film, aber mir gefiel der Gedanke sehr,
wieder mit Irwin zusammenzuarbeiten.«[2]

Die ersten Produktionen von Tribeca können tatsächlich
nicht unbedingt als kommerzielle Erfolge angesehen werden, mit der Ausnahme von *Cape Fear* vielleicht. Bereits die
erste eigenständige Produktion, Barry Primus' *Mistress*,
wurde ein Mißerfolg. Dabei hatte De Niros Traum vom Tribeca Filmcenter bereits Millionen verschlungen. 1988 hatte
er die Verhandlungen über den Erwerb des früheren Mar-
tinson-Coffee-Lagerhauses an der Ecke Greenwich Street
(Nummer 375) und Franklin Street aufgenommen, das er
schließlich zusammen mit dem Investor Paul Stewart und
dem Broadway-Produzenten Stewart Lane für etwa 7,5
Millionen Dollar erwarb und für weitere Millionen in ein
Filmzentrum und ein Restaurant umbaute. TriBeCa steht
für TRiangle (Dreieck) Beneath (unterhalb der) CAnal
Street. Das achtstöckige Gebäude aus dem 19. Jahrhundert
beherbergt heute nicht nur De Niros eigene Firma, sondern

Kein kommerzieller Erfolg: ›Mistress‹

auch andere Produktionen oder Verleiher wie die erfolgreiche Disney-Tochter Miramax, führender Anbieter von In-
dependant-Filmen, zum Beispiel denen von Quentin Tarantino. Der Finanzierungsbedarf ließ Robert De Niro einen
Film nach dem anderen drehen. Bei den Produktionen
hoffte er auf einen ähnlichen Coup, wie er Miramax mit Filmen wie *Sex, Lies and Videotape* (Steven Soderbergh, 1989)
oder später mit *Pulp Fiction* (Quentin Tarantino, 1994) gelungen war. Filmen mit relativ niedrigen Budgets, die ein
Vielfaches ihrer Herstellungskosten wieder einspielten.
Mistress allerdings fiel nicht in diese Kategorie. Der Film
erzählt von den eigenen Erfahrungen des Schauspielers
Barry Primus, selbst Regie führen zu wollen. Marvin Landisman (Robert Wuhl) hatte einst einen Film inszeniert, der
ihn zu einem vielversprechenden Talent werden ließ. Ein

Versprechen, das er allerdings nicht einlöste, und so schlägt sich Landisman mit der Inszenierung von Kochvideos durchs Leben. Bis der alte Produzent Jack Roth (Martin Landau) auf der Suche nach einem Stoff sein altes Drehbuch findet und dem überraschten Landisman anbietet, seinen Film zu produzieren. Wie die beiden dann versuchen, für die hanebüchene Geschichte über einen depressiven Künstler, der am Ende Selbstmord begeht, die Finanzierung zusammenzubekommen, davon handelt *Mistress*. Der Titel deutet bereits an, worum es den möglichen Geldgebern in erster Linie geht. Sie alle, gespielt von Danny Aiello, Eli Wallach und Robert De Niro, wollen nur eine Rolle für ihre in der Regel untalentierten Gespielinnen. Natürlich kommt die Finanzierung nicht zustande, und Marvin verliert sogar seine Frau, nicht aber seine Träume, doch am Ende bleibt ein Stückchen Hoffnung, wenn auch nur eingebildet. *La grande illusion* schaut sich Marvin zu Hause an, und auch für ihn bleibt das Filmemachen nur eine Wunschvorstellung.

»Barry Primus ist ein alter Freund«, schilderte De Niro die Hintergründe des Projekts. »Er hat mir seit Jahren von dem Drehbuch erzählt. Als ich es dann endlich lesen konnte, fand ich es sehr lustig. Ich habe ihm angeboten, bei der Produktion zu helfen, wenn er es nötig hätte. Letztendlich hatte es jeder gelesen, aber keiner entschied sich, es zu machen. Ich gründete damals Tribeca. Damit der Film überhaupt realisiert werden konnte, mußte ich ihn produzieren und darin eine Rolle übernehmen.«[3] De Niros Darstellung von Evan Wright ist gekennzeichnet von einer gewissen Übertreibung seiner bekannten Gesten. Er spielt diesen typischen Investor, der vor allem mehr Sex will, um sein Geld mit Profit zurückzubekommen, wissend, weltmännisch und mit Ironie. Allerdings wird nicht deutlich, was De Niro an der Rolle gereizt haben mag, außer der Tatsache, seinen eigenen Marktwert in die Produktion einbringen zu müssen. Auch andere bekannte Darsteller wie Danny Aiello, Eli Wallach oder Christopher Walken lieferten routinierte Auftritte, offensichtlich mehr aus Hilfsbereitschaft für einen

Freund denn aus Überzeugung. Primus, der auch in *Night and the City* eine Nebenrolle übernahm, zählt dabei noch nicht einmal zu den bekannten seiner Zunft; sein Film indes, gelegentlich als die Billigausgabe von Robert Altmans Meisterwerk *The Player* (1992) bezeichnet, besitzt seine Stärke vor allem in manchen treffend beobachteten Situationen. So sind die Zusammenkünfte in irgendeinem Coffee Shop von Los Angeles durchaus gelungen in ihrem Dialogwitz und ihrer Tristesse, Verlierern beim Träumen zuzuschauen.

Die Mitwirkung von Robert De Niro und seinen Freunden genügte aber nicht, in den USA Verleiher für den Film zu finden. Nur der Außenseiter-Regisseur Henry Jaglom fand für seinen eigenen, winzigen Verleih einige New Yorker Kinos, die bereit waren, den Film zu spielen, der alsbald verschwunden war. Ein bißchen mehr Glück hatte der Produzent De Niro mit einem anderen Projekt, dem Thriller *Thunderheart* (Halbblut, 1991), bei dem er allerdings nur als einer von mehreren Produzenten fungierte. Unter der Regie des Briten Michel Apted spielte Val Kilmer einen Polizisten, der eine Mordserie in einem Indianerreservat untersucht. »Produzent zu sein, bedeutet ein bißchen mehr Kontrolle über das, was man macht«, beschrieb De Niro seinen Schritt hinter die Kamera. »Man kann sich jetzt zu Dingen äußern, zu denen ein Schauspieler normalerweise nicht gefragt wird. Man hat einen gewissen Einfluß. Ein Produzent muß dem Regisseur und dem gesamten künstlerischen Prozeß dienen«, definierte er weiter seine neue Funktion. »Er muß auch wissen, nicht im Mittelpunkt zu stehen, wenn er nicht gebraucht wird. Mein Job ist es, dem Regisseur zu helfen, ein Projekt durchzuführen, es gut zu machen – auf welche Weise auch immer: logistisch, praktisch, künstlerisch.«[4] Bevor er sich die Hilfe des Produzenten De Niro für den Regisseur Robert De Niro holte, vom Schauspieler ganz abgesehen, sorgte er durch seine Mitwirkung und die Auswahl der Produzenten indirekt dafür, daß zwei weitere Filme entstanden, die besser als ihr Ruf sind, an der Kinokasse aber dennoch durchfielen.

Mad Dog and Glory (Sein Name ist Mad Dog) vereinte ihn mit seinen Freunden Bill Murray vor und Martin Scorsese als Produzent hinter der Kamera. Alle waren vom Talent des jungen Regisseurs John McNaughton überzeugt, der mit *Henry: Portrait of a Serial Killer* (1990) einen Kultfilm geschaffen hatte. Das Drehbuch stammte wie bei *Night and the City* von Richard Price, dessen Stories zwar schlüssig sind, aber im Grunde kaum aufregend, sieht man einmal ab von dem Al-Pacino-Film *Sea of Love* (Harold Becker, 1989). De Niro spielt den bei der New Yorker Polizei arbeitenden Spurensicherer Wayne, einen Durchschnittsmenschen, unauffällig, schüchtern, dem seine Kollegen den ironischen Spitznamen »Mad Dog« gegeben haben. Als Wayne eines Nachts dem Gangster Frank (Bill Murray) das Leben rettet, kann er sich vor dessen Dankbarkeit kaum noch retten. Denn Frank taucht nicht nur ungebeten mit Torten in Waynes Büro auf, sondern schickt ihm auch die Bardame Glory (Uma Thurman) in die Wohnung. Glory muß für ihren Bruder eine Schuld abarbeiten und soll nun den zurückhaltenden Wayne eine Woche lang aufmuntern. Da der Film für ein Mainstream-Publikum, also familientauglich, konzipiert war, bleibt es nicht aus, daß Wayne und Glory sich ineinander verlieben. Das wiederum evoziert Schwierigkeiten mit Frank, dessen Dankbarkeit nicht so weit geht, daß er Glory ziehen ließe. Wayne wäre sogar bereit, für ihre Schulden aufzukommen, doch Frank verlangt zu viel. Als es zur finalen Konfrontation kommt zwischen Wayne, seinen Kollegen (darunter der *NYPD Blues*-Polizist David Caruso) und Frank und dessen Spießgesellen, wird aus dem spießigen Ermittler endlich der »Mad Dog«, der sich mit dem Gangster um das Mädchen schlägt, bis dieser der Auseinandersetzung ein Ende macht.

Robert De Niro sollte ursprünglich die Rolle des Gangsters Frank Milo übernehmen, doch Bill Murray schien alle Beteiligten mit seinen komischen Qualitäten mehr zu überzeugen. So wundert es nicht, daß er die besseren Kritiken bekam als De Niro, der seiner Figur keine neuen Noten mitgab, die man von ihm eigentlich immer erwartete. De Niro, zwar souverän und durchaus erfolgreich in seinem Bemühen, Identifikation mit Wayne zu ermöglichen, wirkte dennoch relativ unbeteiligt. Denn seine Figur erzeugt im Grunde kein Interesse, bleibt ein Langweiler, mit dem man sich nur schwer anfreunden kann.

Doch selbst in derartigen unauffälligen Rollen zeigt De Niro sein Können. Typisch etwa die Sorgfalt, mit der er die Körperhaltung einsetzt. So dreht er die Füße nach innen, wenn er neben Murray sitzt, der seine Füße nach außen gedreht hat. Schüchtern der eine, extrovertiert der andere. Zwei Schauspieler, die selbst die kleinsten Details noch instinktiv zu gestalten scheinen. Das rettete den Film, der mit einigen hübschen Wendungen aufwartet, allerdings nicht davor, ein Reinfall zu werden.

De Niro hatte nun mehrere Filme hintereinander gedreht,

Ein schüchterner »verrückter Hund«: Robert De Niro in ›Mad Dog and Glory‹

in großen und kleinen Rollen, die allesamt an der Kasse keinen Erfolg hatten. Für einen Star ist eine Reihung von Mißerfolgen normalerweise eine gefährliche Wendung. Robert De Niro kümmerte dies wenig. Er zählte sich ohnehin nie zu den Hollywood-Stars, blieb in New York und mied den Partyrummel der Glitzermetropole, ist er doch eher ein Workaholic als der Star von Empfängen.

Sein Privatleben blieb davon nicht unberührt. 1988 wurde er von seiner ersten Frau Diahanne Abbott, mit der er den Sohn Raphael hat, geschieden. Diahanne Abbott war offensichtlich Hollywood und glanzvollen, öffentlichen Auftritten zugeneigter als De Niro. Außerdem wußte sie von seinen zahlreichen Affären. So hatte er, während er mit Exmodel und Restaurantbesitzerin Toukie Smith zusammenlebte, eine Affäre mit einer Sängerin namens Helena Springer, verheiratete Lisandrello, die ihn 1992 auf Unterhalt ihrer Tochter Nina verklagte. De Niro hatte das Mädchen nie als seine Tochter anerkannt, aber auch nicht dementiert. Er zahlte Mutter und Tochter sogar eine monatliche Unterstützung. 1992 kam es zu einem Vaterschaftstest, in dem eindeutig festgestellt wurde, daß De Niro nicht der Vater war. 1992/93 ging auch seine Beziehung zu Toukie Smith zu Ende, mit der er Zwillinge hat. Auslöser waren offenbar wahrheitsgemäße Berichte über eine Affäre mit Naomi Campbell, die sich Hoffnungen machte auf eine Rolle in seinem geplanten Regiedebüt *A Bronx Tale*. 1997 heiratete er schließlich die ehemalige Stewardeß Grace Hightower, mit der er seit März 1998 auch ein gemeinsames Kind hat.

Einen Vater spielte De Niro auch in *This Boy's Life* von Michael Caton-Jones. Die autobiographische Geschichte des Literaturdozenten und Schriftstellers Tobias Wolff wurde zwar von den Erfolgsproduzenten Peter Guber und Jon Peters sowie De Niros Freund Art Linson (*The Untouchables*) produziert, fiel aber dennoch an den Kinokassen durch – ein weiterer Makel für De Niros Stellenwert in jener Zeit. Vielleicht lag der Mißerfolg erneut an dem offenbar nur geringen Enthusiasmus, den er dem Projekt

Betonkopf: De Niro als Dwight Hansen in ›This Boy's Life‹

entgegenbrachte, in dem er aber mit seiner ganzen Routine dennoch überzeugte. »Es war wieder Art Linson, der mir das Projekt brachte«, erinnert sich De Niro. »Ich habe das Buch und dann das Drehbuch gelesen und danach Michael Caton-Jones getroffen, dessen vorherige Filme, vor allem *Scandal,* ich gemocht habe. Und dann habe ich ja gesagt.«[5]

Das Drehbuch hatte Robert Getchell geschrieben, der mit Martin Scorseses *Alice Doesn't Live Here Anymore* (1974) bereits eine Variante des gleichen Themas geschrieben hatte: eine geschiedene Mutter mit ihrem Sohn auf der Fahrt durch die USA, immer hoffend, irgendwo dem Mann fürs Leben zu begegnen.

1957: Caroline Wolff (Ellen Barkin) und ihr Sohn Tobias (Leonardo DiCaprio in einer frühen Rolle) fliehen vor der Gewalt ihres momentanen Lebensgefährten. Sie landen in Salt Lake City, wo Caroline den liebenswürdigen, galanten Dwight Hansen (De Niro) kennenlernt. Zwar verliebt sie sich nicht ihn in, doch ihre Freundinnen sind hingerissen von seinem Charme, während Toby, der sich lieber Jack nach Jack London nennt, in ihm einen Hochstapler sieht. Um zu verhindern, daß ihr Sohn in eine kriminelle Karriere gleitet, willigt sie in die Heirat mit Dwight ein und findet sich in einem abgelegenen Kaff namens Concrete (wörtlich: Beton) wieder. Dwight verspricht ihr jene Sicherheit, die sie als alleinerziehende Mutter nicht zu finden glaubt. Sie akzeptiert, selbst für den Preis, die eigene Freiheit aufgeben zu müssen. Toby hingegen sieht sich mit einem Stiefvater konfrontiert, der Zwang als pädagogisches Allheilmittel für renitente Jugendliche hält. Er zwingt Toby in einen Job als Zeitungsausträger, behält dessen Lohn aber für sich und kauft ihm eines Tages davon eine Bulldogge als Schoßhund. Schon längst hat sich der scheinbar schüchterne Charmeur und Galant als unberechenbarer, jähzorniger Haustyrann entpuppt, der zunehmend gewalttätig wird.

Bereits die Hochzeitsnacht war für Caroline eine Demütigung, so wie für Toby der Eintritt in die Pfadfinder. Trotz seiner jugendlichen Streiche – er stiehlt eines Nachts Dwights Auto – ist Toby im Grunde einfühlsam und wenig männlich. Deshalb will ihn Dwight zum Schläger erziehen, denn Gewalt ist für ihn die einzige Form der Auseinandersetzung. Die Spritztour mit Dwights Auto endet für Toby mit Prügeln. Als er auch noch Tobys erfolgreiche Bewerbung für ein Stipendium auf einem College zu hintertreiben droht sowie Caroline verbietet, als Wahlkampfhelferin für

Kennedy zu arbeiten, reicht es Mutter und Sohn. Nach einem erneuten Gewaltausbruch verlassen beide den cholerischen Dwight und sehen ihn nie wieder.

Auf seine ihm eigene Art und Weise gelingt es De Niro immer wieder, hinter der freundlichen Fassade des spießigkonservativen Kleinbürgers Hansen dämonische Abgründe erkennen zu lassen. Nur durch feinzieselierte, merkwürdigerweise mit einem Schuß Ironie versehene Gestik und Mimik kündigen sich eruptive Gewaltausbrüche an. In derartigen Möglichkeiten der Darstellung sucht Robert De Niro die Herausforderung.

»Er macht das, was er macht. Er ist bei weitem der am härtesten arbeitende Schauspieler, dem ich begegnet bin«, meinte sein Regisseur Caton-Jones. »Ich weiß nicht, was ihn bei der Wahl der Rollen anspricht. Ich glaube nicht, daß er sich irgendwelchen kommerziellen Kriterien verpflichtet fühlt, er sieht sich einfach nur als Schauspieler. Er macht keinen Film, er spielt nur seine Rolle. Meiner Meinung nach interessieren ihn interessante Rollen mehr als solche, die wichtig sind für seine Karriere. Ein großes Problem sind für ihn unsere vorgefaßten Meinungen, weil wir sein physisches Spiel kennen. Aber in der Arbeit mit ihm entdeckt man eine Seite, die wirklich nett, süß und sanft ist. Ich glaube, daß er immer nur Teile seines eigenen Charakters erforscht. Wenn es ihn eher zu den dunklen zieht, dann deshalb, weil sie interessanter zu spielen sind.«[6]

In Interviews, die De Niro anfangs der neunziger Jahre immer häufiger gab, auch wenn sich alle Interviewer darüber beklagten, daß er nur wenig sage, zog er einen Vergleich zu seinem eigenen Leben. Manches, was er seinem Sohn Raphael nicht hätte vermitteln können, hätte nun der arme Leonardo DiCaprio aushalten müssen. Dieser spielt übrigens die eigentliche Hauptrolle und bewies schon früh, daß er ein schauspielerisches Talent ist. Daß er dann 1998 durch den Mega-Erfolg *Titanic* selbst zum Superstar werden würde, war *This Boy's Life* nicht anzusehen.

Der Film wurde auch international kein Erfolg an den Kinokassen und drohte endgültig, Robert De Niros Stellenwert zu untergraben. Und das, obgleich De Niro einmal mehr unterstrich, welch brillanter Schauspieler er ist. Vieles wirkt wenig enthusiastisch, doch unnachahmlich ist die Kombination aus psychischen Nuancen und körperlichem Spiel, wie er sie in der Figur des Dwight Hansen zum Ausdruck brachte. Zur Vorbereitung hatte er sich mit dem Autor der Vorlage getroffen, Tobias Wolff, um von ihm Einzelheiten des Verhaltens seines Stiefvaters zu erfahren. Er sog die Details geradezu in sich auf, von denen eines besonders ins Auge fällt – die Art und Weise, wie Dwight Hansen mit dem Feuerzeug umgeht. Doch irgendwie konnte De Niro die Kritiker nicht überzeugen, mehr als eine Routineleistung gegeben zu haben.

Der Erfolg, und damit die Bestätigung der eigenen Unabhängigkeit, kehrte erst zurück mit dem größten Wagnis seiner Karriere, der ersten eigenen Regiearbeit *A Bronx Tale* (In den Straßen der Bronx). Das autobiographisch gefärbte Drehbuch des Autors und Schauspielers Chazz Palminteri, der einem breiten Publikum als schriftstellernder Gangster in Woody Allens *Bullets Over Broadway* (1994) bekannt geworden war, hatte De Niro bereits 1991 erhalten. Palminteri hatte zuerst einen Bühnendialog geschrieben und mit Erfolg ins Theater gebracht, aber darauf bestanden, selbst die Rolle des Sonny zu spielen. Das Universal Studio kaufte den Stoff und konnte De Niro für die Rolle des Busfahrers Leonardo gewinnen, dem Vater der Hauptfigur. De Niro sah in dem Buch seine lang erwartete Chance zur Regie und beteiligte sich auch als Koproduzent. Das Budget sollte zwölf Millionen Dollar plus vier Millionen Dollar Gage für den Schauspieler De Niro betragen, der auf seine Regiegage nahezu verzichtete. Trotzdem sollte das Budget auf über 20 Millionen Dollar steigen, gedeckt nur durch die italienischen Investoren von Penta Entertainment, hinter denen sich Silvio Berlusconi und die Familie Cecchi Gori verbargen. Außer De Niro und Palminteri spielten nur Laien mit, eindrucksvolle Typen, die nicht unwesentlich zur atmosphärischen Authentizität beitrugen. »Ich wurde über der Besetzung verrückt«, erzählte De Niro. »Ein Jahr vor

Beginn der Dreharbeiten sagte ich, daß ich echte Typen haben wollte. Ich wollte keine Schauspieler oder frühreife Jugendliche, die schon zu viele Werbespots gemacht haben. Ich wollte Menschen, die ursprünglich waren, so ursprünglich wie irgendmöglich.«[7]

Die Story ist zwar autobiographisch, könnte aber dennoch aus einem anderen Film stammen. Im Mittelpunkt steht der junge Calogero, der als Neunjähriger (Francis Capra) erlebt, wie der lokale Gangsterboß Sonny (Palminteri) auf of-

Robert De Niros erste Regiearbeit: ›A Bronx Tale/In den Straßen der Bronx‹
– Szene mit Francis Capra

231

fener Straße einen Mann erschießt, der ihm eine Parklücke wegnehmen möchte. Doch Calogero sagt nichts und erntet die Dankbarkeit von Sonny, der ihn fortan »C« nennt und wie einen Sohn behandelt. Sehr zum Unwillen seines Vaters Leonardo, einem hart arbeitenden, rechtschaffenen Busfahrer, der mit seinem Bus das Viertel und die wechselnden Zeiten durchfährt. Denn acht Jahre später, 1968, hat sich vieles geändert. Nur nicht in der Bronx, wie es auf den ersten Blick scheint. Sonny hat sich nicht verändert, einzig Calogero ist älter geworden, Leonardo fährt immer noch seinen Bus durchs Viertel, auch wenn jetzt häufig Schwarze darin sitzen. Calogero (Lillo Brancato, der später noch mal eine Nebenrolle in Tony Scotts *Crimson Tide* spielte) ist hin- und hergerissen zwischen den Devisen seiner beiden Väter. Er muß sich entscheiden, ob es besser ist, geliebt zu werden wie Leonardo oder gefürchtet wie Sonny. Als er sich in das schwarze Mädchen Jane (Taral Hicks) verliebt, weiß er, wie sein Weg aussieht. Calogero will sich bei Sonny ein letztes Mal bedanken, vielleicht auch verabschieden, und wird Zeuge von dessen Ermordung, durch den Sohn eben des Mannes, den Sonny acht Jahre zuvor erschossen hatte.

Robert De Niro inszenierte *A Bronx Tale* in einem getragenen Rhythmus, ganz dem langsamen Duktus des Off-Erzählers Calogero angemessen. Sein Film folgt nicht dem Tempo eines Actionsfilms, sondern den Splittern der Erinnerung. Er widmete sein Regiedebüt seinem Vater, der während des Schnitts gestorben war und zu dem De Niro erst spät ein engeres Verhältnis entwickelt hatte. Seine stärksten Momente hat der Film denn auch in den Vater-Sohn-Szenen, die sehr persönlich wirken und um Verständnis beider Seiten bemüht sind. Bestechend ist darüber hinaus die Zeichnung des Milieus der italienischen Einwanderer und Kleingangster, das De Niro aus seiner eigenen Jugend kannte und etwa in Martin Scorseses *Mean Streets* faszinierend verkörpert hatte. »Der Stoff war *Mean Streets* so ähnlich, in dem Harvey Keitel eine Affäre mit einem schwarzen Mädchen hatte. Chazz hatte etwas geschrieben, das er sehr gut kannte, woher er stammte, so wie Marty. Ich wollte es in einer Weise erzählen, die so authentisch wie möglich war.«[8]

Aus eigener Anschauung kannte De Niro dieses Milieu der kleinen, italienischstämmigen Gangster nicht, anders als Chazz Palminteri, doch er hatte lange genug Rollen gespielt, die in einem ähnlichen Milieu angesiedelt waren, und er hatte in Greenwich Village, wo er aufwuchs, die Kids beobachtet, die sich den ganzen Tag auf der Straße herumtrieben. Und er war geprägt von der Musik, die in ihrer Zusammenstellung der Originalsongs wesentlich zum stimmigen Ambiente des Films beitrug. Neben der kommerziellen Aufwertung seines Regiedebüts durch seine Mitwirkung als Star, der im übrigen nicht allzu häufig zu sehen ist, lag die schauspielerische Herausforderung für ihn in der Darstellung einer Vaterrolle. In *That Boy's Life* hatte er einen tyrannischen Stiefvater verkörpert, noch nie aber war er als fürsorglicher Vater zu sehen gewesen.

So bat er Chazz Palminteri darum, dessen Vater treffen zu dürfen. Als er erfuhr, daß dieser auch mal Boxer trainiert hatte, lud er Vater und Sohn zu den Dreharbeiten von *Night and the City* ein, und so taucht Lorenzo Palminteri in einer kurzen Szene des Films am Boxring auf. »Mein Vater zeigte ihm, wie man einen Bus fährt und wie er alles Mögliche erledigt hatte«, erinnerte sich Palminteri. »Bob ist ein Beobachter, er schaut nur zu. Doch als wir mit den Dreharbeiten anfingen, bemerkte ich, wie er vieles machte, was mein Vater auch gemacht hat … Er nahm alles in sich auf und lagerte es irgendwie in sich.«[9] So lebt Lorenzo Anello in der Darstellung De Niros vor allem durch seine fast unauffällige, äußerst zurückhaltende Präsenz und die liebevoll porträtierten Details von Gestik und Mimik.

Diese Liebe zum Detail übertrug sich auch auf die Produktion. Die Kosten kletterten auf 24 Millionen Dollar statt der ursprünglich veranschlagten 16. Als der Film schließlich nach einer langen Phase der Montage in die Kinos kam, spielte er seine Kosten in den USA zwar nicht ein, doch die internationalen Einspielergebnisse ließen alle Beteiligten am Ende ohne Verluste dastehen. Dennoch spielte De Niro in den folgenden zwei Jahren Hauptrollen in sogenannten Mega-Produktionen, in Kenneth Branaghs *Mary Shelley's Frankenstein*, in Michael Manns *Heat*, in Martin Scorseses *Casino* und in Tony Scotts *The Fan* – Rollen, die sowohl darstellerische Herausforderungen bedeuteten als auch Millionengagen, die ihm das nötige finanzielle Polster für sein Tribeca-Projekt garantierten.

1996 übernahm er wieder eine kleine Rolle in der Tribeca-Produktion *Marvin's Room* (Marvins Töchter) des Theaterregisseurs Jerry Zaks. Der mit Meryl Streep, Diane Keaton und erneut Leonardo DiCaprio hochkarätig besetzte Film erzählt die Geschichte zweier Schwestern, die sich nach zwanzigjähriger Trennung am Krankenbett ihres Vaters (Hume Cronyn) wiedertreffen. Lee (Streep) hatte damals den kranken Vater verlassen und die Pflege ihrer Schwester Bessie (Keaton) überlassen, um selbst unglücklich zu heiraten und in Hank (DiCaprio) einen rebellischen, deliquenten Sohn zu haben. Zurück im Elternhaus erfährt sie, daß Bessie an Leukämie erkrankt ist. Ihr Arzt Dr. Wally (De Niro) möchte alle Familienmitglieder auf die Verwendbarkeit des Knochenmarks testen, die sich nur bei Hank findet. Der allerdings ist noch nicht bereit, seiner Tante zu helfen. In *Marvin's Room* hat Robert De Niro einen seiner selten komischen Auftritte. Mit Dan Hedaya, sonst eher durch sinistre Figuren bekannt, als seinem Bruder an der Praxis-Rezeption liefert er sich ein ironisches, leider viel zu kurzes Duett, das der traurigen Geschichte ein wenig Erleichterung verschafft. Der Film, der relativ schnell aus den Kinos verschwunden war, lebt vor allem von den beeindruckenden schauspielerischen Leistungen. Leonardo DiCaprio bewies einmal mehr, daß er im Grunde ein Charakterdarsteller ist, während Meryl Streep und Diane Keaton brillante Studien zweier unglücklicher, gescheiterter Schwestern lieferten. Dem kammerspielartigen Film ist seine Vorlage, ein Theaterstück, anzumerken. Nicht selten verfällt *Marvin's Room* in eine verbale und szenische Thesenhaftigkeit, die schnell vorhersehbar wird. Sein Autor Scott McPherson

Sorgt für komische Szenen: De Niro als Dr. Wally in ›Marvin's Room/Marvins Töchter‹ (hier mit Meryl Streep)

hatte noch das Drehbuch geschrieben, bevor er 1992 an Aids starb. Seine Botschaft indes, wie wichtig es ist zu lieben, und nicht unbedingt geliebt zu werden, wird dabei ohne Sentimentalität geschildert, wenngleich der Film ganz im Stile Hollywoods nicht ohne eine Nuance zuviel an Emotionen endet.

1996 übernahm De Niro noch einen weiteren kleinen Part, in Barry Levinsons Produktion *Sleepers*. Der Film basiert auf einer angeblich wahren Geschichte, in der vier Jungen nach einem tödlich endenden Streich in eine Erziehungsanstalt geschickt werden. Dort erleben sie einen Alptraum, werden von den sadistischen Wärtern, allen voran von Sean Nokes (Kevin Bacon), gequält und sexuell mißbraucht. Jahre später sind zwei von ihnen zu Killern geworden, während Michael (Brad Pitt) als Staatsanwalt beginnt und Lorenzo (Jason Patric) sich als Journalist versucht. Die beiden Killer (Ron Eldard, Billy Crudup) begegnen Nokes zufällig in einer Bar und erschießen ihn. Michael entwirft einen raffinierten Plan, um sie zu retten, nachdem er erfahren hat, um wen es sich bei dem Opfer handelt. Er selbst wird den Fall als seinen ersten als Staatsanwalt übernehmen und verlieren. Lorenzo und ihre Jugendfreundin Carol (Minnie Driver) machen mit. Zentraler Punkt wird sein, daß Vater Bobby (De Niro), der bereits seit ihrer Jugendzeit seine schützende Hand über sie hielt und vieles dafür tat, daß sie nicht allzu früh ins Verbrechen abglitten, in einer Falschaussage den beiden Killern ein Alibi verschaffen soll. Denn nur seine Glaubwürdigkeit und die Tatsache, daß ein Priester im Gericht keinen Meineid leisten würde, garantiert einen Freispruch angesichts der eindeutigen Zeugenaussagen und Beweise. Lorenzo soll den Pater zu diesem Gewissensentscheid überreden. Tatsächlich tritt Vater Bobby in den Zeugenstand, nachdem ihm Lorenzo die Geschehnisse aus der Erziehungsanstalt geschildert hatte, um den beiden Mördern die Freiheit und eine letzte Chance zu verschaffen.

Wie der Abspann informiert, starben wenig später beide Killer dennoch, während Michael seinen Beruf aufgibt und Farmer in England wurde, und Lorenzo Carcaterra eben jener Schriftsteller wird, auf dessen Buch der Film beruht. Dessen Behauptung, alles sei authentisch, hielt offenbar den Nachforschungen einiger investigativer Journalisten nicht stand, was indes nicht die Qualität der Story mindert. Die erinnert ein wenig an den Michael-Curtiz-Film *Angels With Dirty Faces* (Chicago, 1938), in dem Pat O'Brien einen

Priester und James Cagney und Humphrey Bogart jugendliche Delinquenten spielten. Barry Levinson, der mit *Good Morning, Vietnam* (1987), *Rain Man* (1988) und *Tin Men* (1987) zu Ruhm und Erfolg gekommen ist, drehte mit *Sleepers* ein solides, handfestes Drama mit einer erschütternden Geschichte, die zumindest hätte wahr sein können. Dabei vermeidet er anklagende Töne, läßt vielmehr die Geschehnisse für sich sprechen. Levinson zählt vielleicht nicht zu den stilistisch aufregendsten Regisseuren, doch er besitzt ein untrügliches Gespür für Schauspieler. So wie er Robin Williams in *Good Morning, Vietnam* freie Hand ließ und in *Rain Man* die ungewöhnliche Kombination Tom Cruise und Dustin Hoffman wagte, so erhält er in *Sleepers* von Dustin Hoffman als schmieriger, versoffener Anwalt und Robert De Niro als fürsorglicher Priester kleine, aber eindrucksvoll gespielte Auftritte.

Vor allem De Niro besticht in seinen wenigen Szenen. Er bewegt sich durch die Straßen von Hell's Kitchen, als er hätte er wirklich sein Leben dort verbracht. Als junger Priester ist er voller Humor, was sich vor allem in seinem verschmitzt lächelnden Gesicht ausdrückt, als reiferer Mann merkt man seinen Zügen an, daß sie von dem erlebten Elend um ihn herum schon gezeichnet sind. Und als Lorenzo ihm die entscheidende Bitte zum Meineid äußert, verharrt die Kamera von Michael Ballhaus auf seinem Gesicht, in dem sich das Mitgefühl mit der eigenen Not vereint. Nur die Stille und vor allem das Spiel der Augen, die immer tiefer zu werden scheinen, machen den essentiellen Konflikt des Paters deutlich. Eine kurze, aber überaus prägnante Szene, die im darstellerischen Werk von De Niro einen kleinen Höhepunkt bildet.

Eher wieder Routine stellte eine weitere Nebenrolle dar, die des polzeiinternen Ermittlers Moe Tilden in James Mangolds *Cop Land*, der anfang 1998 in die deutschen Kinos kam. Der eigentliche Star, und dies zu recht, ist Sylvester Stallone, der als fetter Kleinstadt-Sheriff Freddy Heflin nicht nur schauspielerisch brillierte und überraschte, sondern dabei auch auf die Techniken von De Niro zurückgriff, mit denen dieser sich normalerweise eine Rolle aneignet. Tilden ist korrupten Polizisten aus New York auf der Spur, die sich mit Mafia-Geldern großzügige Häuser in dem 1280 Einwohner zählenden Städtchen Garrison errichtet haben. Anführer dieser Gruppe von Polizisten ist Ray Donlan (Harvey Keitel), der die Stadt kontrolliert und Heflin seine Geringschätzung spüren läßt. Tatsächlich darf dieser nur den Streit zwischen zwei unzufriedenen Ehefrauen um einen Müllsack schlichten, während ihm aufgrund eines Hörfehlers die Mitarbeit in der seiner Meinung nach richtigen Polizei von New York versagt blieb. Nachdem Rays Neffe Murray (Michael Rappaport) die Nerven verliert und zwei unschuldige junge Schwarze erschießt, woraufhin sein Onkel seinen Selbstmord vortäuscht, um ihm einen Prozeß zu ersparen, taucht auch Moe Tilden wieder auf. Doch alle Beteiligten halten still, auch Freddy, der zufällig dem angeblich toten Murray begegnet. Die weitere unverhohlene Geringschätzung der Polizisten gegenüber Heflin führt dazu, daß dieser allmählich den Respekt verliert und die Aufklärung in die eigenen Hände nimmt.

Cop Land ist ein bewegender Polizeifilm und Western zugleich. Regisseur James Mangold fiel 1995 mit *Heavy* auf, der auf dem Independent Festival von Sundance ausgezeichnet worden war. Das bewegte die beeindruckende Zahl hochkarätiger Stars, zu denen neben Stallone, De Niro und Keitel auch noch Ray Liotta zählt, offenbar dazu, in dem Film für die gewerkschaftliche Mindestgage mitzuwirken. Keitel und De Niro als die entgegengesetzten Pole der Polizei wirken wie ein gut trainiertes Team und bestätigen einmal mehr ihre schauspielerische Klasse, auch ohne besonders gefordert zu wirken. Die eigentliche Überraschung ist Sylvester Stallone, dem mit seiner Rolle die Abkehr von seinem Rambo- und Muskelprotzimage gelang.

»Die Dreharbeiten waren nahezu idyllisch, weil alle, Sly und De Niro vorneweg, Vertrauen in mich hatten«, erzählte Mangold. »Das ist, glaube ich, den großen Schauspielern eigen.«[10] Manchmal scheint es, als wären Keitel und De Niro, beides überzeugte Anhänger des Method Acting, in

Ehrfurcht erstarrt vor der unerwarteten Leistung Stallones. *Cop Land* entstand für ein Budget von 15 Millionen Dollar und spielte ein Mehrfaches dieser Summe ein. Für De Niro war es erneut eine Nebenrolle in einem Erfolgsfilm, den alle Beteiligten vor allem aufgrund der Qualität des Drehbuches von James Mangold gemacht hatten. Wenig später war Robert De Niro wieder in einer kleinen, aber ungewöhnlich prägnanten Nebenrolle zu bewundern, wiederum in einem Film, der Furore machte. In Quentin Tarantinos lang erwartetem dritten Film *Jackie Brown* verkörpert er den kleinen Ganoven Louis Gara. »Ich erinnere mich daran, daß ich während der Arbeit am Drehbuch, als ich die Figur des Louis schrieb, das Gefühl hatte, die beste Rolle zu schreiben, die ich jemals für einen Schauspieler geschrieben habe«, sagte Tarantino in einem Interview. »Weil Louis ein Mann von nur wenigen Worten ist, jemand, der sich nur durch seinen Körper, seinen Ausdruck, seine Gesten, seine Mimik ausdrücken kann ... Ich brauchte daher einen Schauspieler, der all das ausdrücken konnte, ohne an der Oberfläche zu bleiben. Jemand, der alles, von Grund auf, ausdrücken kann, was auf einer Drehbuchseite geschrieben steht ... Und wer könnte das besser als Bob?«[11]

Doch *Jackie Brown* ist eigentlich die Hommage an eine Schaupielerin, an Pam Grier, die in den siebziger Jahren ein Star des sogenannten *Blaxploitation*-Films war. Sie steht im Mittelpunkt einer Geschichte um das Geld eines Gangsters (Samuel Jackson), das sie als Stewardeß immer stückweise nach Los Angeles bringt, bis sie von der Polizei festgenommen wird. Um nicht ins Gefängnis zu müssen, verrät sie Ordell und führt die Polizei hinters Licht, um am Ende mit Hilfe des Kautionsvermittlers Max Cherry (Robert Forster) eine paar Tote hinter sich zu lassen und mit dem Geld nach Spanien zu verschwinden. Immer wieder verharrt die Kamera minutenlang auf der Gestalt und dem Gesicht von Pam Grier, die mit ihren knallharten Dialogen zur Ikone wird, der die Männer nichts mehr entgegenzusetzen haben. Louis Gara ist ein Freund des Waffenschiebers und Drogenhändlers Ordell Robie und gerade mal wieder vier Tage

239

auf freiem Fuß nach vierzehn Jahren Haft. Er versucht sich zu orientieren, im Leben und bei dem, was in Ordells Wohnung vor sich geht. Zum Beispiel anhand der Videos, in denen dralle Bikinischönheiten martialische Waffen anpreisen. Oder am Verhalten von Melanie (Bridget Fonda), einem marihuanarauchenden Surfermädchen in knappen Shorts, anscheinend Ordells Freundin. Oder an Ordell selbst, der kaltblütig einen seiner Mitarbeiter erschießt, weil der ihn an die Polizei verraten könnte. Mit einem Ausdruck an Verzweiflung im Gesicht versucht Louis sich zurechtzufinden in seiner Freiheit, doch er weiß nicht, wie er es anstellen soll. Und Ordells markige Sprüche sind ihm dabei keine Hilfe. Also tut er das, was man ihm sagt. Begriffsstutzig und mit einem verinnerlichten Ehrenkodex, der fremdartig anmutet in der Realität außerhalb der Gefängnismauern.

»Bei der Darstellung von Louis war es aufregend …, daß es nicht durch Worte oder Dialoge passierte, sondern nur durch die Ausdrücke, durch das Verhalten«, äußerte sich De Niro über sein Spiel.[12] Etwa die Art und Weise, wie er fast hypnotisiert auf den Fernseher schaut. Wie kondensiert wirkt die Natürlichkeit im Ausdruck De Niros, als sei es ein Schnappschuß aus dem wirklichen Leben oder dem Unterbewußtsein. Verblüffend dabei die latente Komik dieser ersten Szenen mit De Niro.

Louis Garas stärkster Auftritt aber dürfte sein, als er mit Melanie die zwischen Ordell und Jackie Brown abgesprochene Geldübergabe in einem Kaufhaus beobachtet. De Niro gelingt eine umwerfende Mischung aus leiser Komik und instinktiver Gangstermelodramatik. Völlig unerwartet aber ist seine Reaktion, als er mit Melanie nach der Geldübergabe, bei der sie betrogen wurden, ohne es zu ahnen, nach ihrem Auto sucht. Ihre dauernden, ironischen Vorwürfe über seine Trotteligkeit machen ihn zunehmend wütender. Er droht ihr an, sie zu erschießen, falls sie nicht den Mund hält. Melanie glaubt ihm nicht und redet munter weiter. Da zuckt es durch Louis' Körper, er zieht seine Pistole und erschießt sie in aller Lakonie auf dem Parkplatz. Dann steigt er ins Auto und fährt davon, als sei nichts geschehen; er gibt Melanie die Schuld an seinem Verhalten, vor sich her murmelnd, den Kopf schüttelnd und fassungslos über ihre Redseligkeit. Ordell wird später ebenso fassungslos über Louis' Reaktion sein und ihn kaltblütig erschießen. Damit verschwindet aus Quentin Tarantinos ruhig dahinfließendem Epos das komische Element.

In *Marvin's Room* war es ebenfalls nur ein kurzer Auftritt, weniger einprägend als seine Mitwirkung bei Tarantino, doch beide Rollen offenbarten das komische Talent von De Niro, das völlig natürlich wirkt und deshalb funktioniert. Denn in Komödien wie Scorseses *The King of Comedy* oder Neil Jordans *We're No Angels* zeigte De Niro zwar ein Talent zum Komischen, reüssierte aber letztlich nicht, da er viel zu überzogen agierte und statt fein nuancierter Gestik nur grobgeschnitzte Mimik offerierte.

Szene aus ›Jackie Brown‹: Robert De Niro als wortkarger Ganove Louis, der später die geschwätzige Melanie (Bridget Fonda) erschießt

1997 übernahm er noch eine weitere, sehr kleine Rolle, die eigentlich nur aus zwei Auftritten bestand. Nach dem Roman *Great Expectations* (Große Erwartungen) von Charles Dickens drehte der mexikanische Regisseur Alfonso Cuarón seinen Film gleichen Titels, aber in die Gegenwart und nach Florida und New York verlegt. Ethan Hawke spielt Finnegan Bell, einen Waisen aus armen Verhältnissen, der als Kind in der verbitterten Miss Dansmoor (Anne Bancroft) eine Förderin seines künstlerischen Talentes zu haben glaubt. In Wahrheit aber dient er ihrer Rache an den Männern, zu der sie neben ihm auch noch ihre Enkelin Estella mißbraucht, die als Erwachsene von Gwyneth Paltrow gespielt wird. Bell wird ein bekannter Künstler, kann seine Jugendliebe Estella aber nie vergessen und hat erneut mit ihr ein Verhältnis, als sie sich in New York wiedertreffen. Dann werden sie wieder getrennt, bevor sie sich Jahre später endgültig, nach dem Tod von Miss Dansmoor, vereint am Strand finden.

Robert De Niros erster Auftritt ist beeindruckend. Wie ein furchterregender Dämon schießt er aus dem Meer, in dem der junge Finnegan fischt. Er ist ein entflohener Sträfling, dem der Junge hilft und dem er zu Essen bringt. Er kann aber nicht verhindern, daß die Polizei den Mann wieder gefangennimmt. Jahrzehnte später entdeckt er, daß nicht Miss Dansmoor seine Förderin war, sondern ein alter Mann mit weißem Haar namens Lustig, hinter dem sich jener Gefangene verbirgt, dem er als Kind geholfen hatte. Erinnert De Niros erste Szene in *Great Expectations* an seine brutale Gestalt in *Cape Fear*, zeigt sein zweiter Auftritt eine neue Variante. Zum ersten Mal verläßt er sich nicht auf seine Schauspielkunst, um das Alter darzustellen, sondern vor allem auf das Make-up, das ihn – mit Ausnahme der Augen – fast unkenntlich werden läßt. Es ist nicht ganz eindeutig, was ihn zur Mitwirkung an dem Film bewogen hat. Vielleicht der Umstand, daß es sich erst um den zweiten Film eines jungen Regisseurs handelte, den er kennenlernen wollte. Oder weil sein Freund Art Linson produzierte. Vielleicht war es auch nur die Gage.

Wie ein Dämon aus dem Meer: De Niro in ›Great Expectations‹

Obgleich als Dickens-Adaption gescheitert, besticht *Great Expectations* vor allem durch seine visuelle Kraft, seine faszinierenden Bilder und die sanfte, liebkosende Art der Kameraführung über Körper und Gesichter. Auch in den Passagen, die in Florida spielen, gelingen Cuarón Szenen eines fast schon magischen Realismus, die ihn als einen sehr bildstarken Regisseur ausweisen, dem indes ein Gefühl für Dramaturgie und Geschichtenerzählen fehlt.

Die neunziger Jahre waren für Robert De Niro ein abwechslungsreiches Jahrzehnt. Neben den kommerziellen Mißerfolgen vieler Filme, in denen er mitgewirkt hatte, konnte er endlich seinen ersten eigenen Film mit Erfolg realisieren und schuf einige unvergeßliche Charaktere innerhalb weniger Filmminuten. Doch er spielte auch Hauptrollen in ebenso großartigen wie erfolgreichen Filmen, die eine Wendung hin zu Hollywoods Mainstream-Kino darstellten.

KAPITEL 10

Der Pakt mit Hollywood

Erfolg und Bestätigung

Francis Ford Coppola war für Robert De Niro erneut die
Verbindung zum Studiosystem von Hollywood, das er so
weit wie möglich mied. Beide kannten sich von dem Welt-
erfolg *The Godfather, Part II*, doch das war 25 Jahre her.
Jetzt schien es, als müßten sie beide den großen Studios be-
weisen, daß sie noch immer zu großen Taten fähig sind.
Coppola hatte mit *Bram Stoker's Dracula* 1992 nach langer
Zeit wieder einen weltweiten Kassenerfolg realisiert und
sollte nun den zweiten Teil einer geplanten Trilogie von
Neuverfilmungen klassischer Horrorstoffe produzieren.
Regie führen sollte ein anderer: Großbritanniens Wunder-
knabe und begnadeter Shakespeare-Interpret Kenneth
Branagh, der selber die Rolle des Doktor Frankenstein
übernahm. Aus Copyright-Gründen durfte diese erneute
Adaption des berühmten Romans von Mary Shelley kein
Remake des Klassikers aus dem Jahre 1931 sein. Die künstlich geschaffene Kreatur des experimentierfreudigen Arztes Victor Frankenstein, der sich selbst als neuer Prometheus fühlt, wurde damals von Boris Karloff verkörpert und
gilt seitdem als der Ursprung der meisten Filmmonster. Wie
Karloff in seiner Vierschrötigkeit die Unbeholfenheit der
armseligen Kreatur, aber auch ihre Gewalttätigkeit und
Verzweiflung darstellte, hat die Filmgeschichte geprägt und
ist aus ihr nicht mehr wegzudenken. Deshalb war allen Beteiligten klar, eine eigene, eigenständige Interpretation der
Vorlage zu wagen.
Zuerst dachte Coppola an Gérard Depardieu in der Rolle
der Kreatur, dessen Bekanntheitsgrad 1993 in den USA
stieg, doch der lehnte ab, sah er sich doch zu sehr in die
Nähe von Boris Karloff gerückt, dessen Verkörperung des
Monsters er natürlich sehr genau kannte. Branagh und

Coppola kamen dann rasch auf De Niro, eine auf den ersten Blick ungewöhnliche Besetzungsidee. »Wir wollten jemanden, der durch das Make-up hindurch spielen kann«, erklärte Kenneth Branagh. »Wir wollten auch jemanden, der mit einem Make-up umgehen kann, das nicht eine Maske oder ein Anzug war, hinter dem man sich versteckt. Vor allem wollten wir die Augen von Robert De Niro sehen, De Niros Seele – offen und verfügbar. Wir sehen ihn vor unseren Augen wachsen, wir sehen, wie der Unschuldige geboren wird, sich das Sprechen aneignet und sehr eloquent wird. Für dieses grundlegende Ansinnen der Kreatur braucht man einen Schauspieler von einer gewissen emotionalen Statur oder wie immer man das nennen will. Als er in der großartigen Szene Frankenstein in der Eishöhle gegenübersitzt, sagt dieser Außenseiter, daß er nur einfach einen Freund haben möchte. Er möchte Gesellschaft, einen Begleiter.«[1]

Der Unterschied von Branaghs *Frankenstein*-Version zu den zahlreichen anderen liegt in der Nähe zur Vorlage. Mary Shelley wurde 1797 als Tochter des radikalen, gesellschaftlichen Vordenkers William Goldwin und der Früh-Feministin Mary Wollstonecraft geboren. Mit 17 Jahren trifft sie den jungen, aber schon berühmten Poeten Percy Shelley. Wenig später sind sie ein Liebespaar und fliehen nach Frankreich, wo sich Marys Halbschwester Claire zu ihnen gesellt. Mary hat eine Fehlgeburt, dann 1816 ihren ersten Sohn William. Sie verbringt einige Zeit mit Claire in der Villa von Lord Byron, der ihre Halbschwester schwängert. Dort schreibt sie, nach einem Alptraum, ihren Roman *Frankenstein oder der neue Prometheus*, der 1817 erscheint. Mary ist da gerade mal 20 Jahre alt. Sie heiratet Percy noch im gleichen Jahr, nach dem Selbstmord von dessen erster Frau, und bringt 1819 einen zweiten Sohn Percy Florence zur Welt. William war kurz zuvor gestorben. Als Schriftstellerin von fantastischen Romanen konnte Mary Shelley den Erfolg ihres Erstlings nicht mehr wiederholen.

Branagh legte viel Wert auf die historischen Details der Zeit, sein Film besticht allein schon durch seine Ausstat-

tung. Er spürte aber auch erst auf den zweiten Blick er-
kennbare Linien der Erzählung auf und brachte sie auf die
Leinwand. »Zum Beispiel behandelte keine der anderen
Verfilmungen die Beziehung zwischen Victor und seiner
Kreatur als eine Vater-Sohn-Beziehung. Keine interessierte
sich für die Familie von Victor, für die sehr leidenschaftli-
chen Verbindung zwischen ihm und seiner Adoptivschwe-
ster. Denn *Frankenstein* ist in Wirklichkeit eine doppelte
Liebesgeschichte: die des besessenen Schöpfers und seiner
verfluchten Kreatur einerseits und die fast inzestuöse zwischen Victor und Elizabeth andererseits. All das hat mich
wahnsinnig interessiert. Und ich habe schnell begriffen, daß
es Mittel gab, daraus ein großes Spektakel zu machen, einen
Horrorfilm aber mit einer Dimension des Großartigen, so
wie eine gotische Oper.«[2]
Tatsächlich inszenierte Branagh seine Geschichte über den
Schöpfungsprozeß mit der großen Gestik einer Oper und
der Reminiszenz an die Frühzeit des Kinos. Seine Figuren,
allen voran er selbst in der Rolle des besessenen Forschers,
sind nicht ohne Pathos, seine Dekors ebenso künstlich wie
übertrieben. Subtil dagegen die Dramaturgie des Make-up
der Kreatur. Nach und nach verheilen die Nähte und werden immer mehr zu entstellenden Narben. Im Verhältnis
dazu wird aus dem Monster immer stärker ein menschliches Wesen. Es ist in erster Linie das Spiel der Augen von
De Niro, das diese Entwicklung verdeutlicht. Neun Monate
hatte er sich außerdem mit den Sprachschwierigkeiten von
Menschen beschäftigt, die einen Schlaganfall hatten, und
seine Beobachtungen in seine Darstellung einfließen lassen.
Die Geschichte des Films ist jene, die aus anderen Filmen
schon bekannt ist. In Branaghs Version entdeckt Frankenstein, nach dem Tod der vielgeliebten Mutter, daß an seiner
Universität in Ingolstadt sich Professor Waldmann (John
Cleese) mit der Erzeugung künstlichen Lebens beschäftigt.
Victor wird sein Assistent und setzt nach Waldmanns Tod
dessen Arbeit fort. Aus Leichenteilen setzt er sich seine
Kreatur zusammen, der er mit Elektrizität und einer ge-

246

Menschliches Monster: Robert De Niro in ›Mary Shelley's Frankenstein‹

heimnisvollen, schleimigen Flüssigkeit zum Leben verhilft.
Doch die Kreatur ist alles andere als dankbar und macht
sich sofort davon, bevor sich ihr Schöpfer eines Besseren
besinnt. Denn ihm ist nach Rache an seinem Erzeuger, der
ihn mißgestaltet und abschreckend in eine furchtsame Welt
entließ, ohne sich weiter um ihn zu kümmern. Das tut Victor erst, nachdem das Monster seinen kleinen Bruder getö-
tet hat. Ebenso wie es später Elizabeth, inzwischen Fran-
kensteins Frau, das Herz aus dem Leib reißt, als der Doktor
sein Versprechen nicht einlöst, ihm eine Begleiterin zu ge-

ben. Fortan sind Schöpfer und Geschöpf aneinandergekettet, beide enden in der Antarktis, wo sie der junge, von der Eroberung des Nordpols besessene Kapitän Walton (Aidan Quinn) findet. Als Frankenstein stirbt, läßt sich seine Kreatur mit seinem brennenden Leichnam auf einer Eisscholle forttreiben.

Kenneth Branagh inszenierte seinen 44-Millionen-Dollar-Film als ein aufbrausendes Spektakel der Äußerlichkeiten. Die inneren Konflikte von Schöpfer und Kreatur, aus der heraus James Whales Original seine Spannung und bis heute gültige Bedeutung zog, finden sich in dieser neuen Version kaum noch. *Mary Shelley's Frankenstein* zerfällt in viele Einzelteile, findet nicht zu einem bedrängenden Drama und hat in Kenneth Branagh einen Hauptdarsteller, der sich gerne in Posen gefällt. Der Film spielte mit seinen 100 Millionen Dollar weltweit nur knapp die Herstellungskosten für das Studio wieder ein und zeigte, daß weder Branagh noch De Niro die Massen so in die Kinos locken konnten, wie es zeitgleich Tom Cruise mit *Interview With a Vampire* tat. Tatsächlich fielen die angelsächsischen Kritiken weitgehend zurückhaltend aus und warfen Robert De Niro teilweise vor, das Monster zu menschlich gestaltet zu haben – ein absurder Vorwurf derer, die den Kern des Films nicht verstanden hatten. Gerade in der Vermenschlichung des künstlichen Menschen liegt die Leistung De Niros, der das Monster als Opfer spielt, unschuldig, gejagt, verletzlich und doch ungewollt zerstörerisch. Das erste Wort der Kreatur lautete »fremd« und umschrieb die Einsamkeit des Neugeschaffenen.

»Gemeinsam haben wir die Figur auf den Punkt gebracht, so wie sie von Mary Shelley vorgesehen war«, erläuterte Branagh, wie er De Niro für die Rolle interessieren konnte. »Mit einem Herz und einer Seele versehen und in der Lage, seine Gefühle mittels einer poetischen Sprache auszudrücken. Ihm gefiel die Idee einer intelligenten, vielschichtigen Kreatur. Sanft und sensibel, aber fähig, kraftvoll und erschreckend zu werden. Ich glaube, er mochte den Gedanken, einen Unschuldigen zu spielen.«[3] So merkwürdig es schien, doch Robert De Niro war immer noch hinter der dicken Maske, die anzulegen täglich vier Stunden dauerte, als Darsteller und Persönlichkeit zu erkennen. Der relative Mißerfolg des Films in den USA wurde indes nicht ihm zugute gehalten, sondern eher Kenneth Branagh, dessen Höhenflug erst einmal beendet schien.

Robert De Niro aber setzte wieder auf Nummer sicher und arbeitete erneut, zum inzwischen achten Mal, mit Martin Scorsese in dessen Las Vegas-Saga *Casino* zusammen. Mit von der Partie war auch Joe Pesci, der, wenn es um Gangster geht, bei Scorsese meist eine Hauptrolle spielt. Überraschend und unerwartet aber war die Besetzung und die Leistung von Sharon Stone, deren Talent nach *Basic Instinct* auf das Label »Sexbombe« reduziert worden war, die sich jedoch unter der Regie von Martin Scorsese und im Zusammenspiel mit De Niro und Pesci als wahre Schauspielerin offenbarte. Der »Golden Globe« und eine »Oscar«-Nominierung waren der äußerlich sichtbare Erfolg.

Casino spielt in den siebziger und frühen achtziger Jahren, als der Mob noch die Glücksspielstadt Las Vegas kontrollierte. Sam »Ace« Rothstein (De Niro) ist ein professioneller Spieler aus dem jüdischen Milieu von New York, doch seine Vorsicht und sein Können sowie seine Ehrerbietung gegenüber den Mafiabossen lassen diese entscheiden, ihn zum Manager eines ihrer Casinos zu machen. Eine weise Entscheidung, die den Profit für den Mob steigert, denn Rothstein kennt nicht nur alle Tricks der Spieler und weiß sie zu verhindern, er weiß auch instinktiv, an welchen Standorten zum Beispiel die Automaten das meiste Geld einbringen. Sams Niedergang beginnt, als er Ginger (Sharon Stone) begegnet und heiratet, obwohl diese ihm deutlich macht, nur des Geldes wegen mit der Ehe einverstanden zu sein. Denn Sam schenkt ihr sofort einen Koffer voller Schmuck und zwei Millionen Dollar in bar, verschlossen in einem Safe. Als dann noch sein alter Jugendfreund Nicky Santoro (Joe Pesci), ein notorischer Schläger und Killer, nach Las Vegas kommt und beschließt, dort zu bleiben, befindet sich Ace endgültig auf dem Weg nach unten.

Ginger, von der er eine Tochter bekommt, entfremdet sich immer mehr von ihm, beginnt zu trinken und nimmt ihre Beziehung zu ihrem früheren Zuhälter (James Woods) wieder auf, woraufhin Ace sie überwachen läßt. Sie läuft ihm mehrfach davon, kehrt immer wieder zurück, doch ihr Zustand verschlimmert sich von Mal zu Mal. Schließlich hat sie sogar ein Verhältnis mit Nicky, worauf Sam sie aus dem Haus wirft. Nicky ist zu diesem Zeitpunkt ebenfalls am Ende seiner Karriere angelangt. Seine Gewalttätigkeit kennt keine Grenzen mehr, mit jedem Verbrechen wird er von der Polizei in Verbindung gebracht, so daß er bald auch als Wach- und Jagdhund der Mafia ausgedient hat. Die läßt ihn später auf brutale Weise zu Tode prügeln und in einem Feld verscharren. Ginger, die ihre Tochter bei Sam lassen muß, dafür aber den Koffer mit dem Geld hat, stirbt an einer Überdosis Heroin, von ihren zwei Millionen sind nur noch wenige Dollar übrig. Sam überlebt, durch einen reinen Zufall, ein Bombenattentat. Die Mafia aber verliert ihre Kontrolle über Las Vegas, die Bosse enden im Hospital, und Sam findet sich am Ende wieder da, wo für ihn alles angefangen hatte: beim Buchmacher.

Die Geschichte von *Casino* beruht auf wahren Begebenheiten und Figuren. Nicholas Pileggi, schon Autor von Scorseses Mafia-Epos *GoodFellas*, hatte für ein Sachbuch über den Spieler Frank »Lefty« Rosenthal die Fakten recherchiert, die auch in das Drehbuch einflossen. Über weite, faszinierende Passagen besitzt der ansonsten stilistisch ausgefeilte und alle filmischen Mittel einsetzende *Casino* einen nahezu dokumentarischen Charakter, wenn zum Beispiel die Casino-interne Hierarchie von Überwachten und Überwachern oder die Weise geschildert wird, mit der die Mafia den Spielhöllen das Geld entzieht. Indes wirkt *Casino* insgesamt zu konstruiert, zu angestrengt bemüht um seine Form, als daß der Zuschauer eine Beziehung zu den Figuren herstellen kann. Sharon Stone hatte die vielleicht schwerste Aufgabe, denn ihre Rolle der Ginger machte eine dramatische Entwicklung durch und forderte die ganze Schauspielerin. Ihr gelang es, Gefühl und Intelligenz in ihre

Darstellung einzubringen, was Ginger im Grunde zur interessantesten Figur werden ließ.

Joe Pesci und Robert De Niro dagegen sind ein eingespieltes Team. Sie lieferten nicht mehr als Routineleistungen, diese aber auf höchstem Niveau. Für De Niro war es in dieser achten Zusammenarbeit mit Scorsese eine neue Erfahrung, eine Figur mit äußerster Zurückhaltung darzustellen. So wie Ace Rothstein die Kontrolle hält über das Casino und sich dabei nicht durch Gefühle ablenken läßt, so statisch fast legte De Niro seine Rolle an, verzieht kaum einen Mundwinkel und bewegt sich kaum. Erst als bei Rothstein sich Gefühle mit dem Geschäft kreuzen und sein Niedergang sich abzeichnet, erlaubt sich auch De Niro zunehmend Veränderungen in seiner Darstellung. Natürlich geschieht dies mittels seiner üblichen Stärken – die Augen, das Lächeln, das Aufziehen der Brauen und das gelegentlich abrupte Wenden des Körpers. Seine dynamische Energie

Sie leitet den Anfang vom Ende ein: Sharon Stone als Ginger mit Robert De Niro als Ace in ›Casino‹

blitzt wieder häufiger hervor, doch sie bleibt diesem kunstvollen Universum untergeordnet.

»Es ist die älteste Geschichte der Welt«, meinte Martin Scorsese. »Die Menschen bringen sich selbst um in ihrem Stolz und verlieren das Paradies. Wenn sie es richtig anpackten, würden sie noch da sein. Jeder wäre glücklich. Aber es gerät außer Kontrolle.«[4] Aufstieg und Fall eines Spielers, der Verlust der Kontrolle auch über die eigene Person, die Veränderung der Persönlichkeit – all das sind Momente, die Robert De Niro in seine Darstellungen einfließen läßt. In *Casino* wird dies kaum offen ersichtlich, denn er spielt seine Figur nicht aus, wie es häufig die Regisseure von ihm verlangten, sondern er macht die Zurückhaltung zu seinem überzeugendsten Mittel. Seine Leistung erzeugt nicht mehr laute Bewunderung oder Staunen, sie wirkt nicht mehr wie das Method Acting eines Schauspielers, der sich in seine Charaktere hineinlebt, bis hin zur physischen Veränderung, sondern ist vielmehr – die vielleicht altersbedingte – Abgeklärtheit eines Darstellers, der die menschlichen Verhaltensweisen und deren schauspielerische Umsetzung verinnerlicht hat und der sich der Wirkung seiner Mittel bewußt ist. Indes schien das Publikum dem nicht zu folgen, wahrscheinlich auch irritiert durch die Nostalgie des Films, seine wahnwitzige Geschwindigkeit und den alles überlagernden Off-Kommentar, mit dem die Hauptfiguren ihre Entwicklung schildern. *Casino* spielte von seinen 52 Millionen Dollar Herstellungskosten an den amerikanischen Kinokassen nur 42 Millionen wieder ein. Robert De Niro aber konnte seine »Scharte«, bezogen auf den kommerziellen Erfolg des Films, gleich anschließend wieder wettmachen mit dem aufregenden Thriller *Heat* von Michael Mann, in dem er Al Pacinos Gegenspieler verkörperte. *Heat* kam nur einen Monat nach *Casino* in die amerikanischen Kinos und zeigte erneut einen Robert De Niro, der die Ausgeglichenheit und Zurückhaltung zu seinem bevorzugten schauspielerischen Mittel gemacht hatte. Das ist um so erstaunlicher, wartete *Heat* doch mit einer besonderen Attraktion auf, dem Aufeinandertreffen zweier Monster des Method Acting, Al Pacino und De Niro. Da hätte man vielleicht die Anstrengung vermutet, im (Fern-)Duell mit dem anderen besonders auffällig zu spielen. Doch weit gefehlt. Sowohl Pacino als auch De Niro bestechen durch ihre leise Subtilität und vor allem ihre Präsenz.

Der Film ist denn auch eine intelligente, actiongeladene Studie über zwei ältere Männer auf zwei verschiedenen Seiten des Gesetzes, mit jeweils konträrem persönlichen Erfolg und Mißerfolg. Michael Mann ist nicht nur ein großartiger Stilist, sondern auch ein psychologischer Geschichtenerzähler, was man bei einem fast dreistündigen, actionüberladenen Film mit einer mehr als 20 Minuten dauernden Schießerei mitten auf den Straßen von Los Angeles kaum vermutet. Doch Pacino wie De Niro hätten wohl keine Rolle in dieser 60-Millionen-Dollar-Produktion übernommen, wenn sie nicht eine psychologische und Darsteller ihres Kalibers fordernde Dimensionen gehabt hätte. Mit *Manhunter* (Blutmond/Roter Drache, 1986) und *The Last of the Mohicans* (Der letzte Mohikaner, 1992) hatte der *Miami-Vice*-Miterfinder Mann schon zuvor bewiesen, daß er die Regeln des großen Hollywood-Kinos erfolgreich beherrschte, ohne jedoch dabei in eine Schematik zu verfallen. Vielmehr zeichnen sich alle seine Filme durch ihre fundierte Personenzeichnung aus. Das ist auch bei *Heat* der Fall. De Niro selbst hatte sich monatelang mit der seiner Figur zugrunde liegenden authentischen Person beschäftigt, erneut also eine Studie in Beobachtung und Adaption.

Neil McCauley (De Niro) ist der Anführer einer hochprofessionellen Gangstertruppe, die gezielte und perfekt geplante Aktionen im Auftrag des dubiosen Nate (Jon Voight) durchführt. Tote nehmen sie in Kauf, wenn auch sehr zum Ärger von Neil, der wie ein Vertreter wirkt, als der er sich auch ausgibt. Vincent Hanna (Al Pacino) ist ein besessener Polizist im Raubdezernat der Polizei von Los Angeles. Als ein Wertpapier- und Geldtransporter überfallen wird, weiß Hanna, daß er es hier mit einem kriminellen Mastermind zu tun hat. Fortan ist er so besessen, dem noch Unbekannten das Handwerk zu legen, daß er selbst das Scheitern seiner

Ehe in Kauf nimmt. Währenddessen lernt Neil die junge Künstlerin und Buchhändlerin Eady (Amy Brenneman) kennen und verliebt sich in sie. Eady ahnt nichts von der wahren Beschäftigung Neils, der sich ihr gegenüber als Vertreter ausgegeben hat. Neils Gang besteht noch aus Chris (Val Kilmer) und Michael (Tom Sizemore), die ansonsten ihr Familienleben pflegen, wenn sie nicht auf Raubzug sind. Überhaupt wirkt die Gang auf den ersten Blick wie eine Gruppe befreundeter Büroangestellter, die mit ihren Frauen und Kindern gerne zusammen Grillfeste feiern. Die Polizisten hingegen wirken in ihren Methoden nicht selten wie Gangster.

Durch Verrat, Unvorsichtigkeit und die Spürnase von Hanna kommt die Polizei McCauleys Gang auf die Spur, kann sie aber nicht festnehmen, weil die Gangster – wissend, daß sie beobachtet werden – sich nichts zuschulden kommen lassen. Eines Nachts treffen sich der Polizist und der Gangster in einem Coffee Shop. Zum ersten Mal sitzen sie sich leibhaftig gegenüber, und zum ersten Mal nach nahezu zwei Stunden sind Pacino und De Niro gemeinsam in einer Szene. Es ist ein Treffen, das geprägt ist von gegenseitiger Wertschätzung, sowohl der Schauspieler als auch der Figuren, die sie verkörpern.

Es ist eine aufschlußreiche Szene. Beide spielen mit leiser Ironie ihre darstellerisch ebenbürtigen Mittel an, es ist kein Kräftemessen, sondern eine lockere Begegnung, deren Intensität indes fesselt. 13 Einstellungen benötigte die Szene, dann war sie »im Kasten«. »Take elf hatte einige Nuancen und Harmonien, die zu beschreiben unmöglich ist. Diesen Take benutzte ich am meisten – fast alles, was man auf der Leinwand sieht, ist Take elf«, erinnerte sich Michael Mann an die Dreharbeiten. »Ich drehte beide Seiten gleichzeitig, was im Kino schwierig ist, denn die ganze Szene wird allein von den Gesichtern, Posen und der Körpersprache von beiden getragen. Bob blickte mal kurz zur Seite, als wolle er Al ausweichen, doch dann kam er plötzlich ein bißchen aggressiver zurück. Und Al ging weiter nach vorn, anstatt zurückzuweichen. All diese Wechselspiele wirken, als wür-

Hochprofessioneller Gangster: De Niro als Neil McCauley in ›Heat‹

den zwei spektakuläre Musiker ein Duett spielen, von dem ich keine Note verpassen wollte.«[5] Brillant in dieser Szene ist überdies der Dialog, der beide älteren Männer über das Leben und die Beziehungen reden läßt, als wären sie zwei alte Freunde, bevor sie sich in aller Liebenswürdigkeit und Unnachgiebigkeit gegenseitig bestätigen, beim nächsten, vermutlich tödlichen Treffen einander nicht zu schonen. Beide Schauspieler – Pacino ist der um drei Jahre ältere – weisen viele Gemeinsamkeiten auf. Beide sind italienischstämmig, wuchsen in New York auf, wo sie heute noch leben, und sind Anhänger des Actors Studio. Beide sind ebenso bekannt wie berüchtigt für die Intensität, mit der sie in ihren Rollen aufgehen, und beide meiden auch die Öffentlichkeit. *The Godfather, Part II* warf beide ins »Oscar«-Rennen, das De Niro mit einem »Oscar« für die beste männliche Nebenrolle gewann, während Pacino sich mit der Nominierung für die beste Hauptrolle zufriedengeben mußte. Doch beide unterscheiden sich auch in mancher, grundlegender Hinsicht. Al Pacino zieht es immer wieder auf die Bühne, weil dem Theater vielleicht sein eigentliches Interesse gilt, während De Niro nur dem Kino verschrieben ist. Pacino ist auch vom schauspielerischen Auftreten her ein anderer. Abgesehen von der sofortigen Identifizierbarkeit durch seine (im Original) extrem rauhe, sonore Stimme spielt Pacino meist sehr aufbrausend, gestenreich, überschwenglich, grundsätzlich bedacht, durch das Wirken nach Außen die psychologische Innenwelt einer Figur zu vermitteln. Robert De Niro hingegen konzentriert sich auf die kleinen Gesten, spielt gerade in den neunziger Jahren zunehmend verinnerlicht und seine physische Energie zurückhaltend. Sind es bei Pacino die großen Gesten, ist es bei De Niro der Blick, die Augen, mit denen die Innenwelten ausgedrückt werden.

Gemeinsam ist beiden auch die Haltung zu Hollywood. Nur gelegentlich, um ihren Marktwert aufzubessern, spielen sie in einer Studioproduktion mit. Beide interessieren sich mehr für das Autorenkino und für junge Filmemacher. Bei *Heat* kam vieles zusammen. »Es war ganz einfach«, erinnerte sich Michael Mann. »Es gab keine Sitzung, keine Agenten, keine Geldfragen oder Ego-Probleme. Von Beginn an hatten wir drei denselben Film im Kopf. Der beste Beweis dafür ist, daß ich nicht eine einzige Zeile ändern mußte.«[6] Für Mann war es das richtige Drehbuch zum richtigen Zeitpunkt, um beide Schauspieler in einem Film zu vereinen. Eine Vereinigung, die gelungen ist und erfolgreich war. Der Film spielte mehr als 170 Millionen Dollar an den Kinokassen ein und dürfte schon jetzt Teil der Filmgeschichte sein. Nicht nur, weil er die Begegnung der beiden größten Schauspieler ihrer Generation ermöglichte, sondern auch, weil er das populäre Genre des Actionthrillers um Intelligenz und Anspruch bereicherte.

Davon war in Robert De Niros folgender Arbeit weniger zu spüren. *The Fan* entstand unter der Regie von Tony Scott, der durch *Top Gun* (1986) und *Beverly Hills Cop II* (1987) zu einem der kommerziell erfolgreichsten Regisseure geworden war. Auch *The Fan* wartete mit einem vielversprechenden schauspielerischen Duett auf, und wieder verkörperte De Niro die dunkle Seite der menschlichen Existenz, während Wesley Snipes, neben Denzel Washington vielleicht der einzige männliche schwarze Superstar im Hollywood der neunziger Jahre, einen positiven Helden spielte. Inszeniert ist *The Fan* im üblichen Stil von Tony Scott, mit einer am Werbefilm orientierten Ästhetik, einem präsenten Soundtrack und dramatischen Zuspitzungen nahezu in jeder Szene, die psycholgische Feinheiten ebensowenig zuläßt wie darstellerische Subtilität. Von der souveränen Zurückhaltung und der Kunst, aus einem Blick oder dem Zucken einer Augenbraue eine ganze Persönlichkeit entstehen zu lassen, wie in *Casino* oder *Heat*, konnte De Niro in *The Fan* nicht mehr viel einbringen.

Gil Renard (De Niro) ist passionierter Baseballfan. Vor allem ist er ein Anhänger des Spielers Bobby Raeburn (Snipes), der für 40 Millionen Dollar in die Mannschaft der San Francisco Giants zurückkehrt. Gil ist Vertreter für Messer, geschieden und Vater eines etwa neunjährigen Sohnes, dem er mit aller Gewalt die gleiche, krankhafte Liebe für Baseball anerziehen will, wie er sie hegt. Tony Scott zeigt zwei parallele Geschichten, die des Verlierers Gil, dem gekündigt und der Besuch seines Sohnes verwehrt wird, und die von Bobby, dem erfolgreichen Spieler, dessen ebenfalls etwa neunjähriger Sohn zu Besuch kommt. Eine erste Begegnung findet zunächst in der Radiosendung von Jewel Stern (Ellen Barkin) statt, die per Telefon Star und Fan zusammenbringt. Als Bobby dann seinen erfolgreichen Schlag verliert, vor allem weil er nicht mit seiner Wunschnummer 11 spielen kann, die ein anderer erfolgreicher Spieler trägt, fühlt sich Gil zum Handeln berufen. Er bringt den betreffenden Spieler um, woraufhin Bobby wieder zu treffen und Punkte zu machen beginnt. Gil beobachtet Bobbys Haus und erlebt mit, wie eines Tages dessen Sohn im Meer zu ertrinken droht. Er rettet den Kleinen und wird von Bobby in dessen Haus eingeladen. Gil erwartet Dank, vor allem für seine vermeintliche Beteiligung an Bobbys wiedergefundenem Schlagglück, doch Raeburn ist inzwischen genervt von dem aufdringlichen Fan, der nicht verstehen will, daß ein Spieler nur für sich selbst und nicht für seine Anhänger spielt. Gil beschließt, die Anerkennung zu erzwingen und entführt Bobbys Sohn. Er verspricht die Freilassung, wenn Raeburn ihm einen Homerun widmet.

Enttäuschend am Film ist vor allem die dünne Story, die in allen Punkten und zu jeder Zeit vorhersehbar ist. Spannung wird hier nur durch das Tempo der Montage und die Action erzeugt, nicht aber durch die Dramaturgie oder die emotionale Beteiligung am Geschehen. Robert De Niro enttäuscht insofern, als er in seiner Darstellung von Gil Renard, der allmählich den Bezug zur Realität verliert und immer mehr in den Wahnsinn abgleitet, auf die Stilmittel seiner frühen Jahre zurückgreift. Er wirkt dämonisch, weil zum Beispiel sein Grinsen eine Nuance zu ausgeprägt ausfällt, weil seine Augen sagen, daß man in ihnen den Wahnsinn finden muß, weil seine Bewegungen so eruptiv sind, daß sie frühe Figuren wie Travis Bickle oder Max Cady evozieren. So wirkt es nicht überraschend, daß auch der Psychopath Gil am Ende zur Gewalt greift und durch sie in einem beruhigenden Ende ums Leben kommt.

Wirklich überzeugend ist De Niro nur in einer Szene. Er besucht mit seinem Sohn das Saisoneröffnungsspiel und läßt den Kleinen wegen eines Geschäftstermins allein im Stadion sitzen. Als er zurückkehrt, ist sein Sohn verschwunden, wurde inzwischen von einem älteren Ehepaar nach Hause gebracht. Gils Exfrau (Patti d'Arbanville-Quinn) verbietet ihm, seinen Sohn zu sehen, doch Gil verschafft sich gewaltsam Zutritt und schließt sich mit diesem in dessen Zimmer ein. Zusammen essen sie eine Pizza. Hier wird die ganze Verletzlichkeit eines Menschen deutlich, der die Kontrolle über sein Leben verliert. In De Niros zusammengekniffenen Mundwinkeln spiegelt sich die mühsam unterdrückte Wut eines Mannes, der seine eigene Ohnmacht kennt und seinen Weg in den Wahnsinn nicht aus eigener

Kraft aufhalten kann. Doch dieser darstellerische Glanz-punkt reichte nicht, um das Interesse an De Niros ein wenig schematischer Verwandlung in einen Dämon aufrechtzuer-halten. Der Film wurde ein weltweiter Flop und verkaufte sich nur auf Video.

In jeder Hinsicht mehr Erfolg hatte Robert De Niro mit ei-nem anderen Film, der ihn erneut mit einem der größten Schauspieler seiner Generation zusammenbrachte, mit Du-stin Hoffman. Unter der Regie von Barry Levinson, mit-produziert von Tribeca, entstand mit *Wag the Dog* (Der mit dem Schwanz wedelt) eine der gelungensten Politsatiren der neunziger Jahre, kam sie doch zeitgleich zu einem an-geblichen Sexskandal des amerikanischen Präsidenten Bill Clinton und dessen politischer Krise mit dem Irak ins Kino. Eine Duplizität der Ereignisse. Während Clinton sich zahlreicher Anschuldigungen, Frauen in seiner Umgebung, vor allem die ehemalige Praktikantin Monica Lewinski, se-xuell belästigt zu haben, erwehren mußte und sich außer-dem den Provokationen des irakischen Diktators Saddam Hussein ausgesetzt sah, erzählt *Wag the Dog* fast die gleiche Story.

Die angebliche Affäre des Präsidenten mit einem Pfadfin-dermädchen gefährdet seine bevorstehende Wiederwahl. Der »Spin-Doctor« Conrad Brean (De Niro), eine Art Spe-zialist für Trendwenden, wird gerufen, das sich abzeichnen-de Debakel zu verhindern. Brean hat auch sofort eine Lö-sung bereit. Als erstes schickt er den Präsidenten (Michael Belson) nach China, wo dieser wegen einer merkwürdigen Erkrankung zunächst einmal bleibt. Dann trägt er der Prä-sidentenberaterin Winifred Ames (Anne Heche) auf, in der Presse eine Meldung über B3-Bomber und eine geheime Mission zu dementieren. Die Art des Dementis soll auf ei-ne nationale Krise hindeuten, die Brean eifrig bemüht ist zu kreieren. Dazu heuert er den Hollywood-Produzenten Stanley Motss (Dustin Hoffman) an, das lebendig umher-laufende Klischee eines Produzenten, sorgfältig gebräunt, in Tenniskleidung und mit einem Toupet, das die verlorene Jugend ersetzen soll. Außerdem beklagt sich Motss laufend, daß ihm als Produzent immer die Anerkennung versagt bliebe.

Brean bittet ihn um die Schaffung einer nationalen Kampagne, denn die USA befänden sich vor einem Krieg. Gegner ist Albanien. Dem erstaunten Motss erklärt Brean, daß man schon die im Irak explodiereden Raketen nur aus dem Fernsehen kenne, Bilder, die im übrigen von ihm in einer Garage in den USA hergestellt worden seien. Gesagt, getan. Ein patriotischer Song wird komponiert (Willie Nelson in einer Nebenrolle) und der Aufstand in Albanien in Szene gesetzt. Mit Staunen erlebt der Zuschauer, zu welchen Manipulationen die modernen Medien in der Lage sind. Tatsächlich lenken die beunruhigenden Schlagzeilen von der Präsidentenaffäre ab, doch noch sind die Wahlen nicht gewonnen. Ein Held muß her, ein von den Albanern gefangener amerikanischer Pilot, der gerettet wird. Leider entpuppt sich dieser Soldat (Woody Harrelson) tatsächlich als ein Gefangener des Militärs, ist er doch ein psychopathischer Vergewaltiger von Nonnen. Deshalb kann er nur als toter Held »heimkehren«. Und da auch Motss nicht stillhalten kann angesichts seiner Meisterleistung und er endlich seine Anerkennung als Produzent finden möchte, muß auch er am Ende mit seinem Leben bezahlen.

Wag the Dog, für nur 15 Millionen Dollar in vier Wochen produziert, ist nicht frei von Nonsense, denn das Drehbuch von Hilary Henkin und David Mamet nach dem Roman *American Hero* von Larry Beinhart spielt mit Lust und Wonne auf der Beziehungstastatur zwischen Politik und Entertainment. Barry Levinsons Films ist dabei nicht zynisch, sondern nährt im Stil der Screwballkomödien eines Preston Sturges die Zweifel an der Seriösität der Massenmedien und der Politiker, die sich ihrer bedienen. Trockene Dialoge, Sprachwitz, ein Dustin Hoffman, der sich offensichtlich eine diebische Freude daraus macht, die Figur von Motss dem Vorbild des ehemaligen Paramount-Chefs Robert Evans nachzuempfinden, und ein Robert De Niro mit Bart und Filzhut mit der Unscheinbarkeit eines Versicherungsvertreters finden sich in der Inszenierung von Le-

vinson zu einem Cocktail zusammen, der auf unglaubliche
Weise die politische Realität der USA vorwegnahm und
darüber hinaus als gesellschaftskritische Satire generell
trifft.

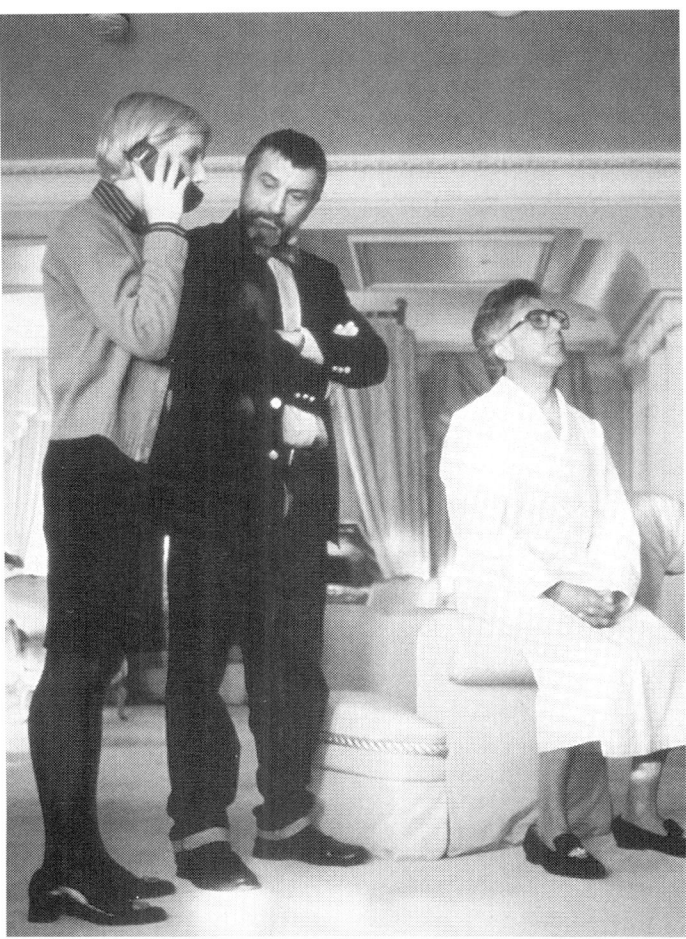

*Politsatire über Sexskandal: ›Wag the Dog‹ mit Anne Heche, Robert De
Niro und Dustin Hoffman*

Robert De Niro überzeugt vor allem deshalb wieder, weil er, seiner Rolle angemessen, nahezu unauffällig wirkt. Uneitel läßt er Dustin Hoffman die auffälligeren Szenen, zeigt dagegen einmal mehr, daß er als Schauspieler eine neue Reife gewonnen hat. Sorgfältig und stilsicher in der Auswahl seiner Utensilien, etwa des Filzhutes, abgeklärt aber doch engagiert im Einsatz seiner darstellerischen Techniken, scheint sich bei ihm die Abkehr vom Method Acting zugunsten seiner Persönlichkeit abzuzeichnen, die immer stärker auch die Filmfiguren zu dominieren scheint. In *Wag the Dog* ist die Leichtigkeit auffällig, mit der De Niro ironische Noten anschlägt, ein Grinsen, das sich übers ganze Gesicht einschließlich seiner Augen hinzieht, die betonte Unauffälligkeit seiner bewußt grauen Persönlichkeit – all das zeugt von einer Souveränität, die bei dem über fünfzigjährigen De Niro auch etwas von einer altersbedingten Entwicklung hat. Vielleicht hat er sich deshalb entschieden, erneut in einem Actionfilm mitzuwirken, in John Frankenheimers *Ronin*, der 1998 in Frankreich gedreht wurde. Dort war De Niro in die Schlagzeilen geraten, als ihn Polizisten zu einer Vernehmung in einer Callgirlaffäre vom Drehort wegholten. Nie wieder, verkündete der wütende De Niro, werde er nach Frankreich kommen. Für die begeisterten französischen Kritiker und Zuschauer wäre dies sicherlich ein großer Schock, würde sich De Niro daran wirklich halten.

John Frankenheimer, der Veteran solch bekannter Filme wie *Birdman of Alcatraz* (Der Gefangene von Alcatraz, 1962), *Grand Prix* (1966) oder *French Connection II* (1975), hält De Niro für einen der besten Schauspieler der Filmgeschichte, »der ebensogut ein ganz durchschnittlicher Mann sein kann, dem man sich sehr nahe fühlt, oder ein herausragender Mann, dem man gerne ähneln würde. Er besitzt auch diese Qualität bestimmter französischer Schauspieler wie Gabin: Er füllt die Leinwand aus, er läßt sie buchstäblich explodieren! Selbst wenn er in einer Totalen ist, wird das Auge von ihm angezogen. Wenn er da ist, schaut man nur auf ihn. Und außerdem liebt ihn die Kamera auf ziem-

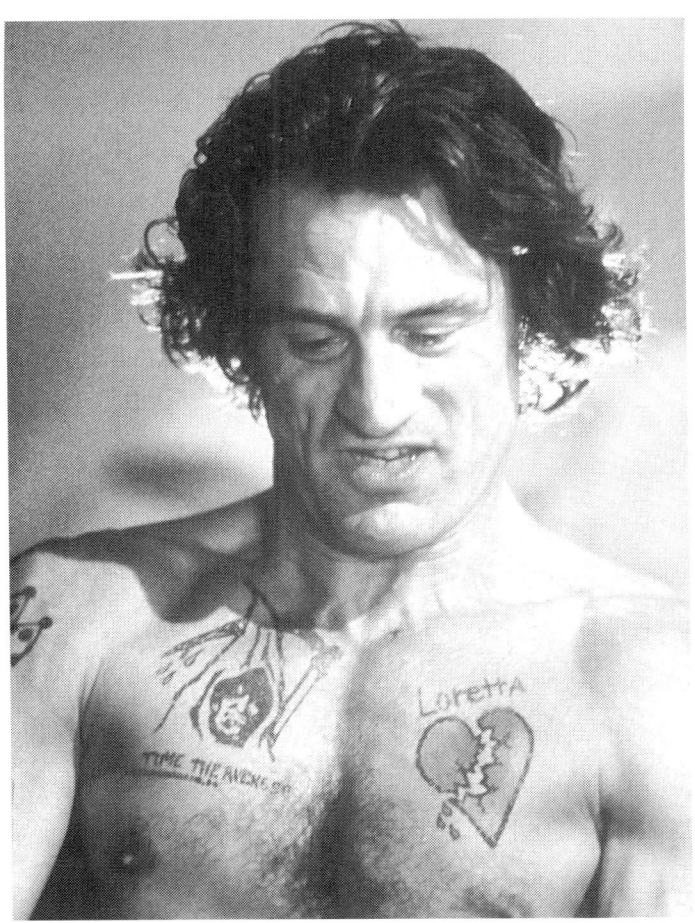

Robert De Niro in ›Cape Fear‹

lich unglaubliche Art und Weise.«[7] Und Catherine Deneuve, die De Niro als die Quintessenz der französischen
Schauspielerin bezeichnet hat, äußert sich ebenfalls voller
Bewunderung: »Ich mag besonders an Robert De Niro dieses spitzbübische Lächeln, dieser lockende Blick, diese so-

wohl zurückhaltende, schüchterne als auch extrem warmherzige Seite, die manche Italiener haben. Er ist sicher der amerikanische Schauspieler, den ich heute am meisten bewundere.«[8]

Robert De Niro am Ende des 20. Jahrhunderts: Seit mehr als 30 Jahren schreibt er Filmgeschichte, und ein Ende ist noch nicht abzusehen. Er hat sich gewandelt von einem Schauspieler, der seine Charaktere auch physisch annahm, zu einem Darsteller, dessen Spiel immer psychologischer, immer tiefgehender und feiner wird. Ein Charakterdarsteller war er schon immer, doch nach mehr als 50 Filmen ist er mehr als das, ist er die Seele des Kinos. Das werden auch seine folgenden Projekte zeigen, mit denen er sein Publikum ins nächste Jahrtausend begleitet.

Filmographie

1. **The Wedding Party**
USA 1964/66; Regie, Buch und Schnitt: Cynthia Munroe, Wilford Leach, Brian De Palma; Produktion: Powell Prod., Ondine Presentations (Munroe, Leach, De Palma); Kamera: Peter Powell; Musik: John Herbert McDowell, Darsteller: Jill Clayburgh (Josephine Fish), Charles Pfluger (Charlie), Valda Setterfield (Mrs. Fish), Raymond McNally (Mr. Fish), Jennifer Salt (Phoebe), John Braswell (Rev. Oldfield), Judy Thomas (Celeste), ROBERT DE NIRO (Cecil); 90 Min., S/W (9.4.1969 New Yorker Uraufführung)

De Palma hat oft den maßgeblichen Einfluß Godards auf sein Frühwerk betont, aber das hohle Durcheinander von Zeitraffer, Zeitlupe, Stop-Motion, Doppelbelichtung, schnellen Schnitten und asynchronem Ton, wie er es hier anwendete, legt eher eine jugendliche Vernarrtheit in die Arbeit von Dick (Richard) Lester nahe. Doch trotz des lahmen Versuchs, die Bilderstürmerei durch das Zwischenschneiden von Inserts aus einem Anstandsführer *(The Compleat Bridegroom)* zu unterstreichen, verläßt sich die Geschichte ihren dürftigen Vergnügungen zuliebe auf eine dümmliche Achtung vor konventionellen Einheiten und verbrauchten, bekannten Gags. (Paul Taylor, Monthly Film Bulletin)

Geschwätzige, abgedroschene, anödend komische Merkwürdigkeit, die sich mit den Ereignissen vor der Hochzeit von Clayburgh und Pfluger beschäftigt; ... Selbstbewußt inszeniert, interessant nur wegen De Palmas Beteiligung und frühen Leinwandauftritten von Clayburgh und De Niro (im Vorspann »De Nero« geschrieben). (Leonard Maltin's TV Movies 1985−86)

2. **Greetings** (Grüße)
USA 1968; Regie und Schnitt: Brian De Palma; Produktion: West End Films (Charles Hirsch); Buch: Charles Hirsch, Brian De Palma; Kamera: Robert Fiore; Musik: The Children of Paradise; Darsteller: Jonathan Warden (Paul Shaw), ROBERT DE NIRO (Jon Rubin), Gerritt Graham (Lloyd Clay), Richard Hamilton (Pop-

Künstler), Megan McCormick (Marina), Bettina Kugel (Tina), Jack Cowley (Photograph), Allan Garfield (Straßenhändler); 88 Min., Farbe (15.12.1968 New Yorker Uraufführung; DE: Berliner Filmfestspiele 1969; TV: 8.12.1969)

Eine erfreuliche, polierte Mischung aus Underground-Film, Sexfilm und College-Revue, mit einem Deserteur als Helden und gut aufgelegten, gelegentlich zotigen Darstellungen einer ganzen Galerie talentierter Schauspieler, darunter Robert De Niro, Jonathan Warden, Gerritt Graham und Allan Garfield. (Pauline Kael, 5001 Nights at the Movies)

Erstlingswerk eines jungen Amerikaners, das hinter den Tricks dreier junger Männer die Verwirrung einer ganzen Nation sichtbar machen will. Vietnamkrieg, Sex und Gewalt werden in dieser einfallsreichen und witzigen Satire als Komplexe Amerikas ausgewiesen. Ein respektloser Film mit einem Feuerwerk an Gags und bitterem Nachgeschmack. (Filme 1965−70, Handbuch VIII der Katholischen Filmkritik)

Lockere, zwanglos improvisierte Satire über Wehrdienst, Sex und die Gegenkultur. Strahlt das Ambiente von New Yorks Greenwich Village Ende der sechziger Jahre aus, wie es sich sonst in keinem Hollywoodfilm findet. (Leonard Maltin's TV Movies 1985−86)

Ein locker konstruierter, episodischer Film darüber, wie zwei junge Männer versuchen, ihrem Kumpel beizubringen, den Armeepsychiater aufs Kreuz zu legen, um durch die Musterung zu fallen. Außerdem gibt es etwas Merkwürdiges über die Kennedy-Ermordung und eine Menge sexueller Späße − alles mit scharfem, gelegentlich schmerzlich zügellosem, gelungenem Humor inszeniert und manchmal auch mit einem gelungenen satirischen Beigeschmack. (Steven H. Scheuer, Movies on TV 1984−1985)

3. Hi, Mom!
USA 1969; Regie und Buch: Brian De Palma; Produktion: West End Films (Charles Hirsch); Kamera: Robert Elfstrom; Schnitt: Paul Hirsch; Musik: Eric Kaz; Darsteller: ROBERT DE NIRO (Jon Rubin), Charles Durnham (Superintendent), Allen Garfield (Joe Banner), Abraham Goren (Perverser im Kino), Lara Parker (Jean-

nie Mitchell), Jennifer Salt (Judy Bishop), Gerritt Graham (Gerrit Wood); 87 Min., Farbe/S/W (27.4.1970 New Yorker Uraufführung; früherer Titel: *Son of Greetings*)

Der Einfluß Hitchcocks, der in allen späteren Filmen De Palmas auftaucht, nimmt hier die Form einer Hommage an *Rear Window* an, während der Film mit einem spielerischen Tribut an den Godard der überraschenden Schnitte und des verschwenderischen Überflusses beginnt. *Hi, Mom!* liefert, kurz gesagt, einen erhellenden Schimmer einer Arbeit in der Entwicklung. Er folgt der Zukunft einer der Personen in De Palmas früherem Film *Greetings,* die Geschichte dreier Außenseiter in den Sechzigern. Doch zugleich führt De Palma eine dokumentarische Beschreibung eines Theaterprojektes einer schwarzen Gruppe ein (mit *Dionysis in 69* hat er bereits einen kompletten Film darüber gemacht). Diese Interpolation bringt wirkungsvoll die erzählerische und tonliche Kontinuität des Films durcheinander. (John Pym, Monthly Film Bulletin)

Robert De Niro ist irrsinnig spontan in dieser anregenden, lockeren Komödie, die von Brian De Palma geschrieben und inszeniert wurde ... Sie ist im Kabarett-Stil gemacht und nimmt sich ein gesellschaftliches Ziel nach dem anderen vor. De Niro – sehr jungenhaft, mit dichtem, glänzendem braunem Haar – hat einige großartige, schnelle Dialoge mit Allen Garfield. (...) Die ganze Zeit liefert De Niro eigenartige Parodien; als er ein Guerrilla ist, der in der Verkleidung eines gutbürgerlichen Versicherungskaufmannes lebt, wird er zu einem Harold-Lloyd-Typ. In langen Szenen bildet er mit einigen seiner Mitspieler einen Rhythmus wie auf der Bühne (die Kamera ist bewegungslos), und das Ergebnis ist ein wahnsinnig angenehmes Timing. (Pauline Kael, 5001 Nights at the Movies) Konzipiert als Fortsetzung von *Greetings* ist dies eine unausgeglichene, manchmal tolle, aber oft quälende und herbe Serie von Vignetten über einen Vietnam-Veteran, der sich entscheidet, schmutzige Filme zu machen. (Steven H. Scheuer, Movies on TV 1984–85)

Abenteuer eines jungen Pornofilmers und der Ausgeflippten, die im selben Haus wohnen. Flotte Komödie über das Außenseiterle-

ben, voller kleiner satirischer Stiche und *hommages* an andere Filmemacher. (Halliwell's Film Guide, 3rd Edition)

4. **Sam's Song/The Swap** (Wer die Killer ruft)
USA 1969/74; Regie: John Shade (= Jordan Leondopoulos); Produktion: Cannon; Buch: Arline Garson; Kamera: Alex Phillips jr.:

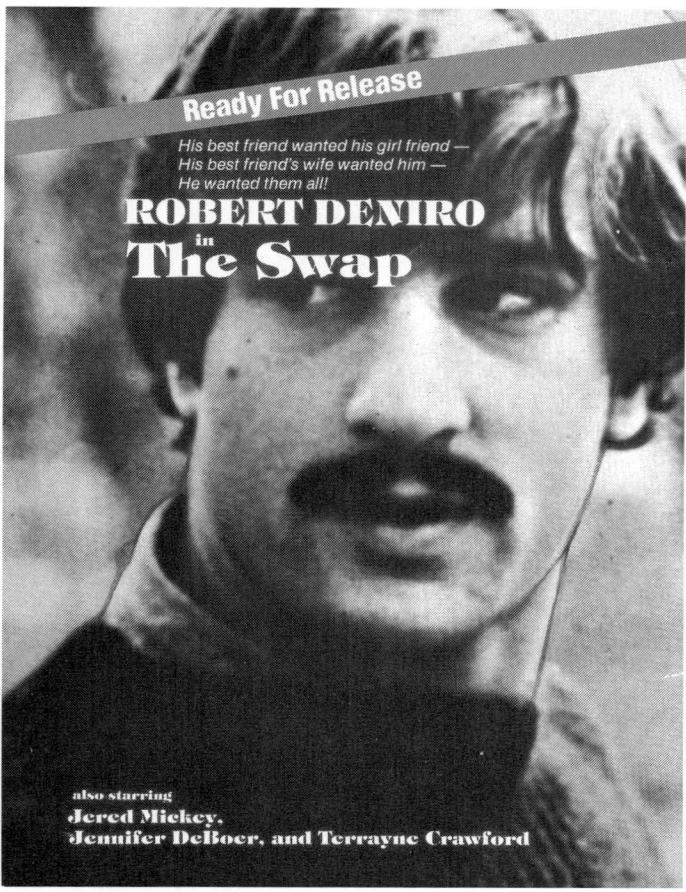

›*Sam's Song/The Swap*‹

Schnitt: Michael Bockman; Musik: Bill Conti, Ennio Morricone, F. de Masi; Darsteller: ROBERT DE NIRO (Sammy Nicoletti), Jennifer Warren (Erica Moore), Jerry Micky (Vito Nicoletti), Terrayne Crawford, Lisa Blount, Sybil Danning, Martin Kelly; 80 Min., Farbe; **V** VMP

Ein aus langjähriger Gefängnishaft Entlassener macht sich auf die Suche nach dem Mörder seines vor zehn Jahren erschlagenen Bruders. Er entdeckt, daß dieser im Besitz eines Pornofilms war, der einen angehenden Gouverneur belastet. Schwerfälliger, dilettantischer Krimi, der mittels Rückblenden belanglose Bilder mit Robert De Niro vermarkten will. (film-dienst)

Ein früher Film von De Niro, in dem er einen New Yorker Cutter spielt, der an einer Dokumentation über Nixon arbeitet und ein Wochenende mit seinen reichen Freunden Warren und Mickey verbringt. Die blonde Crawford taucht auf und schickt sich an, jeden zu zerstören. Gekünstelt und prätentiös. (Steven H. Scheuer, Movies on TV 1984—1985)

5. **Bloody Mama** (Bloody Mama)
USA 1969; Regie: Roger Corman; Produktion: American International (Roger Corman, Samuel Z. Arkoff, James H. Nicholson); Buch: Robert Thom nach einem Bericht von Don Peters und Robert Thom; Kamera: John Alonzo; Musik: Don Randi; Darsteller: Shelley Winters (Kate »Ma« Barker), Pat Hingle (Sam Adam Pendlebury), Don Stroud (Herman Barker), Diane Varsi (Mona Gibson), Bruce Dern (Kevin Dirkman), Clint Kimbrough (Arthur Barker), ROBERT DE NIRO (Lloyd Barker), Robert Walden (Freddy Barker); 90 Min., Farbe (DE: 18.3.1971); **V** VCL (inzwischen aus dem Programm gestrichen)

Die mit brutalen Effekten vorgenommene Beschreibung eines kompromißlosen Gangsterlebens gibt in vereinfachender Oberflächlichkeit einen gesellschaftsfeindlichen Bewußtseinsstand als Zwangsprodukt einer ausbeuterischen und gewaltliebenden Gesellschaft aus und unterlegt der historisch verbürgten Hauptfigur in mythologisierender Absicht unangemessene sozialrevolutionäre Züge. (film-dienst)

Miß Winters lärmende Vulgarität als Ma Barker paßt hervorragend zu dieser filmischen Abhandlung des legendären öffentlichen Feindes der Depressionszeit. Don Stroud als ihr schlechtgelaunter Sohn Herman und Pat Hingle als entführter Bankier haben ebenfalls starke darstellerische Auftritte. Das blutige Finale ist eigentlich choreographiert und beeindruckend. (Steven H. Scheuer, Movies on TV 1984–1985)

6. Jennifer on My Mind

USA 1971; Regie: Noel Black; Produktion: Bernard Schwartz; Buch: Erich Segal nach dem Roman »Heir« von Roger L. Simon; Kamera: Andy Lazlo; Schnitt: Jack Wheeler; Musik: Stephen J. Lawrence; Darsteller: Michael Brandon (Marcus), Tippy Walker (Jenny), Lou Gilbert (Max), Steve Vinovich (Ornstein), Peter Bonerz (Sergei), Renée Taylor (Selma), Chuck McCann (Sam), ROBERT DE NIRO ; 90 Min., Farbe

Jennifer on My Mind ist ein Potpourri aus entwaffnender Satire, schwarzer Komödie und Bitterkeit, das eine seltsam quälende Aura schafft ... Black geht mit dem absurden Humor sogar in seinen dunkelsten Augenblicken auf wirkungsvoll heitere und untertriebene Weise um. Außerdem erreicht er von seinen Hauptdarstellern solide, unterspielte Leistungen ... Und die meisten der Nebendarsteller geben das Wesen ihrer ungewöhnlichen Rollen präzise wieder. Die Figuren und die Vignetten, in denen sie auftreten, sind seltsam komisch. (Variety)

Erich Segal schrieb das Drehbuch, ein Minusposten im Gebäude. Die Gesellschaft ist schuld an dem Unglücklichsein der reichen Jugend, oder wußten Sie das nicht? Noel Black führte Regie, schlecht. (Steven H. Scheuer, Movies on TV 1984–1985)

7. The Gang That Couldn't Shoot Straight (Wo Gangster um die Ecke knallen)

USA 1971; Regie: James Goldstone; Produktion: Irwin Winkler, Robert Chartoff; Buch: Waldo Salt nach dem Roman von Jimmy Breslin; Kamera: Owen Roizman; Schnitt: Edward A. Biery; Musik: Dave Grusin; Darsteller: Jerry Orbach (Salvatore »Kid Sally« Palumbo), Leigh Taylor-Young (Angela Palumbo), Jo Van Fleet

(Big Momma), Lionel Stander (Baccala), ROBERT DE NIRO (Mario Trantino), Herve Villechaize (Beppo, der Zwerg), Frank Campanella (Wasserbüffel), Harry Basch (De Lauria), Burt Young (Willie Quarequio); 96 Min., Farbe (DE: 27.7.1972); **V** Taurus-Video (Deutscher Titel: Spaghetti-Killer)

Wenn eine Farce nicht gekonnt gespielt und inszeniert ist, wird sie dumm; und genau das ist dieser Mafia-Farce nach dem Buch von Jimmy Breslin passiert. ... die lästige Leigh Taylor-Young und der heitere (und sehr komische) Robert De Niro spielen das romantische Paar. (Pauline Kael, 5001 Nights at the Movies)

Mißglückte Parodie auf Gangsterfilme, in der die Mafia als ein Club von Dummköpfen erscheint. Völlig witz-, humor- und einfallslos; in der Verzeichnung italienischer Mentalität geschmacklos. (film-dienst)

8. **Born to Win**

USA 1971; Ivan Passer; Produktion: (Philip Langner) George Segal-Jerry Tokofsky; Buch: David Scott Milton; Kamera: Jack Priestly, Richard Kratina; Schnitt: Ralph Rosenbaum; Musik: William S. Fisher; Darsteller: George Segal (Jay Jay), Karen Black (Parm), Jay Fletcher (Billy Dynamite), Hector Elizondo (The Geek), Marcia Jean Kurtz (Marlene), Irvin Selbst (Stanley), ROBERT DE NIRO (Danny), Paula Prentiss (Veronica); 90 Min., Farbe (7.10.1971 Uraufführung)

Als Spannungsfilm, verhaltene Komödie oder Charakterstudie nicht überzeugend, hätte der Film vielleicht eine scheinbar authentische und sicherlich schonungslose Studie über die Besessenheit eines Rauschgiftsüchtigen nach seinem Schuß werden können. Doch zusätzlich zu der unentwegten und unwahrscheinlichen Einförmigkeit der Ereignisse ist das Drehbuch mit zahlreichen Herausforderungen der Glaubwürdigkeit überladen. (Variety)

Ein zu Unrecht verkannter Film. Vielleicht hat die Mischung von Stimmungen (Komödie und Horror) die Produzenten abgeschreckt; sie starteten ihn nicht richtig, sie ließen ihn einfach anlaufen ... Der Film stellt nicht ganz zufrieden, aber er hält sogar in seinen fehlerhaftesten Momenten das Interesse wach. (Pauline Kael, 5001 Nights at the Movies)

9. Bang the Drum Slowly

USA 1972; Regie: John Hancock; Produktion: ANJA Films. A Rosenfield Production, For BTDS Partnership (Maurice und Lois Rosenfield); Buch: Mark Harris nach seinem eigenen Roman; Kamera: Richard Shore; Schnitt: Richard Marks; Musik: Stephen Lawrence; Darsteller: ROBERT DE NIRO (Bruce Pearson), Michael Moriarty (Henry Wiggen), Vincent Gardenia (Dutch Schnell), Phil Foster (Joe Jaros), Ann Wedgeworth (Katie), Patrick McVey (Bruces Vater), Danny Aiello (Horse); 98 Min., Farbe

John Hancock hat von seinen Darstellern exemplarische Leistungen bekommen: Besonders Vincent Gardenia ist die perfekte Verkörperung von Dutch, während Robert De Niros linkischer, kraftloser Bruce rückblickend als eine Vorstudie zu Jake La Motta gesehen werden kann. (Tim Pulleine, Monthly Film Bulletin)

Tabakbrocken auf den Lippen, die Haare in einer schrecklichen Tolle auf Hochglanz gebracht, beeindruckt Robert De Niro rein physisch als ein ungraziöser Hinterwäldler-Athlet ..., aber unglücklicherweise wendet er sich immer von der Kamera ab und öffnet niemals diese dunklen, gemeinen kleinen Augen, so daß wir nicht sehen können, was sich in der Person abspielt oder auch nur anfangen können, uns damit zu identifizieren. Der Auftritt ist beinahe auf perverse Weise unattraktiv und selbstlos. (David Denby, Film Quarterly)

Mark Harris' ergreifender Roman von 1956 wurde glänzend auf die Leinwand gebracht. De Niro ist ergreifend in der Rolle des durchschnittlichen Baseballspielers, der an der Hodgkin Krankheit langsam stirbt, aber noch eine Saison spielen will. (Steven H. Scheuer, Movies on TV 1984–1985)

10. Mean Streets (Hexenkessel)

USA 1973; Regie: Martin Scorsese; Produktion: Taplin-Perry-Scorsese (Jonathan T. Taplin); Buch: Martin Scorsese, Mardik Martin; Kamera: Kent Wakeford; Schnitt: Sid Levin; Musik: The

Martin Scorsese's
HEXENKESSEL
(Mean Streets)

Scorsese's Film über die Ecke von New York, die ihn noch heute krank macht....

mit Robert de Niro Harvey Keitel David Proval
Amy Robinson Richard Romanus u.a.

Musik: Rolling Stones, Eric Clapton, The Marvelettes, Frank Sinatra, The Ronettes, Bo Diddley u. a.   Produktion: Taplin/Perry/Scorsese

Er ist die stärkste Type die ich kenne. Er hat's mit allen verschissen.

Rolling Stones, The Chantells, The Marvelettes, Eric Clapton, The Charts, The Chips, The Ronettes, The Miracles u.a.; Darsteller: Harvey Keitel (Charlie), ROBERT DE NIRO (Johnny Boy), Amy Robinson (Teresa), David Proval (Tony), Richard Romanus (Michael), Cesare Danova (Giovanni), Robert Carradine (Betrunkener in der Bar), David Carradine (junger Mörder in der Bar), Martin Scorsese (Shorty, der Killer im Auto); 110 Min., Farbe (Uraufführung: Oktober 1973, DE: 25.6.1976); **V** VCL (zur Zeit nicht mehr im Programm)

Harvey Keitel und Robert De Niro lassen den Punkt weit hinter sich, an dem gute Schauspielerei endet. In ihnen scheint wirklich das Lebensgefühl der Straßenkinder zu pulsieren, die wissen, daß sie nichts zu verlieren, aber auch schon gar nichts zu gewinnen haben. (Wolfgang Limmer, Der Spiegel)

Die Kenntnis dessen, was sie schildern und darstellen, setzten die Mitglieder des Film-Teams vielmehr um in ein ungemein lockeres, unverkrampftes Spiel, das nie der faden Kalkulation künstlerischer »Authentizität« bedarf. Man gewinnt nur selten den Eindruck, daß Schauspieler da etwas Erlerntes vorspielen, sondern daß sie vielmehr nachspielen, was (einst) zu ihnen selbst gehört(e). (Helmut Schmitz, Frankfurter Rundschau)

»Hexenkessel« war Scorseses dritter Spielfilm: Mit einem kleinen Budget gedreht, aufgenommen über weite Strecken mit einer beweglichen Handkamera, ist er eine atmosphärisch dichte, biographisch eingefärbte Milieustudie; und so nebenbei auch eine bemerkenswerte Talentprobe, nicht nur für den Regisseur, sondern auch für seinen Hauptdarsteller Robert De Niro, dessen kometenhafter Aufstieg erst nach »Hexenkessel« begann. (Rolf Wiest, Kölner Stadtanzeiger)

Schilderung des Lebens im New Yorker Italienerviertel, dessen Bewohner als eine Horde herumlungernder, saufender und gewalttätiger Wilder dargestellt werden. Angeblich autobiographischer Film, schockierend durch die aggressive Inszenierung und die exhibitionistischen Gefühlsausbrüche der Akteure. Keine Analyse der Verhältnisse, sondern eine etwas zynische Beschreibung. (filmdienst)

11. **The Godfather, Part II** (Der Pate, Teil II)
USA 1974; Regie und Produktion: Francis Ford Coppola; Buch: Francis Ford Coppola, Mario Puzo nach Mario Puzos Roman »Der Pate«; Kamera: Gordon Willis; Schnitt: Peter Zinner, Barry Mal-

›The Godfather, Part II‹

kin, Richard Marks; Musik: Nino Rota; Darsteller: Al Pacino (Michael Corleone), Robert Duvall (Tom Hagen), Diane Keaton (Michaels Frau), Lee Strasberg (Hyman Roth), Roger Corman (Senator), ROBERT DE NIRO (Vito Corleone); 200 Min., Farbe (Uraufführung: 12.12.1974, DE: 25.9.1975); **V** CIC

Denn dieser Film, der schlicht »Der Pate, Teil II« heißt, ist nicht nur ein neuer Sensationserfolg in aller Welt, umgeht nicht nur alle üblichen faden Erfolgsrezepte von Fortsetzungsfilmen, ist nicht nur ein neues, eigenständiges Werk, obgleich er ohne den Mythos und das charismatische Zentrum des ersten Teils, Marlon Brando, auskommen muß – er ist besser und mehr: ein großes Melodram, Gangsterstory und Tragödie, ein italo-amerikanischer »Ring des Nibelungen«, durch und durch professionell, kalkuliert, unverschämt teuer, wunderschön inszeniert und photographiert, zugleich auch äußerst skeptisch gegenüber der Geschichte, die er erzählt, und fast waghalsig in den Anforderungen, die er als »kommerzieller« Film dem Publikum zumutet. (Wolf Donner, Die Zeit)

Aufstieg und Fall der Familie Corleone kommentieren sich gegenseitig. Coppolas genial kalkulierte Erzähltechnik vereint die beiden Handlungen zu einer modellhaften Chronik über die Vergänglichkeit von Macht. Und seine inszenatorische Meisterschaft trägt auch einen so breit angelegten Entwurf: »Der Pate-Teil II« ist in jeder Hinsicht ein großer Film, zu Recht ausgezeichnet mit sechs »Oscars« ...

Der überwältigende Reichtum an Stimmungen und Nuancen, die Melange aus sinnlicher Vielfalt und disziplinierter Intelligenz faszinieren den Betrachter bis zur letzten Einstellung. (Hans C. Blumenberg, Kölner Stadtanzeiger)

Gegenüber dem ersten Teil sind die grellen, spektakulären Effekte stark zurückgenommen. Der brillant inszenierte und exzellent gespielte Film verbindet in angemessener Form gesellschaftliche Reflexion und spannende Unterhaltung. (film-dienst)

12. **Novecento** (1900: 1. Teil: Gewalt, Macht, Leidenschaft; 2. Teil: Kampf, Liebe, Hoffnung)
Italien 1975/76; Regie: Bernardo Bertolucci; Produktion: PEA (Alberto Grimaldi); Buch: Bernardo Bertolucci, Franco Arcalli, Giuseppe Bertolucci; Kamera: Vittorio Storaro; Schnitt: Franco Arcalli; Musik: Ennio Morricone; Darsteller: Burt Lancaster (Alfredo Berlinghieri), Sterling Hayden (Leo Dalco), ROBERT DE NIRO (Alfredo Berlinghieri, Enkel) Gerard Départdieu (Olmo Dalco), Donald Sutherland (Attila), Laura Betti (Regina), Stefania

›Novecento‹. Robert De Niro, Gérard Depardieu

Sandrelli (Anita Foschi), Dominique Sanda (Ada Fiastri Paulhan),
Werner Bruhns, Alida Valli, Ellen Schwiers, Anna Henkel; 320
Min. (162/154 Min.), Farbe; (Uraufführung: 1. Teil: 22.5.1976
Filmfestival Cannes/2. Teil: 16.12.1976, DE: 1. Teil: 21.10.1976/2.
Teil: 16.12.1976); **V** Warner Home Video

Was Bertolucci in der argrarischen Weite eines großen Latifun-
diums der Emilia, in einem Italien ohne Riviera-Kitsch und Santa-
Lucia-Schmelz, auf riesigen Weizenfeldern, unter den Backstein-
akarden offener Scheunen, an Kanälen und Deichen, in Viehstäl-
len, auf Tennen und in lichten Pappelwäldern sieht, ist eine bukoli-
sche Oper in filmischen Bildern, strotzend von Vitalität, orgiasti-
scher Fruchtbarkeit und geilem Drang. (Karl Korn [1. Teil], Frankfurter Allgemeine Zeitung)

277

Bertolucci ist stark, wenn er die feudalistische Großbürgerschicht der Landbesitzer in Szene setzt. Da durchdringen sich makaber zeremoniöse Arrangements mit Pomp und vielfach auch mit Derbheit. Der Sinn für Gesten, Ränge, Haltungen, Allüren, die Gabe der barocken Bildkomposition und der delikate Wechsel der Kameraeinstellungen vom Kolossalgemälde zum Porträt erbringen einen epischen Stil, der dem Roman verwandt ist. Da ist nichts kunstgewerblich oder museal. (Karl Korn [2. Teil], Frankfurter Allgemeine Zeitung)

In faszinierenden, oftmals lyrisch inspirierten Bildern beschreibt der Film aus klassenkämpferischer Sicht die parallelen Lebensgeschichten von zwei Freunden, die auf dem gleichen Landgut aufwachsen, der eine als Sohn der Herrschaft, der andere als Kind von Landarbeitern. Etwas schematisch werden die Hauptfiguren zu Exponenten sozialer und politischer Konflikte gemacht, in denen die Rollen im voraus verteilt und die Sympathien eindeutig zugeordnet sind. (film-dienst)

13. Taxi Driver (Taxi Driver)
USA 1976; Regie: Martin Scorsese; Produktion: Columbia (Michael und Julia Phillips); Buch: Paul Schrader; Kamera: Michael Chapman; Schnitt: Marcia Lucas, Tom Rolf, Melvin Shapiro; Musik: Bernard Herrmann; Darsteller: ROBERT DE NIRO (Travis Bickle), Cybill Shepard (Betsy), Jodie Foster (Iris), Harvey Keitel (Sport), Peter Boyle (Wizard), Albert Brooks (Tom), Diahnne Abbott (Mädchen), Martin Scorsese (neurotischer Fahrgast); 112 Min., Farbe (Uraufführung: Januar 1976, DE: 7.10.1976); V RCA/ Columbia

Robert De Niro spielt die Hauptrolle mit Einfühlungsvermögen: Travis ist weder eine so auffällige noch so schwierige Rolle wie sein berühmtes Porträt des jungen Vito-Brando in *The Godfather, Part Two;* aber De Niros Fähigkeit zur Identifikation und zum Spiel innerhalb des Kopfes vereinbart sich auf wunderbare Weise mit der höchst erstaunlichen Mischung aus gelenkter Realität und modifizierter Halluzination, die Scorsese und sein Kameramann Michael Chapman so gut gelungen ist. (Gordon Gow, films and filmings)

In jeder Straße ist ein Niemand, der davon träumt, Jemand zu sein. Er ist ein einsamer, vergessener Mann, der verzweifelt zu beweisen versucht, daß er lebt.

COLUMBIA FILM zeigt

ROBERT DE NIRO
TAXI DRIVER

Eine BILL/PHILLIPS Produktion eines MARTIN SCORSESE Films

JODIE FOSTER • ALBERT BROOKS als Tom • HARVEY KEITEL
LEONARD HARRIS • PETER BOYLE als Wizard
und CYBILL SHEPHERD als Betsy

Drehbuch PAUL SCHRADER Musik BERNARD HERRMANN Produktion MICHAEL PHILLIPS und JULIA PHILLIPS
Regie MARTIN SCORSESE Production Services Devon/Persky-Bright

Mit »Taxifahrer« verläßt Scorsese die engen Grenzen Klein-Italiens und verwendet das gesamte Spektrum der Riesenstadt New York als Hintergrund. New York, grell schillernd, nie schlafend, nie erfaßbar, ist Symbol der Großstadt überhaupt und wird zum eigentlichen Gegenspieler des Taxifahrers Travis Bickle (Robert De

279

Niro). An sein Fahrzeug gekettet, fast zur Maschine reduziert, ist Travis diesem Gegner ausgeliefert. Ähnlich wie die Figuren in Ionescos Farcen, ist auch dieser Held in etwas hineingestoßen, dem jeglicher Sinn fehlt. Aber sein daraus entstehendes Leiden bringt nicht Mitgefühl der Zuschauer, sondern Gelächter. Allerdings ein recht unbehagliches Gelächter. (Helga Tilton, Frankfurter Rundschau)

Eine erstaunliche Leistung von Robert De Niro, dem Mafioso aus *The Godfather*. Er reicht in jene großartige Kategorie von Schauspielern, die sich so sehr ihren Personen nähern, bis sie wahrer als die Natur sind. (Mario Brun, Nice-Matin)

Martin Scorseses »Taxi Driver« ist ein Heimatfilm eines Heimatlosen, ein Western, der in den Straßen-Canons von New York spielt,

›Taxi Driver‹

280

mit einem Asphalt-Cowboy, der statt einem Pferd ein gelbes Taxi reitet. (...) Vor allem jedoch ist Robert De Niro ein Anti-Typ zu Bronson. Statt des holzgeschnitzten Kraftmeiers, der nur deshalb weiter als bis drei zählen kann, weil ein Revolver sechs Schuß hat, spielt De Niro ein sensibles Großstadtwrack, auf dessen verstörte Augen die Realität von New York wie optische Granateinschläge trifft. (Hellmuth Karasek, Der Spiegel)

Was an dieser Story bedeutend sein soll, wissen (hoffentlich) deren Bejubler. Für mich ist das zwar raffinierte, aber schiere Kolportage. Mit unziemlichen Brutalitäts- und Rühreffekten. Am Ende ist dieser Film in seiner Effekthascherei schier unerträglich, und hinter seinen Regisseur Scorsese wäre mithin künftig ein großes Fragezeichen zu setzen. Den Titeldarsteller De Niro freilich kann es kaum anfechten. Er hält sich schauspielerisch mehr als tapfer. (Klaus Hebecker, Film-Telegramm)

Robert De Niro ist in beinahe jedem Bild von Martin Scorseses fiebrigem, schrecklich komischem Film über einen einsamen New Yorker Taxifahrer zu sehen. De Niros entzündete, tränende Augen sind der Brennpunkt der Kompositionen. Er ist Travis Bickle, ein Außenseiter, der keinen Weg in die menschliche Gesellschaft findet. Er fährt nachts, weil er sowieso nicht schlafen kann; umgeben von einer nächtlichen Welt der Entwurzelten – Huren, Zuhälter, Durchreisende –, haßt er New York mit einer biblischen Gewalt, und seine Verderbtheit und sein Schmutz machen ihn besessen. (Pauline Kael, 5001 Nights at the Movies)

14. **The Last Tycoon** (Der letzte Tycoon)
USA 1976; Regie: Elia Kazan; Produktion: Horizon (Sam Spiegel, Elia Kazan); Buch: Harold Pinter nach dem Roman von F. Scott Fitzgerald; Kamera: Victor Kemper; Schnitt: Richard Marks; Musik: Maurice Jarre; Darsteller: ROBERT DE NIRO (Monroe Stahr), Robert Mitchum (Pat Brady), Tony Curtis (Rodriguez), Jack Nicholson (Brimmer), Jeanne Moreau (Didi), Ingrid Boulting (Kathleen Moore), Theresa Russell (Cecilia Brady), Donald Pleasance (Boxley), Ray Milland (Fleishacker); 125 (123) Min., Farbe (DE: 11.3.1977); **V** VPS

>The Last Tycoon<. Robert De Niro, Theresa Russell, Jack Nicholson
(von links nach rechts)

The Last Tycoon ist eine leidlich genaue Adaptation von F. Scott
Fitzgeralds unvollendeter Tragödie über die seltsamen Brechun-
gen des Lebens von Monroe Stahr. Er wird zu einem fehlerhaften,
zerfallenen Film, manchmal voll kühler, komischer Einsicht,
manchmal gelähmt durch die flatterhaften Mythen von Movie-
town. (Jay Cocks, Time)

Aber man wird bei diesem Film so letztlich nicht froh. Die doch etwas banal konzipierte und von Kazan auch leider etwas banal inszenierte Liebesgeschichte, die die schmucke Kintopp-Nostalgie
plötzlich gewaltig in den Hintergrund drängt, die sich so simpel
darbietet und von Ingrid Boulting auch ziemlich farblos gespielt in
den Vordergrund drängt, macht das Fazit dieses Films doch – na sagen wir freundlich: verunsichert (Film-Telegramm)

Robert De Niro, in dem Kazan die gleichen Qualitäten tiefer Verwundbarkeit und Verstörung entdeckt wie einst bei Montgomery Clift, Marlon Brando, James Dean und Warren Beatty, stellt ihn dar als einen Mann, der allmählich an seiner Zerrissenheit zugrunde geht. Prononcierter noch als Fitzgerald, dessen Vorlage Pinters Drehbuch trotz einiger Veränderungen und Raffungen im wesentlichen genau folgt, konfrontiert Kazan Monroe Stahrs kühle professionelle Kompetenz mit seinen unerfüllten romantischen Sehnsüchten. (Hans C. Blumenberg, Die Zeit)

Stahr war ein heller, jüdischer Junge aus Erie, Pennsylvania; Robert De Niro ist mit seinem guten italienischen Aussehen genau der Falsche für die Rolle, aber er ist ein so exzellenter Schauspieler und so sehr darauf bedacht, etwas Wertvolles auf der Leinwand zu kreieren, daß wir ihm mit gleichbleibender Faszination von Anfang bis Ende zuschauen. (Brendan Gill, Film Comment)

Nur radikale Vereinfachung hätte die Verfilmung retten können. Statt dessen sind Elia Kazan und sein Drehbuchautor Harold Pinter beim törichten Versuch, die dreifache Brechung des Geschehens filmisch nachzubilden, hoffnungslos gescheitert, wie man es beiden niemals zugetraut hätte. Stünden ihre Namen nicht im Vorspann, an keiner Stelle käme man auf die Idee, »Der letzte Tycoon« könnte das Werk sonst so verdienstvoller Männer sein. Wer den Roman nicht kennt, wird manchmal Schwierigkeiten haben, der Handlung zu folgen, derart unübersichtlich wird sie streckenweise präsentiert. (Wilfried Wiegand, Frankfurter Allgemeine Zeitung)

Stahr hätte, so wie ihn Fitzgerald sah, noch mehr als Gatsby der legendenumrankte Inbegriff des amerikanischen Selfmademan werden sollen, ein begabter, naiver Zyniker, welcher der Gosse, aus der er kommt, die Träume verkauft, die ihn selbst motiviert haben. Robert De Niro, bis auf den Haarschnitt zu einem Ebenbild Thalbergs getrimmt, gelingt es durch ungeheuer präzise Darstellung, wenigstens etwas davon durchscheinen zu lassen, doch Pinters einfallsloses Drehbuch läßt ihn allzuoft im Stich. (Wolfgang Limmer, Der Spiegel)

15. **New York, New York** (New York, New York)

USA 1977; Regie: Martin Scorsese; Produktion: Irwin Winkler, Robert Chartoff; Buch: Earl MacRauch, Mardik Martin; Kamera: Laszlo Kovacs; Schnitt: Tom Rolf, Bertram Lovitt; Musik: John Kander, Fred Ebb; Darsteller: Liza Minnelli (Francine Evans), Robert De Niro (Jimmy Doyle), Lionel Stander (Tony Harwell), Barry Primus (Paul Wilson), Georgie Auld (Frankie Harte), Clarence Clemons (Cecil Powell), Diahnne Abbott (Sängerin in Harlem); 115 Min., Farbe (DE: 1.9.1977); **V** Warner Home Video

›New York, New York‹

›New York, New York‹

»New York, New York« … verbindet den Glanz und Glitzer und die sentimentale Romanze alter Hollywood-Big-Band-Filme (»Die Glenn Miller Story«) mit den eher düsteren Aspekten eruptiver Hysterie neurotischer Protagonisten, wie sie in Scorseses »Mean Streets« und »Taxi Driver« anzutreffen sind. (Helmut W. Banz, Kölner Stadtanzeiger)

»New York, New York« ist ein ungewöhnlicher, ein melancholischer und ein sehr reifer Film, der das von Scorsese schon im »Taxi Driver« meisterhaft behandelte Thema des entfremdeten Lebens um eine neue Variation bereichert hat; kein Musical, sondern eine

285

tragische Liebesgeschichte, die im Musikermilieu spielt. (Wilfried Wiegand, Frankfurter Allgemeine Zeitung)

De Niro scheint alles zu können: den komödiantischen Filou mit schlaksigem Charme, den von herrschsüchtigem Ehrgeiz getriebenen Karrieremacher, die gebrochene, zornig-rasende Existenz. Mit seiner erstaunlichen Intensität und seiner souveränen Beherrschung aller Facetten der komplexen Figur Jimmy Doyle hebt er allein den Film über das hübsche, uninteressante Mittelmaß hinaus. (Wolfgang Limmer, Der Spiegel)

Musiker-Ehepaar wird durch berufliche Rivalität, Karrieredenken und unterschiedliche Auffassungen von künstlerischer Ehrlichkeit auseinandergebracht. Thematisch überfrachtet, so daß keines der angeschnittenen Probleme richtig zur Geltung kommt. Das Schwanken zwischen Faszination an Hollywood-Glamour und seiner Kritik zeigt, wie unentschieden und konzeptionslos der Film ist, der trotz ausgezeichneter Einzelleistungen nicht über Mittelmaß hinauskommt. (film-dienst)

16. **The Deer Hunter** (Die durch die Hölle gehen)
USA 1978; Regie: Michael Cimino; Produktion: Universal/EMI Films (Barry Spikings, Michael Deeley, Michael Cimino, John Peverall); Buch: Deric Washburn; Kamera: Vilmos Zsigmond; Schnitt: Peter Zinner; Musik: Stanley Myers; Darsteller: ROBERT DE NIRO (Michael Vronsky), John Cazale (Stan), John Savage (Steven), Christopher Walken (Nikanor »Nick« Chevotarevich), Meryl Streep (Linda), George Dzundza (John); 183 Min., Farbe (DE: Filmfestspiele Berlin 1979, 8.3.1977); V Warner Home Video

In leidenschaftlich intensiven, beklemmend brutalen Szenen eröffnet einem dieser neuartige, große Film die Möglichkeit, diesen besonderen Krieg in seinem ganzen Ausmaß zu begreifen. De Niro ist bemerkenswert, komplex, faszinierend als Michael, dessen ruhige Selbstsicherheit diesen sofort als den natürlichen Anführer der Gruppe kennzeichnet. (Kathleen Carroll, Daily News)

Ciminos Film ist kein Kriegsfilm im geläufigen Sinne, sondern ein reich bestücktes Epos über gesellschaftliche Rituale und die indivi-

›The Deer Hunter‹

duellen Beschädigungen, die sie hinterlassen: aus der Sicht der Betroffenen, die aufgeregt, ängstlich und freudig zugleich in »Abenteuer« ziehen müssen, die sie nicht verkraften. Das ist aber nur ein Aspekt dieses atemberaubenden und vielfältigen Films über Amerikas Träume und Traumata. (Hans-Heinz Schwarz, Kölner Stadtanzeiger)

Wie der Vietnam-Krieg das Leben dreier junger Männer, Stahlarbeiter aus der amerikanischen Provinz, grundlegend veränderte. Inszenatorisch brillant, aber politisch auf das heftigste umstritten. Jeder erwachsene Mensch muß gegenüber diesem ebenso fruchtbaren wie furchtbaren »Skandal«-Film selbst seinen Standort finden. (Thomas Engel, Evang. Filmbeobachter)

Er führt vor, wie Menschen im Krieg nur mit Feinden, nur mit Gegnern konfrontiert werden, wie dieser Krieg jeden beschäftigt, einerlei, ob er nun physisch leiden oder »nur« psychische Defekte erfahren mußte. Daß Krieg grundsätzlich ein Verbrechen, eine Barbarei darstellt, die eine ganze Generation, auf dem Schlachtfeld nicht anders als zu Hause, kaputtmacht – das ist die Aussage des Films, der damit ein Denkmotiv aufnimmt, das am gültigsten wohl im Schluß-Essay von Tolstois »Krieg und Frieden« formuliert wurde. Es soll hier nicht behauptet werden, Cimino habe das Niveau von Tolstoi, jedoch fügt sich der Film in eine höchst bedenkenswerte Tradition. (Wilfried Wiegand, Frankfurter Allgemeine Zeitung)

Es ist die epische Darstellungsform, das Gegenteil wohl von subjektiver Perspektive, die den Betrachter unerlaubterweise betäubt. Diese (inzwischen überall gepriesene) epische Form insinuiert einen naiven Wahrheitskern, einen Wirklichkeitsanspruch, den dieser Film gerade nicht beanspruchen kann. Der Betrachter gerät dabei in die Gefahr, jenem Defätismus anheimzufallen, wonach es nur noch Fakten gibt, nicht aber mehr Kriterien, diese Fakten zu deuten. Hätte Cimino, der ehemalige Freund des kitschigen Stoizismus à la Clint Eastwood, nur wirklich über eine surreale Methode verfügt! So aber verlängert er nur ein Stück amerikanischer Bewußtlosigkeit um ein weiteres Bild. Das ist es, was den Film alarmierend wichtig macht. (Karl Heinz Bohrer, Frankfurter Allgemeine Zeitung)

17. **Raging Bull** (Wie ein wilder Stier)
USA 1980; Regie: Martin Scorsese; Produktion: United Artists (Robert Chartoff, Irwin Winkler, Peter Savage); Buch: Paul Schrader, Mardik Martin nach der Autobiographie von Jake La Motta; Kamera: Michael Chapman; Schnitt: Thelma Schoonmaker; Dar-

steller: Robert De Niro (Jake La Motta), Joe Pesci (Joey, sein Bruder), Cathy Moriarty (Vicky), Frank Vincent (Salvy), Nicholas Colasanto (Tommy Como), Theresa Saldana (Lenore), Frank Adonis (Patsy); 115 Min., S/W-Farbe (DE: Filmfestspiele Berlin, 13.2.1981); V Warner Home Video

Ich bewundere *Raging Bull* wegen seiner akribischen Detailtreue und seines brutalen Humors. De Niro spielt das volle Potential seiner Böses ahnen lassenden Körpersprache aus – sein unheimlicher Gang, sein Haifischlächeln, seine höhnische Stimme – er ist ein Mann mit der Seele eines Zigarettenstummels. Nie vorher in der Geschichte eines Films ist es jemandem besser als Scorsese und seinem Mitarbeiterstab gelungen, den Wahnsinn männlicher Selbstbestätigungsneurosen festzuhalten. (David Denby, New York Magazine)

Die wahrhaft bedrohliche Intensität von De Niros Darstellung macht in dem blindwütigen Berserker die Qual eines Menschen fühlbar, der sich nur äußern kann, indem er um sich schlägt. Er paßt in kein Zimmer; für ihn können Türen nur zum Zuknallen dasein und Möbel zum Rumschmeißen. (...) Martin Scorsese, der nach dem manierierten Musical-Flop »New York, New York« drei Jahre keinen Film gedreht hat, überwältigt in »Raging Bull« sein Publikum selbst mit der Energie eines wilden Stiers. Noch einmal seine mythisierte Kindheitswelt der Italo-New Yorker; noch einmal die zerstörerische Bruder-Bruder-Liebe, die das Thema von »Mean Streets« war; noch einmal die Einsamkeit des räudigen Wolfs, der schon als »Taxi Driver« durch den Großstadt-Dschungel schnürte – all das nun zusammengeballt zu einem Stück Kino-Wirklichkeit von grausamer Wucht. Was heißt »Meisterwerk«? »Raging Bull« ist ein Hammer. (Urs Jenny, Der Spiegel)

Nur De Niro kann eine solche Szene riskieren; sich kurz vor einem wichtigen Kampf von seiner Frau erst locken lassen, sich ihr dann entziehen und im Nebenzimmer Eiswasser über seine Erektion gießen. Über die Verwandlung des ranken Boxers in einen tristen Fettsack, für die De Niro fünfzig Pfund zunahm, ist viel geschrieben worden. Aber man muß das schon selber sehen, die unglaubliche Maßlosigkeit, mit der dieser Schauspieler sich die Figur aneignet. (Hans C. Blumenberg, Die Zeit)

›Raging Bull‹

Die Besessenheit, mit der Martin Scorsese hinter dem Seelenklima einer ihm von Kindheit an vertrauten italienisch-katholisch-männlichen Einwanderer-Subkultur aus der New Yorker Bronx her ist (...), wirkt wie ein Amoklauf der absoluten Perfektion: »Raging

Bull« ist das Nonplusultra aller Boxerfilme, geladen mit Gewalt. Und mit einem technischen Raffinement ohnegleichen auf den Gewinn von Massen-Oscars programmiert.

Robert De Niro als Jake La Motta, der Exweltmeister: Das ist das hektische, atemlose Porträt eines jähzornigen Italo-Macho-Typs. (Ponkie, AZ)

Der Star des Films ist natürlich Robert De Niro, der seinen bisherigen Leinwanderfolgen mit »Raging Bull« die Krone aufsetzt. Ohne Scorseses brillante Regieleistung schmälern zu wollen, muß man sagen, daß De Niro »Raging Bull« auch zu seinem Film gemacht hat. (...) Kein Zweifel, hier arbeitet ein von seinem Beruf Besessener. De Niro beherrscht die Leinwand, als sei sie für ihn erfunden. Er besitzt diese geheimnisvolle Ausstrahlung, die andere ebenfalls begabte Darsteller, aus welchen Gründen auch immer, nie erreichen. (Hartmann Schmige, zitty)

Als einen Menschen, der sich im Innersten selbst nicht zu kennen scheint, spielt Robert De Niro den Jake La Motta, als sensiblen Primitiven, der Minderwertigkeitskomplexe im wütenden Training abarbeitet, als Haustyrann schließlich, der Bruder und Ehefrau mit seinen Wut- und Eifersuchts-Anfällen traktiert. (...) Robert De Niro, der vor Jahren den Filmstoff in La Mottas Autobiographie entdeckte, spielt mit einer furiosen Unmittelbarkeit und einer für ihn bezeichnenden fanatischen Authentizitätsbesessenheit. (Brigitte Desalm, Kölner Stadtanzeiger)

Trotz der selbstzweckhaften Brutalität der Kampfszenen durch die brillante Interpretation des Hauptdarstellers sehenswert. (filmdienst)

18. **True Confessions** (Fesseln der Macht)
USA 1981; Regie: Ulu Grosbard; Produktion: United Artists (Robert Chartoff, Irwin Winkler); Buch: John Gregory Dunne, Joan Didion nach dem gleichnamigen Roman von Dunne; Kamera: Owen Roizman; Schnitt: Lynzee Klingman; Musik: Georges Delerue; Darsteller: ROBERT DE NIRO (Desmond Spellacy), Robert Duvall (Tom Spellacy), Charles Durning (Jack Amsterdam), Kenneth McMillan (Frank Crotty), Ed Flanders (Dan T. Campion), Cyril

Cusack (Bischof Danaher), Burgess Meredith (Seamus Fargo), Rose Gregorio (Brenda Samuels); 108 Min., Farbe (DE: März 1986 auf Video); **V** Warner Home Video

›*True Confessions*‹

Es scheint auch, daß sowohl das Drehbuch (durch seine Auslassungen) als auch die Regie (in ihrer Flauheit) gegen das arbeiten, was andernfalls zwei starke, zentrale Darstellungen hätte werden können. Dies ist offensichtlich bei De Niros Priester, bei dem der Film in meditativen Momenten lange verweilt, ohne sich die Andeutungen von Widerspruch und Unterdrückung zunutze zu machen. (Steve Jenkins, Monthly Film Bulletin)

Die Idee ist, sich die liebenswerten irischen Brüder – der Bulle und der Priester – aus den Filmen der Dreißiger zu nehmen und sie völlig umzustülpen. (...) Doch der Film ist in einer Starre; alles ist verinnerlicht. Duvall ist eingeschlossen, und De Niro befindet sich in seiner Chamäleon-Trance – er wirkt schlaff, geistesabwesend. Der Regisseur Ulu Grosbard mildert den Stoff, und die Autoren ... bringen ihren Hardboiled-Detektiv-Roman auf eine eigentlich abstrakte Ebene. Man muß sich anstrengen, um überhaupt etwas aus diesem Film herauszuziehen. (Pauline Kael, 5001 Nights at the Movies)

Robert De Niro verschmilzt einmal mehr fast bis zur Selbstaufgabe mit seiner Rolle; noch das winzigste Detail in Körperhaltung oder beim Schlagen des Kreuzes vor der andächtigen Gemeinde zeugt von jahrzehntelanger priesterlicher Routine, so scheint es.
Fesseln der Macht: Hier verbinden sich ein exquisites Drehbuch, erstklassige Schauspieler und eine detailgetreue, doch nie aufgesetzt wirkende Inszenierung zu einem der packendsten Filme der letzten Jahre. (Roland Schäfer, Spektrum Film)

Zwei herausragende Darstellungen von Robert De Niro (als Priester) und Robert Duvall (als sein Bruder, ein Bulle) machen diesen Film zu einem aufregenden Drama, das Polizeiarbeit und Kirche miteinander verbindet. (...) Knappe Dialoge, realistische Ausstattung, hervorragende Nebendarsteller und vor allem: ein fesselndes Drama. (Steven H. Scheuer, Movies on TV 1984–1985)

19. **The King of Comedy** (King of Comedy)
USA 1982; Regie: Martin Scorsese; Produktion: Embassy International (Arnon Milchan); Buch: Paul D. Zimmerman; Kamera: Fred Schuler; Schnitt: Thelma Schoonmaker; Musik: Robbie Ro-

›The King of Comedy‹. Jerry Lewis, Robert De Niro

bertson; Darsteller: ROBERT DE NIRO (Rupert Pupkin), Jerry Lewis (Jerry Langford), Diahnne Abbott (Rita), Sandra Bernhard (Masha), Shelley Hack, Bill Minkin, Tony Randall, Ed Herlihy; 109 Min., Farbe (DE: 4.3.1983); **V** VPS

Jerry Lewis in einer ernsten, psychologisch eindringlichen Rolle und Robert De Niro als nervtötender Emporkömmling vermitteln ein dichtes, aber auch irritierendes Abbild des Lebens unter den Gesetzen des Showbusineß. Privates und öffentliches Leben, als Person und Leben als sein eigenes Idol, wo verlaufen hier die Grenzen? (...) Scorsese gelingt die Vermittlung dieser Situation auf beklemmende Weise, und wenn er Pupkin den entführten Langford so einbandagieren läßt, daß der wie ein Monument aussieht, ist das mehr als ein Gag am Rande. Trotz Turbulenz in der Handlung und dem munteren Showmilieu: unterhaltsam ist dieser Film wahrlich nicht. (Walter Aulehla, Zoom-Filmberater)

Robert De Niro ist Rupert Pupkin: ein entfernter Verwandter des »Taxi Driver« Travis Bickle und des »Raging Bull« Jake La Motta, wie jene Figuren aus früheren Filmen von Martin Scorsese ein neurotischer Einzelgänger, ein Besessener. Dem Lebenskampf auf den Straßen von New York widmen sich Scorseses kaputte Helden, auch schon die italo-amerikanischen Streuner in »Mean Streets« und der Saxophon-Spieler in »New York, New York«, mit den Taktiken einsamer Stadt-Guerilleros. In Scorsese-Filmen ist immer Krieg. Und Robert De Niro muß ihn führen. (Hans-Christoph Blumenberg, Die Zeit)

Scorsese ist seinen früheren Filmen und Motiven treu geblieben. Auch hier geht es um Deformationen, die eine Karriere anrichtet, wenn sie nur zielstrebig genug verfolgt wird. Die Inszenierung, aufbauend vor allem auf den brillanten Leistungen der Darsteller, scheint auf große Ambitionen, auf ausstellbare Glanztaten, zu verzichten; die Virtuosität steckt indes im Detail, in vielen, kaum merkbaren Einfällen, in der Konzentration auf die wesentlichen Facts und vermeintlichen Kleinigkeiten. Noch weniger als früher gibt sich Scorsese mit Beiwerk ab, oder mit interpretierenden Erläuterungen, und trotz des vielen Leerlaufs im Leben seiner Protagonisten behält er ein unbeirrbar und präzis geführtes Tempo bis zum Ende bei. Melodramatische Wendungen würden hier nur wie eine Verweichlichung wirken, denn Scorsese zeigt das Showbusineß als Schlachtfeld, ein extremes zwar, aber kein einzigartiges. (Hans-Günther Pflaum, Süddeutsche Zeitung)

Sicher ist, daß De Niro wieder einmal eine virtuose Vorstellung für Scorsese gibt, wie schon in ihren vier vorherigen Unternehmungen. Aber einmal mehr – und sogar noch stärker – schaffen sie einen Charakter, mit dem man sich nur schwer anfreunden kann. Schlimmer noch, die Personen – in Wirklichkeit, alle Personen – stehen für nichts. (Variety)

Das ist auch ein Kammerspiel mit der schauspielerischen Paarung des Jahrzehnts; aber noch nie sah man Robert De Niro und Jerry Lewis, diese beiden Ausdrucksfanatiker, so zurückgenommen bei aller Brillanz. Ihr Zusammenspiel ist das Wirkungsereignis dieses Films: Wie der eine dem anderen sein Spiegelbild zurückwirft, mit Brillantine-Haar, Siegelring und penetrant biedermännischem Auftreten.
In der Darstellung von Jerry Lewis und dem überperfektionierten

Echo De Niros wird erkennbar, was die Voraussetzung zum erfolgreichen Showmaster ist – das Training in Entpersönlichung. (Brigitte Desalm, Kölner Stadtanzeiger)

20. **Once Upon A Time In America** (Es war einmal in Amerika)
USA 1983; Regie: Sergio Leone; Produktion: The Ladd Company
für Embassy International/Warner Brothers (Arnon Milchan);
Buch: Leonardo Benvenuti, Piero de Bernardi, Enrico Medioli,
Franco Arcalli, Franco Ferrini, Sergio Leone nach dem Roman
»The Hoods« von Harry Grey (= David Aaronson); Kamera: Tonino Delli Colli; Schnitt: Nino Baragli; Musik: Ennio Morricone;
Darsteller: ROBERT DE NIRO (Noodles), James Woods (Max), Elisabeth McGovern (Deborah), Treat Williams (Jimmy O'Donnell),
Tuesday Weld (Carol), Burt Young (Joe), Joe Pesci (Frankie),
Danny Aiello (Polizeichef Aiello); 229 Min., (BRD: 225 Min.,
USA: 147 Min.), Farbe (DE: 12.10.1984); V VPS

Robert De Niro, der hier eine seiner stärksten Rollen seit *Taxi Driver* gefunden hat, bewahrt im Blick einen ergreifenden Ausdruck
von Erschöpfung. Und das ist keine der geringeren Paradoxien dieser Superproduktion, die das Filmepos ständig auf das Schweigen
fixiert. (Didier Goldschmidt, Cinématographe)

Statt moralischer Wertungen liefert Leone wieder einmal brutalste
Dokumente der Realität. Und es ist diese kalte, faszinierend-abstoßende Objektivität eines fremden Beobachters, von der die ungeheure Intensität der Bilder ausgeht. Die dann, am Ende, zu
einem großen, kulinarischen Rausch geworden sind. Nicht, weil es
so ungewöhnlich viele von ihnen gibt, sondern weil sie trotz der
bombastischen Aufmachung nichts von der Lust und von der Hoffnung, von der Feigheit und dem Mut, vom Haß und vom Glück,
von der Gier und der Liebe auslassen, also von Eigenschaften, die
bekanntlich nicht nur Bestandteile des »american Dream« sind.
(Hans-Ulrich Pönack, Tip-Magazin)

Leone setzt zuviel Unverträgliches unzumutbar nebeneinander, lyrisches Kamera-Gesäusel, Blutbäder und nackten Sex, Kapitalismus-Verdonnerung und Maschinenpistolengeballer, Visconti-Opulenz und Hintertreppen-Kintopp. Der Film mit dem großartigen Robert De Niro als Hauptdarsteller hat schöne Passagen. Er fasziniert sogar. Man wird anfällig für seine Hiebe und seine süffisante Poetisiererei:

Denn Sergio Leones Talent, nur mit den Augen zu sehen und mit dem Magen zu denken, verführt, trifft in manche Untergründe der Sehlust. Doch hat man sein wildes Epos hinter sich, schrumpft die raffinierte spektakuläre Bilderflut zur konturlosen Kleckserei – und das Ganze erscheint, mit einem Ausdruck Joseph Roths, als ein »geschwollenes, üppiges Nichts«. (Siegfried Schober, Die Zeit)

Robert De Niro, den viele zu Recht für den derzeit besten Leinwandschauspieler der Welt halten, spielt den Noodles mit einer fast schon beängstigenden Perfektion. Noodles erlebt den Werdegang seiner »Gang« als Wechselspiel von Ehrgeiz und Idylle, Blut und Blumen. (…) Das ist toll gespielt, mit allen Finessen effektvoller Inszenierung ausgeführt und in den nicht gerade zimperlichen Brutalo-Momenten wirklichkeitsnäher, als es eine Dokumentation sein könnte. Aber es bleibt der Film eines Europäers und das Amerika-Bild eines Europäers. (Gert Berghoff, Kölnische Rundschau)

Das in Zeitlupe zerdehnte Tableau des Tötens, von der langsam angesetzten Pistole bis zum Sturz des Getroffenen auf das Pflaster, begleitet von peitschenden Schüssen und der schwirrenden Musik Ennio Morricones, verrät die typische Handschrift des schwergewichtigen italienischen Regisseurs. Brutalitäten: hemmungslos ästhetisierend in Szene gesetzt, Verherrlichung von Gewalt, Kritik an der Gewalttätigkeit oder vielmehr Demonstration der Gewalt des Mediums selbst? Sergio Leone macht es dem Zuschauer schwer, Verunsicherung bleibt. (…)

Robert De Niro, der Star des New Hollywood … ist, einem Chamäleon ähnlich, als junger Gangster mit Pfiff und Phantasie so überzeugend wie in der erschöpften Resignation des alten Noodles. Mimik und Gestik vollenden das Werk der Maskenbildner: ein Gesicht, gezeichnet von Selbstzweifel, Trauer und Enttäuschung über den womöglich mitverschuldeten Tod der Komplizen, des besten Freundes vor allem. Und doch nicht nur in der Pose des tragischen Verlierers. Ein Gangster, hinter Gittern aufgewachsen, der den Geruch der Straße weder abstreifen wollte noch konnte. Ein ebenso besorgter wie zuverlässiger, vor Opfern nicht zurück-

Arnon Milchan präsentiert
einen Sergio Leone Film
Robert De Niro

ES WAR EINMAL IN AMERIKA

ONCE UPON A TIME IN AMERICA

James Woods · Elizabeth McGovern

Joe Pesci · Burt Young als „Joe" · Tuesday Weld und Treat Williams
als „Jimmy O'Donnell" sowie Jennifer Connelly

Musik: Ennio Morricone · Executive Producer: Claudio Mancini
Buch: Sergio Leone, Leonardo Benvenuti, Piero De Bernardi,
Enrico Medioli, Franco Arcalli, Franco Ferrini

PSO   Verleih 🌑

Produziert von Arnon Milchan · Regie: Sergio Leone

ORIGINAL SOUNDTRACK UND SINGLES AUF MERCURY IM VERTRIEB DER PHONOGRAM   DAS BUCH ZUM FILM ALS BASTEI-LÜBBE-PAPERBACK

© CASARO

schreckender Freund. Vom Lauf der Dinge überwältigt und im Alter bereit, der Wahrheit seines Lebens nachzuspüren. De Niro macht diesen Film zum Kino-Ereignis. (Wolfgang Würker, Frankfurter Allgemeine Zeitung)

Mit seinem spielerisch virtuos gemeisterten, barocken Erzählüberfluß meldet dieses Amerika-Epos Leones Anspruch auf den Meisterrang an. Aber immer noch folgt die Komposition der Bilder vor allem dem einen Sinn: dem Dargestellten die Ebene einer zweiten Unmittelbarkeit, die alte gefühlsbereite Zuschaueraufmerksamkeit zu erkämpfen. (Brigitte Desalm, Kölner Stadtanzeiger)

Was Leone an Dekors und Figuren, an szenischen Schnittpunkten dieser Gangsterkarrieren aufbietet, sind topographische und erzählerische Reprisen, ja opulente Beschwörungen des Genres, das selbstverständlich seine »poetischen Orte« und mythischen Konflikte besitzt wie der Western. (Wolfram Schütte, Frankfurter Rundschau)

21. **Falling In Love** (Der Liebe verfallen)
USA 1984; Regie: Ulu Grosbard; Produktion: Paramount (Marvin Worth); Buch: Michael Cristofer; Kamera: Peter Suschitzky; Schnitt: Michael Kahn; Musik: Dave Grusin; Darsteller: ROBERT DE NIRO (Frank Raftis), Meryl Streep (Molly Gilmore), Harvey Keitel (Ed Lasky), Jane Kaczmarek (Ann Raftis), George Martin (John Trainer), David Clennon (Brian Gilmore), Dianne West (Isabelle); 106 Min., Farbe (DE: 5.4.1985); **V** CIC

Das Drehbuch, phantasievoll wie ein Ordner alter Rechnungen, läßt sie immer wieder zufällig zusammentreffen, bis sie schließlich das tun, was uns der Titel offenbart. Sie verlieben sich. (...)
Bemerkenswert am Film ist nur, was er bloß unabsichtlich zeigt. Etwa wie die sonst hervorragende Meryl Streep unter Ulu Grosbards tödlich konventioneller Regie schauspielerisch abrutscht. Ihre Taktik, im Spiel natürlich zu wirken, indem sie »ganz menschlich« ab und zu ein Wort wiederholt oder stammelt, wird zur losen Masche, und der ohnehin schon geistlose Dialog löst sich vollends zum »Y'know-well-well« Gebrabbel auf. (Robert De Niro gleitet dagegen mit der ihm eigenen Souveränität durchs Mittelmaß.)

›Falling in Love‹. Robert De Niro und Meryl Streep

Oder wie amerikanischer Puritanismus auf der Leinwand glitscht, von aufgeklärt scheinenden Protagonisten als Moralmaßstab suggeriert. Im lieblich daherkommenden Liebesfilmchen verbirgt sich reaktionärer Saubermannsgeist. Die moral majority läßt grüßen. (Rudolf Jula, filmbulletin)

Dieser Liebesfall, der sich noch quält mit dem Lösen der gewohnten und dem Eingehen einer neuen partnerschaftlichen Bindung, hat nichts Dramatisches und kaum etwas Melodramatisches an sich. Statt dessen hat er für sich, daß es bei ihm anders zugeht als gemeinhin im Kino, nämlich so umständlich und beschwerlich wie im Leben. Den äußersten Grad der Wahrhaftigkeit allerdings verhindert der für amerikanische Verhältnisse wohl unausweichliche Zwang zum Happy-End. (Hans-Dieter Seidel, Frankfurter Allgemeine Zeitung)

Ein biederes Filmchen, mit konstruierten Konflikten, die ganz im Sinne der *moral majority* aufgelöst werden, nicht der Rede wert – hätte nicht Grosbard die Hauptrollen mit Meryl Streep und Robert De Niro besetzt. Das Traumpaar, in einem Film, der eigentlich nur von diesen beiden Schauspielern handelt. Beiläufige Gesten wirken aufregend bei Meryl Streep, belangloses Geplauder möbelt De Niro auf zum Abenteuer. (...) Streep und De Niro können noch die kleinsten Geschichten hochpäppeln zu großem Kino. (Claudius Seidl, Die Zeit)

Geschickt verleihen Meryl Streep und Robert De Niro ihren Figuren Authentizität, talentreich umschiffen sie die Courths-Mahler-Untiefen eines Drehbuchs, das mitunter ganz kräftig bei David Leans *Begegnung* abkupfert. Das Ergebnis ist nettes, passables Rührkino ohne größere Ambitionen. (Norbert Stresau, Spektrum Film)

22. **Brazil** (Brazil)

Großbritannien 1984; Regie: Terry Gilliam; Produktion: Brazil Productions (Arnon Milchan); Buch: Terry Gilliam, Tom Stoppard, Charles McKeown; Kamera: Roger Pratt; Schnitt: Julian Doyle; Musik: Michael Kamen; Darsteller: Jonathan Pryce (Sam Lowry), ROBERT DE NIRO (Harry Tuttle), Michael Palin (Jack Lint), Kim Greist (Jill Layton), Katherine Helmond (Ida Lowry), Ian Holm (Kurtzmann), Bob Hoskins (Spoor); 142 Min., Farbe (DE: Internationale Filmfestspiele Berlin 22.2.1985, außer Konkurrenz; Kino: 26.4.1985); **V** Thorn/EMI

Ein Drehbuch wie von Kafka und Chaplin, frei inspiriert durch eine akutalisierte Fassung des Orwell-Alptraumes »1984«, inszeniert von Fritz Lang, Frank Capra und den Monty-Pythons – so mutet »Brazil« an. Eine monumentale, bösartige Science-Fiction-Komödie im Retro-Look, hinterhältig, gemein, kohlrabenschwarz und einfach umwerfend. (...)

In stimmiger Zusammenarbeit mit Drehbuch, Kamera, Darstellern und Trickspezialisten gelang dem Monty-Python-Mitglied Gilliam ein großer komödiantischer Wurf und ein Hit des totalen, anarchistischen Kinos. (Fischer Film Almanach 1986)

Die Verstrickung in einer ganz und gar geregelten Welt, in der keiner der allgegenwärtigen Überwachung entgeht, und am allerwenigsten jene, die sich ihr entziehen wollen, schildern Gilliam und Stoppard mit grotesker Ironie. Die ganze schöne neue Welt äußert sich in verzweifelten Bruchstücken: in den hektischen Moden und steifen Riten des gehobenen Konsums in den Gourmettempeln, den herrschsüchtigen Allüren aktueller Iokasten, im angestrengt-anstrengenden Party-Geplauder, den Versprechungen der plastischen Chirurgie, den Verheißungen des vollautomatischen Haushaltes, in dem, wie überall, ein Knopfdruck genügt, um das nicht geplante Chaos zu verursachen. Jeder Witz ist Gilliam und Stoppard recht – und sei es auch nur ein Kalauer.

Mit seinen furiosen Szenen, den schnellen Bildwechseln erinnert »Brazil« an allzu üppige Menüs, bei denen, rasch serviert, keine Zeit bleibt, die einzelnen Gänge zu genießen und bei denen man schließlich, obschon übersättigt, immer noch auf ein abschließendes Dessert hofft. (Manfred Kreckel, Frankfurter Allgemeine Zeitung)

»Brazil« enthält ein paar zündende Ideen und herrlich boshafte Satire-Effekte (über Schönheitsprobleme alternder Damen etwa). Aber die einzelnen Szenen schießen eher zur Nummernschau zusammen als zur originellen Zukunftsvision. Da bleibt der Film aus zweiter Hand gemacht, eine Mixtur aus Orwell, Monty Python und Kafka. (Brigitte Desalm, Kölner Stadtanzeiger)

23. **The Mission** (Mission)
Großbritannien 1985/86; Regie: Roland Joffé; Produktion: Goldcrest, Kingsmere Productions, Enigma (Fernando Ghia, David Puttnam); Buch: Robert Bolt; Kamera: Chris Menges; Schnitt: Jim Clark; Musik: Ennio Morricone; Darsteller: ROBERT DE NIRO (Captain Rodrigo Mendoza), Jeremy Irons (Pater Gabriel), Ray McAnally (Kardinal Altamirano), Aidan Quinn (Felipe), Ronald Pickup (Hontar), Charles Low (Don Cabeza), Cherie Lunghi (Charlotta), Liam Neeson (Fielding); 125 Min., Farbe (Uraufführung: Filmfestspiele Cannes 1986; DE: 8.1.1987)

Der Film erzählt eine Geschichte von dramatischer Intensität, gespielt von überzeugenden Schauspielern, streckenweise spektakulär und brillant inszeniert. (...) Im Zentrum von Joffés Film stehen zwei Männer: der selbstlose Liebe und Brüderlichkeit predigende und lebende Jesuitenpater Gabriel (mit großer Überzeugungskraft verkörpert von Jeremy Irons) und der finstere, eine gefährliche Virilität ausstrahlende Söldner Mendoza (den Robert De Niro wie gewohnt mit einer ungemeinen Präsenz darstellt, die schon in den ersten kurzen Szenen, die ihn auf der Sklavenjagd zeigen, ihre volle Wirkung entfaltet). (Neue Zürcher Zeitung)

»The Mission« hat ein historisch verbürgtes Erzählsujet, aber die Konstellationen sind immer noch und jetzt erst recht aktuell. Es geht um die Rolle der Kirche als Widerstandskraft in den Ländern Südamerikas, es geht um die Frage, ob Priester in den Krieg eintreten dürfen. (…)
Im Mittelpunkt stehen Jeremy Irons als Jesuitenpater, der den

›The Mission‹

›The Mission‹

Kampf verweigert, und Robert De Niro als einstiger Sklavenhändler und bekehrter Jesuit, der schließlich im aussichtslosen Kampf neben den Indianern fällt. (Brigitte Desalm, Kölner Stadtanzeiger)

Der Film sucht seinen politisch hochmoralischen Anspruch mit auftrumpfenden Schauwerten zu verbinden, er versöhnt das Starkino eines Robert De Niro und Jeremy Irons mit dem unverhüllten Stolz auf die strapaziösen Bedingungen, unter denen er im kolumbianischen Dschungel entstanden ist ... Er ist überwältigend in seinen Bildern und fragwürdig durch den Rahmen, in den sie gesetzt sind. (Hans-Dieter Seidel, Frankfurter Allgemeine Zeitung)

24. Angel Heart

USA 1986; Regie und Buch: Alan Parker, nach dem Roman »Fallen Angel« von William Hjortsberg; Produktion: Carolco (Mario Kassar, Andrew Vajna/Alan Marshall, Elliott Kastner); Kamera: Michael Seresin; Schnitt: Gerry Hambling; Darsteller: Mickey Rourke (Angel Heart); ROBERT DE NIRO (Louis Cyphre), Charlotte Rampling (Margaret Krusemark), Lisa Bonet (Epiphamy), Michael Higgins (Fowler), Browne McGhee (Toots Sweet); 113 Min., Farbe (DE: 29.8.1987 – Internationale Funkausstellung; 3.9.1987 – Kinostart) **V** VPS

»Wir machen eine Zeit durch, in der die Nostalgie für die Fünfziger sehr ausgeprägt ist. Man sieht es in der Mode, in der Kunst, in allen Bereichen des alltäglichen Lebens. Wir sehen die damalige Zeit als eine Periode starker Werte und Hoffnungen. Aber, wie heute auch, schimmerte die Existenz des Bösen, der Gier immer unter der Oberfläche hindurch. *Angel Heart* untersucht, wie weit ein Mann gehen wird.« (Zit. n. James Cameron-Wilson)

Robert De Niro studierte einen dicken Ordner mit Unterlagen über die schlimmsten Verbrecher der Welt (...) und übte das Zermalmen gekochter Eier mit seiner ausdrucksstarken Hand. Die Regie förderte wohlwollend das Anfreunden des Hauptdarstellers mit einer Nachwuchsschauspielerin, einer zu drehenden Sexszene wegen, und auch die Abteilung Production Design machte Überstunden. (...)
In den USA lockten »Diskussionen um einige heiße Sexszenen«, anderswo »die überragenden Qualitäten des Films« haufenweise Zuschauer an. Für Deutschland sieht die Verleih-PR den Einzug der Eierpell-Szene in die Filmgeschichte vor, die restlichen 112 Filmminuten brauchen nur Kasse zu machen. (Alf Meyer, epd Film 10/1987)

Die Wirkung resultiert aus der perfekt kalkulierten Erzählstrategie: Geräusche sind den Ereignissen voraus, erschreckende Traumvisionen summieren in alptraumartiger Stimmung diverse Handlungsebenen, eindeutig konturierte Charaktere verlieren ihre Identität, weil die Bilder nicht mehr nach den Gesetzen von Logik und Vernunft komponiert und montiert sind, sondern einer synthetischen Realität entspringen, wie sie nur im Kino Gültigkeit haben kann.
So bleiben visuell faszinierende Eindrücke, entsteht eine konsequent zwischen Geisterbahnfahrt und suggestiver Kraft changierende Reise in die »dunkle Seele«, die Robert De Niro als Cyphre so lustvoll im Ei symbolisiert sieht: Er hält das Ei mit langen Fin-

gernägeln, beginnt es genußvoll zu schälen und legt ein Inneres
bloß, das zerbrechlich, anfällig – und verführbar ist: für die Sugge-
stivkraft bewegter Kinobilder. (Horst-Peter Koll, film-dienst 19/
1987)

25. The Untouchables
(The Untouchables – Die Unbestechlichen)
USA 1986; Regie: Brian De Palma; Produktion: Paramount (Art
Linson); Buch: David Mamet, nach der TV-Serie »The Un-
touchables«, und die Veröffentlichungen von Oscar Fraley; Ka-
mera: Stephen H. Burum; Schnitt: Jerry Greenberg, Pill Pankow;
Musik: Ennio Morricone. Darsteller: Kevin Costner (Eliot Ness),
Sean Connery (Jim Malone), Charles Martin Smith (Oscar Wal-
lace), Andy Garcia (George Stone), ROBERT DE NIRO (Al Ca-
pone); 120 Min., Farbe (DE: 15.10.1987). **V** CIC

›The Untouchables‹ (Die Unbestechlichen)

Mit der ihm eigenen formalen Brillanz hat Brian De Palma diesen authentischen Fall inszeniert. Seine Liebe zum Detail, ausgeklügelte Kamerafahrten und Einstellungen, Ennio Morricones emotionaler Soundtrack und die lakonisch-präzise Charakterisierung der Personen machen den Film zu einem opulenten Augen- und Ohrenschmaus. (Fischer Film Almanach 1988)

Robert De Niro stellt einen Al Capone dar, der wahrer ist als in Wirklichkeit, auf halbem Wege zwischen dem Brando des »Paten« und dem Paul Muni in Howard Hawks' »Scarface«. Die Art, wie er einen Baseball-Schläger in ein Todesinstrument verwandelt, und die Krokodilstränen, die er beim Hören einer Oper vergießt, reichen, um seine Darstellung als genial zu qualifizieren. (Jean-Philippe Guerand, Première – Le Magazine du Cinéma)

De Niro gestaltet einen vor Vulgarität und Brutalität widerwärtigen Al Capone, er und seine Helfershelfer werden als begierige und grausame Killer gezeigt. (...)
Robert De Niro hat nur eine kleine Rolle, aber es ist die des Al Capone, und er ist wirklich außergewöhnlich. Sein Capone ist die Fleischwerdung, beinahe ekelhaft vor Mißtrauen, Macht und Verbrechen. Er hat nur einige Szenen, aber sie sind alle schön und stark und, dank ihm, alles unvergeßliche Momente des Kinos. (Marc Esposito, Studio Magazine)

... de Palma betreibt einen gigantischen Aufwand an akribisch rekonstruierten Kulissen, weniger, um wahre Begebenheiten zu dokumentieren, als um ein Ambiente zu schaffen, das den Hintergrund für den kinoimmanenten Kampf des Guten gegen das Böse darstellt. So sind Al Capone und Eliot Ness in diesem Film nicht Abbilder realer Gestalten, vielmehr archaische Typen, deren »Vergangenheit« sich aus der Geschichte des Kinos rekrutiert ... (Horst-Peter Koll, film-dienst 21/1987)

26. **Midnight Run** (Midnight Run – Fünf Tage bis Mitternacht)
USA 1988; Regie: Martin Brest; Produktion: City Light für Universal (Martin Brest); Buch: George Gallo; Kamera: Donald Thorin; Schnitt: Billy Weber, Chris Lebenzon, Michael Tronick; Musik: Danny Elfman; Darsteller: ROBERT DE NIRO (Jack Walsh), Charles Grodin (Jonathan »Duke« Mardukas), Yaphet Kotto

›Midnight Run‹ (Fünf Tage bis Mitternacht). Martin Dorfler (links) und Robert De Niro

(Alonzo Mosely), John Ashton (Marvin Dorfler), Dennis Farina (Jimmy Serrano), Joe Pantoliano (Eddie Moscone); 126 Min., Farbe (DE: 6.10.1988); **V** CIC

Zu danken ist diese erzählerische Frische zum einen der Story, die doch noch einige überraschende Haken schlägt, und einer schnörkellosen, im Genretypischen versierten, aber noch nicht ausgeleierten Regie. Zum anderen, wohl noch Entscheidenderen aber den Schauspielern Robert De Niro und Charles Grodin, einem Paar so entgegengesetzter Charaktere, daß die Funken stieben. Hier der moderne Kopfgeldjäger und ehemalige Polizist De Niro, zynisch und zimperlich zugleich, was sein ungebrochenes Gerechtigkeitsverlangen angeht, eine Mimose in der Maske des Rauhbauz, aber ganz von dieser Welt ... (Hans-Dieter Seidel, Frankfurter Allgemeine Zeitung)

In dem intelligent konstruierten Drehbuch mit seinen gelungenen Dialogen fanden die beiden Hauptdarsteller genügend Material, um dem Zuschauer eine Lehrstunde in Sachen Schauspielerei zu bieten. (Fischer Film Almanach 1989)

Es ist eigentlich verblüffend, wie eine so abgestandene Geschichte, in der nichts Unerwartetes geschieht und alle Coups filmüblich sind, beträchtliches Vergnügen bereitet ... Die hier genossene Vorhersehbarkeit der Handlung wie des Spiels vermeidet also die innere Unruhe, bestätigt uns und erlaubt die Identifizierung: mit Robert De Niro, der mutig und listig und zugleich moralisch sauber ist; der ein Bittender ist beim Wiedersehen mit seiner Exfrau und seiner Tochter ... Der amerikanische Film gibt dem Zuschauer, was dieser erwartet. Das ist sein Erfolgsrezept, und auch hier wieder erweist es sich als wirksam. (Ulrich v. Thüna, epd Film 10/1988)

Die amerikanische Presse hat sich vor Begeisterung überschlagen; der Rezensent fand den Film meistenteils langweilig. Zugegeben, de Niro ist fabelhaft in der Rolle und macht aus jeder Zeile des Drehbuchs eine Show. Aber leider bleibt es eine Ein-Mann-Show, denn sein Gegenüber ist zu gleichförmig angelegt, als daß es zu einer richtigen Resonanz käme. Die Story selbst hat nichts Neues zu bieten ... Es sind die immer gleichen Zwischenfälle, Verfolgungsjagden und Tricks, die die Handlung in Gang halten. (Franz Everschor, film-dienst 19/1988)

27. **Jacknife** (Jacknife)
USA 1989; Regie: David Jones; Produktion: Sandollar/Schaffel Production (Robert Schaffel); Buch: Stephen Metcalfe nach seinem Stück »Strange Snow«; Kamera: Brian West; Schnitt: John Bloom; Musik: Bruce Broughton; Darsteller: ROBERT DE NIRO (Megs), Kathy Baker (Martha), Ed Harris (Dave), Sloane Shelton (Shirley), Ivan Brooger (Depot-Mechaniker), Michael Arkin (Dispatcher), Jorddan Lund (Tiny); 102 Min., Farbe (DE: 5.10.1989); **V** Starlight Video

Wie so häufig in nur sentimentalen Filmen, ist in »Jacknife« fast alles falsch: die Geschichte, ..., die Charaktere, die – trotz der hervorragenden Besetzung mit Robert De Niro als Megs, Ed Harris und Kathy Baker als Dave und Martha – keinerlei Interesse für

›Jacknife‹ (Jacknife). Kathy Baker und Robert De Niro

311

sich wecken können und deren Motivation unklar bleibt; die Dramaturgie, die, mal lahm, mal sprunghaft, dem Höhepunkt entgegenstolpert, ..., langweilig und ermüdend auch die fernsehhafte Inszenierung, die den Personen und ihrer Geschichte keinen Raum gibt und dem Publikum keine Vorstellung von den Orten des Geschehens; ...
Überraschend ist allein, daß Robert De Niro – nicht zum ersten Mal – in einem so schlechten Film so gut spielt. (Verena Lueken, epd Film)

Der Film ist festgefahren. Man geniert sich für die Schauspieler, die das Unmögliche wagen. Man langweilt sich sehr, trotz eines überzeugenden Robert De Niro ... (J.-P. C., Première – Le Magazine du Cinéma)

»Jacknife« (...) hat nichts von der vordergründigen Kommerzialität all der vielen anderen Vietnam-Filme. Es ist ein stiller, konsequent aufgebauter Film, der sich ganz auf seine Darsteller und die Glaubwürdigkeit der Situationen und Atmosphären verläßt. (Franz Everschor, film-dienst)

...; und Robert De Niro, mit Rauschebart und langen Haaren, wirkt unberechenbar wie lange nicht mehr; abstoßend und zugleich unwiderstehlich, ist er wie ein Vulkan vor der Explosion. (Milan Pavlovic, Kölner Stadtanzeiger)

28. **We're No Angels** (Wir sind keine Engel)
USA 1989; Regie: Neil Jordan; Produktion: Paramount (Art Linson); Executive Producer: ROBERT DE NIRO; Buch: David Mamet nach den Theaterstücken »My Three Angels« von Sam und Bella Spewak und »La cuisine des anges« von Albert Husson; Kamera: Philippe Rousselot; Schnitt: Mick Audsley, Joke Van Wuk; Musik: George Fenton; Darsteller: ROBERT DE NIRO (Ned), Sean Penn (Jim), Demi Moore (Molly), Hoyt Axton (Father Levesque), Bruno Kirby (Deputy), Ray McAnally (Wärter), James Russo (Bobby), Wallace Shawn (Übersetzer), John C. Reilly (junger Mönch); 106 Min., Farbe (DE: Dez. 1990); V CIC

Mit hervorragend disponierten Schauspielern besetzte und mit zahlreichen Action-Elementen angereicherte Gaunerkomödie,

die vom gleichnamigen Vorgänger aus dem Jahre 1955 lediglich die Ausgangsposition übernommen hat. (zoom)

Die Farce macht dem Slapstick Platz, läßt die religiöse Parodie, die auch vom Ausspielen des Zufälligen gegen das Übernatürliche abhängt, plump bis hin zum schlechten Geschmack erscheinen. (...) Als ob die generelle Formlosigkeit kompensieren zu wollen, liefern De Niro und Penn manierierte Darstellung ab, überladen mit Verweisen auf die verrückten und übermütigen Helden des Kinos, ... De Niro wirkt besonders unbehaglich, zieht sich auf wildes Grimassieren zurück, was anzudeuten scheint, daß nur geringfügig inszeniert wurde (was sich auch aus seinem Credit als Executive Producer ergibt). (Pam Cook, Monthly Film Bulletin)

Mit einem Bob De Niro und Sean Penn als Stars, David Mamet als Drehbuchautor, Philippe Rousselot als Kameramann hat man das Recht, einen schlechten Film zu machen? Sicherlich. Das Talent ist keine Sache des Rechts. Nur haben wir anderen die Pflicht, die Welt zu warnen, daß, von der ersten Viertelstunde an, dieser Film im Sturzflug abstürzt. (...)
Hier hat ihm (dem Regisseur, d. A.) das Talent der Schauspieler kaum geholfen. Sie sind genauso schlecht und uninspiriert wie er. Mehr noch, sie sind keine Engel, man hat keine Skrupel, sie in die Hölle zu schicken ... (J.-J. B., Première – Le Magazine du Cinéma)

Doch das ist ein vollständiger Mißerfolg. Ein wirres Drehbuch ohne Einfälle, eine flache Regie ohne Rhythmus. Diesen beiden Sträflingen, unfreiwillig entkommen, gelingt es nicht, die ach so nahe Grenze zu überschreiten. Die Situation entwickelt sich nie weiter, und das ist weder witzig noch bewegend, noch fesselnd. Und all das, was vielleicht nur langweilig hätte sein können, ist häufig durch Robert De Niros bedauernswerte Komposition unerträglich. ... Er hat sich in den Kopf gesetzt, »komisch zu spielen«, er versucht sich ohne Zurückhaltung in allen nur möglichen Grimassen, ..., aber das Ergebnis ist desaströs, und man hat wirklich den Eindruck, eine schlechte Imitation von Louis de Funès zu sehen (das ist manchmal verblüffend). Unglaublich. (Mark Esposito, Studio Magazine)

Selten sah man Robert de Niro so grimassieren wie in seiner Rolle als angeblicher geistlicher Autor. (Reinhold Jacobi, film-dienst 12/1990)

29. **Stanley & Iris** (Stanley & Iris)
USA 1989; Regie: Martin Ritt; Produktion: Lantana für MGM/ Star Partners III (Arlene Sellers, Alex Winitsky); Buch: Harriet Frank jr., Irving Ravetch nach dem Roman »Union Street« von Pat Barker; Kamera: Donald McAlpine; Schnitt: Sidney Levin; Musik: John Williams; Darsteller: Jane Fonda (Iris King), Robert De Niro (Stanley Cox), Swoosie Kurtz (Sharon), Martha Plimpton (Kelly King), Harley Cross (Richard), Jamey Sheridan (Joe), Feodor Chaliapin (Leonides Cox); 105 Min., Farbe (DE: 24.5.1990); **V** MGM/UA

Der Film verharmlost das beklemmende Problem von etwa 30 Millionen US-Analphabeten zu einer Love-Story von zwei Hilfsarbeitern über 40. Der 75jährige Regisseur, der zeitlebens politische und soziale Themen riskierte, verdichtet die etwas dröge Geschichte dennoch zu schönen, leisen, anrührenden Passagen. De Niro bleibt reserviert und ganz De Niro, wie seit langem, Mrs. Fonda aber war lange nicht so gut, so glaubwürdig. (Wolf Donner, tip Magazin)

Martin Ritts neuer Film erzählt, wie sein Titel verspricht, eine Zwei-Personen-Geschichte, klug besetzt mit Robert De Niro und Jane Fonda, die durch ihre professionelle Sorgfalt den wenig aufregenden Charakteren ein Stück anrührende Wirklichkeit geben. »Stanley & Iris« konzentriert sich ganz auf diese beiden Darsteller, läßt ihnen in langen, ruhigen Einstellungen viel Zeit, in der sich die Liebesgeschichte zwischen ihnen zaghaft entwickeln kann. (Verena Lueken, Frankfurter Allgemeine Zeitung)

Es tut gut, echte Proletarier in einem amerikanischen Film zu sehen. Weil Iris keine *Mittelklasse* ist. Aber einmal mehr beweist das amerikanische Kino, daß es diese Menschen nicht mag. Woher dieses disneyartige Ende, das aus dem Analphabeten ein steinreiches, mechanisches Genie macht, das am Ende Iris aus ihren bescheidenen (vulgären?) Bedingungen holt. Ein schönes

›Stanley & Iris‹ (Stanley & Iris). Jane Fonda und Robert De Niro

Sujet verpfuscht, schade, weil die Schauspieler formidabel waren.
(T. D., Première – Le Magazine du Cinéma)

In … Schlüsselszenen des Films beweisen Robert de Niro und
Jane Fonda ihre brillante Schauspielkunst, bringen mit minimalen
gestischen Mitteln ein Höchstmaß an innerer Betroffenheit hin-
über, ohne flasche Sentimentalität aufkommen zu lassen. (Rolf-
Ruediger Hamacher, film-dienst 11/1990)

30. **GoodFellas** (GoodFellas – Drei Jahrzehnte in der Mafia)
USA 1990; Regie: Martin Scorsese; Produktion: Warner Bros.
(Irwin Winkler); Buch: Martin Scorsese, Nicholas Pileggi nach Pi-
leggis Buch »Wiseguy« (Der Mob von innen); Kamera: Michael

Ballhaus; Schnitt: Thelma Schoonmaker; Musik: div. Songs von Tony Bennett, Aretha Franklin, Bobby Darin, Muddy Waters u. a.; Darsteller: ROBERT DE NIRO (Jimmy »the Gent« Conway), Ray Liotta (Henry Hill), Joe Pesci (Tommy DeVito), Lorraine Bracco (Karen Hill), Paul Scorvino (Paul Cicero), Frank Sivero (Frankie Carbone), Tony Darrow (Sonny Bunz), Mike Starr (Frenchy); 145 Min., Farbe (DE: 11.10.1990); **V** Warner Home Video

Dem amerikanischen Regisseur Martin Scorsese war vor allem anderen an einem realistischen Film gelegen, der einen ungeschönten Einblick in das tatsächliche Leben und Treiben der Mafia ermöglichen und jeder bloß spannungsfördernden Verherrlichung entraten sollte. In diesem Sinn ist der Film makellos: mit viel Gespür für den Erzählrhythmus im Fluß der dreißig Jahre samt der notwendigen Zeitsprünge inszeniert, von einem guten Darsteller-Ensemble getragen, von Kameramann Michael Ballhaus mitreißend fotografiert. Aber mehr als eine handwerklich perfekte Aufbereitung der Fakten bedeutet er nicht, ... (Hans-Dieter Seidel, Frankfurter Allgemeine Zeitung)

Die Vorführung der nackten Gewalt, die im gewöhnlichen Gangsterfilm den Zuschauer ins Geschehen hineinzieht, weil sie ihn von aller moralischen Einordnung entlastet, bringt ihn in diesem außergewöhnlichen Gangsterfilm auf Distanz, weil sie ihm die moralische Einordnung aufgibt.
(...) So stellt Martin Scorsese eine moralische Eindeutigkeit her, die verhindert, daß sein Werk der Faszination des Bösen erliegt, die ein Film über das organisierte Verbrechen beschwören muß. Da letztlich nicht fraglich ist, was gut ist und was böse, kann Scorsese in der Rekonstruktion der verbrecherischen Lebensform so weit gehen wie selten ein Regisseur zuvor. *Tout comprendre* heißt nicht *tout pardonner*. Daß er diese Eindeutigkeit mit rein formalen Mitteln erzeugt, bewahrt den Film davor, zur Predigt zu degenerieren. (Patrick Bahners, Frankfurter Allgemeine Zeitung)

Ein Wahnsinnstrip ist freilich auch der ganze Film. So viel wie in diese Geschichte hat Scorsese nämlich noch in keines seiner Werke hineingepackt; darum wirkt *GoodFellas* auch wie eine

Summe seiner bisherigen Arbeit: Kulturen und Zivilisationen, Gesetze und Regeln, Unterwelt und Oberwelt, Katholizismus und Kapitalismus, Erfolgsstreben und Todesangst – alles prallt hier mit unglaublicher Wucht aufeinander, daß einem buchstäblich Hören und Sehen vergehen. (Peter Buchka, Süddeutsche Zeitung)

In dieser überquellenden, abgesehen von einigen Längen schwungvollen Chronik, von einem Regisseur, der virtuoser ist als je zuvor, kann urplötzlich die Überraschung, umgeleitet durch irgendeine Szene, auftauchen. Eine Gewalt, die sehr stark mit einem schwarzen Humor gefärbt wurde, aus dem eine wuchtige Art hervorlugt, und das Drama ist niemals näher. Als ob die Action mit der Sittenkomödie flirtet. Man errät den Jubel des Cineasten, in diesen tragikomischen Mahlstrom hinabzutauchen. Von

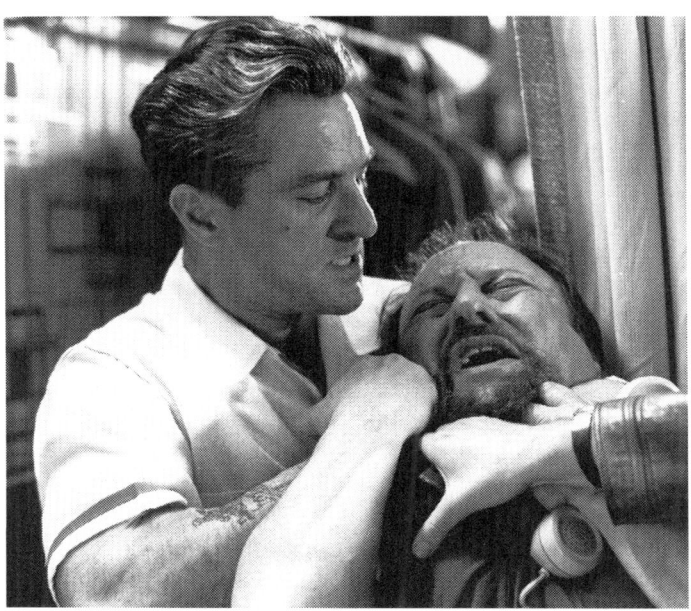

›GoodFellas‹ (GoodFellas – Drei Jahrzehnte in der Mafia). Robert De Niro würgt Joe Pesci

317

Anfang bis Ende nimmt man daran teil. (Jean-Clauce Loiseau, Première – Le Magazine du Cinéma)

... schließlich De Niro. Er spielt die Rolle einer »lebenden Legende« mit einer erstaunlichen Eindeutigkeit, als ob er, vom »Paten« über »The Untouchables« bis zu »GoodFellas« die gleiche Furche ziehend, seiner eigenen Legende neue Nahrung gäbe und dabei sein Geheimnis bewahrte. Zur gleichen Zeit gewöhnlich und mysteriös, ist er der unersetzliche Begleiter in diesem hervorragenden »Epos des Alltäglichen«. (Jean-Pierre Lavoignat, Studio Magazine)

31. **Awakenings** (Zeit des Erwachens)
USA 1990; Regie: Penny Marshall; Produktion: Columbia (Walter F. Parkes, Lawrence Lasker); Buch: Steven Zaillian nach dem Buch von Oliver Sacks; Kamera: Miroslav Ondricek; Schnitt: Jerry Greenberg, Battle Davis; Musik: Randy Newman; Darsteller: ROBERT DE NIRO (Leonard Lowe), Robin Williams (Dr. Malcolm Sayer), Julie Kavner (Eleanor Costello), Ruth Nelson (Mrs. Lowe), John Heard (Dr. Kaufman), Penelope Ann Miller (Paula), Alice Drummond (Lucy), Judith Malina (Rose), Dexter Gordon (Rolando); 104 Min., Farbe (DE: 14.2.1991); V RCA/ Columbia

Das Thema des Films ist Identität, nicht nur ihre schmerzvolle, jahrzehntelange Unterdrückung bei Sacks Patienten, sondern ihre Verletzlichkeit und Fragilität, als sie »erwacht« sind. ... *Awakenings* wäre besser, hätte es mehr vom Bereich des Einblicks eingefangen, eines zweiwegigen Heilungs- und Lernprozesses, der zwischen Doktor und Patient erfolgt. (Louise Sweet, Monthly Film Bulletin)

... Robert De Niro verkörpert mit jeder Faser seiner Person den zuerst statuarischen, sich dann langsam ins Leben zurücktastenden Leonard, schließlich seinen erfolglosen Kampf gegen den Rückfall ins Nichts so anrührend, daß man weinen muß. Manchmal reicht das für einen guten Film. Im Fall von »Awakenings« reicht es nicht. (Verena Lueken, Frankfurter Allgemeine Zeitung)

›Awakenings‹ (Zeit des Erwachens)

Robert De Niro, bewegt oder versteinert durch die Krankheit, macht alles, was möglich ist, damit wir vergessen, daß er Robert De Niro ist. Aber er überzeugt, trotz seines enormen Talents, nicht ganz. (Jean-Jacques Bernard, Première – Le Magazine du Cinéma)

Denn De Niros Schauspielerwahnsinn besteht darin, daß man, auch wenn man ihn mitsamt seiner Ticks und Tricks durchschaut hat, immer noch auf ihn hereinfällt. Dieses Hereinfallen hat nichts Negatives. So wie De Niro in der Rolle aufgeht, geht unser Bild von ihm allmählich in der Rolle auf, und wenn er in das schwarze Loch der Krankheit zurückfällt, gibt es einen ungeheuren Moment der Identifikation, in dem wir mit ihm fallen. (Milan Pavlovic, Kölner Stadtanzeiger)

Mit De Niros Geschichte beredter Rollen, warten wir die erste Hälfte des Films auf seine Explosion. ... Wenn er dann endlich kommt, gibt es keinen Spaß im Film. (...)
Was wir erinnern, sind die Darstellungen von Williams und De Niro, die Beziehung zwischen Arzt und Patient. Wir haben gesehen, wie sie sich im Dunkeln berührten, einander die Hände reichten und sich zurückzogen. (Sean Elder, Vogue)

Penny Marshall hat diese Episode der Medizingeschichte als spannenden und oft anrührenden Bericht inszeniert. (...)
Dabei steht der Glaubwürdigkeit eine sehr konventionelle und glatte Dramaturgie im Weg. (...)
Robin Williams und Robert de Niro haben als der etwas verschrobene Arzt und der erst wundersam geheilte, dann tragisch rückfällige Patient sehr dankbare Rollen, aus denen sie das Beste machen. (Karlheinz Oplustil, epd Film)

Das hochinteressante Thema verkommt leider unter der Regie von Penny Marshall ... zu einem unverdaulichen Melodram, das den wissenschaftlichen Fall und die humanitär komplexe Materie einzig und allein den Regeln des Emotionskinos unterwirft. Vollgestopft mit abgeschmackten Kinoklischees, nützen dem Film auch seine guten Darsteller nur wenig ... Innerhalb der Klinik sind alle vorkommenden Ärzte und Krankenschwestern pure Abziehbilder einer konventionellen Kino-Dramaturgie, die Reaktion der Beteiligten nur am richtigen Timing für den beabsichtigten emotionalen Effekt ausgerichtet. Die entwicklungspsychologischen Probleme eines Menschen, der als Kind sozusagen »eingefroren« und nach 30 Jahren zum Leben erweckt wird, bleiben unangesprochen oder werden banalisiert. (Franz Everschor, filmdienst 3/1991)

32. **Backdraft** (Backdraft – Männer, die durchs Feuer gehen)
USA 1991; Regie: Ron Howard; Produktion: Universal (Richard B. Lewis, Pen Densham); Buch: Gregory Wilden; Kamera: Mikael Salomon; Schnitt: Daniel Hanley, Michael Hill; Musik: Hans Zimmer; Darsteller: Kurt Russell (Stephen McCaffrey), William Baldwin (Brian McCaffrey), ROBERT DE NIRO (Donald Rimgale), Donald Sutherland (Ronald Bartel), Jennifer Jason Leigh (Jenni-

fer Vaitkus), Scott Glenn (John Adcox), Rebecca De Mornay (Helen); 130 Min., Farbe (DE: 22.8.1991)

»Backdraft« ist einer jener Hollywood-Filme, in denen ein riesiger Aufwand an Menschen, Material und physischer Energie an eine Story verschwendet wird, die nichts als Illustriertenklischees aufarbeitet. (...)
Eine Garde renommierter Schauspieler gibt sich mit dem Nichts an Rollen ab ... Kurt Russell, Robert De Niro, Donald Sutherland und Scott Glenn (was für ein Aufgebot!) schaffen sich an ihren kleinen, unterentwickelten Rollen ab, als gelte es, ausgerechnet mit ihnen für den »Oscar« zu kandidieren. So keimt denn

›Backdraft‹ (Backdraft – Männer, die durchs Feuer gehen)

häufig genug durch der Darsteller Profil Neugier an den Figuren auf, die dann jedoch freilich vom Drehbuch nie befriedigt wird. (Franz Everschor, film-dienst 16/1991)

»Backdraft« ist jedoch nicht nur ein heroischer Film mit heroischen Bildern, heroischen Dialogen und heroischer Musik für die Feuerwehrmänner der Welt, es ist vor allem der Film, der zeigt, daß ein Regisseur, der ein gutes Special-effects-Team an seiner Seite hat, selbst in der Hölle einen Film drehen könnte. »Backdraft« ist ein großartiger Film, wenn man bedenkt, unter welchen Bedingungen er entstanden ist. Alles, was brennt, brennt wirklich in diesem Film, man sieht es, man hört es, man spürt es. (…) Mitten im Feuer muß auch das Drehbuch verbrannt sein, aber niemand hat es gemerkt …
Aber im Grunde vermißt man gar nichts in diesem Film. Das Feuer brennt, die Schauspieler sind zur Stelle (unter ihnen immerhin so großartige Darsteller wie Robert de Niro und Donald Sutherland, die, selbst genötigt, auf kleiner Flamme zu köcheln, manchem Großbrand die Schau zu stehlen in der Lage sind) … (Andreas Obst, Frankfurter Allgemeine Zeitung)

…, der Film könnte als luxuriöser Werbespot für die Anwerbung von Feuerwehrmännern dienen, in der Kategorie sozio-professionell, im Kino ungerechterweise vernachlässigt. (Jean-Paul Chaillet, Première – Le Magazine du Cinéma)

33. Guilty by Suspicion (Schuldig bei Verdacht)
USA 1991; Regie und Buch: Irwin Winkler; Produktion: Warner Bros., Arnon Milchan Productions (Irwin Winkler); Kamera: Michael Ballhaus; Schnitt: Priscilla Nedd; Musik: James Newton Howard; Darsteller: ROBERT DE NIRO (David Merrill), Annette Bening (Ruth Merrill), George Wendt (Bunny Baster), Patricia Wettig (Dorothy Nolan), Sam Wannamaker (Felix Graff), Ben Piazza (Darryl Zanuck), Martin Scorsese (Joe Lesser); 100 Min., Farbe (DE: 15.8.1991)

»Guilty by Suspicion« ist ein Film über die McCarthy-Ära, genauer: über den Verfolgungswahn des »House Committee on Un-American Activities«, dem zahllose Angehörige der amerikanischen Filmindustrie zum Opfer fielen. (…)

›Guilty by Suspicion‹ (Schuldig bei Verdacht). Annette Bening und
Robert De Niro

Doch die Ansammlung gut recherchierter Fakten vermag am Beispiel des unpolitischen David Merrill nicht zu erklären, wo die Wurzeln der ganzen Hexenjagd liegen, und beläßt die Geschichte deshalb letztlich im Dunstkreis jener wohlmeinenden Dramen über fälschlich eines Delikts beschuldigte Angeklagte. (...) Einsichten werden auf diese Weise jedenfalls nicht vermittelt, weder in die historischen Fakten noch zur Schärfung des eigenen Bewußtseins des Zuschauers. Bleibt nachzutragen, daß Irwin Winklers Film auch von der Machart her keine Anstrengungen unternimmt, Konventionen zu sprengen. (Franz Everschor, filmdienst 15/1991)

Der Film wirft keine Fragen auf, die er nicht auch selbst beantworten würde. Ein durch und durch ehrbares Unternehmen also, dessen gute Absichten in einem schlechten Jahr mit einigen Oscars honoriert würden, wären die Schauspieler nicht derart uninspiriert geführt, wären die Dialoge nicht derart papieren, wäre die Inszenierung nicht derart leidenschaftslos. (Gerhard Midding, taz)

Auf Identifikation versessen, entwickelt der Regisseur das psychologische Drama von Sturz und Bestürzung eines ungerecht Verdächtigten. Im Dunstkreis des Mißtrauens wirkt die fiktive Hauptfigur David Merrill, der Robert de Niro seine starke Ausstrahlung leiht, ebenso mitgenommen wie mitreißend. »Guilty by Suspicion«, ..., ist ein atmosphärischer Film, der weniger Winklers Drehbuch als Michael Ballhaus' Kamera ein paar suggestive Sequenzen verdankt. Dunkle Schatten fallen auf den Sunset Boulevard, doch die politische Großwetterlage bleibt unberücksichtigt. (Eva-Maria Lenz, Frankfurter Allgemeine Zeitung)

Auch Hauptdarsteller Robert De Niro spielt ungewohnt zurückhaltend. Aber »Schuldig bei Verdacht« *muß* ein Film für den Kopf sein, extreme Manipulation und reißerische Demagogie vor dem Kinozuschauer wären dem Thema unangemessen. Und wenn der trotz einiger inszenatorischer Schwächen jederzeit überzeugende De Niro am Schluß vor dem Komitee die Beherrschung verliert, kommen auch Bewegung und Tempo in den Film. (mah, Cinema)

›Cape Fear‹ (Kap der Angst). Robert De Niro (links) und Nick Nolte

34. **Cape Fear** (Kap der Angst)

USA 1991; Regie: Martin Scorsese; Produktion: Amblin Entertainment, Tribeca (Barbara De Fina); Buch: Wesley Strick nach dem Roman »The Executioners« (Ein Köder für die Bestie) von John D. MacDonald und dem Drehbuch von James R. Webb; Kamera: Freddie Francis; Schnitt: Thelma Schonmaker; Musik: Bernard Herrman, adaptiert und arrangiert von Elmar Bernstein; Darsteller: ROBERT DE NIRO (Max Cady), Nick Nolte (Sam Bowden), Jessica Lange (Leigh Bowden), Juliette Lewis (Danielle Bowden), Joe Don Baker (Claude Kersek), Robert Mitchum (Lt. Eelgart), Gregory Peck (Lee Heller), Martin Balsam (Richter); 120 Min., Farbe (DE: 21.2.1992, Internationale Filmfestspiele Berlin; 27.2.1992, Kinostart)

Martin Scorseses »Cape Fear« ist ein filmisches Muskelspiel. Es ist ein brutaler, dämonischer Film mit einem Griff wie ein Schraubstock; er greift dich früh, legt seine Finger um deinen Hals und läßt nicht mehr los. Keiner verleiht dem Bösen ein wollüstigeres Ansehen als Scorsese; er ist ein Meister der Angst und mit »Cape Fear« lieferte er eine hinreißende Doktorarbeit über die Anatomie des Schreckens. Wenn der Regisseur uns erschrecken wollte, dann ist ihm das gelungen, und er läßt uns über uns selbst lachen wegen unserer Schreckhaftigkeit. (…) De Niro bewegt sich in der Rolle des Cady mit unverhohlenem Behagen; diesen Verrückten zu spielen, scheint ihm Energie verliehen und die dunklen Kanäle seines Könnens geöffnet zu haben. (…) Keiner ist furchteinflößender in solchen Rollen als De Niro, vor allem, wenn er so voll dabei ist wie hier. Jede Bewegung, jedes noch so kleine Verengen seiner Augen ist eine Bedrohung. (Hal Hinson, Cape Fear, Washington Post, 15.11.1991)

Martin Scorseses virtuos inszeniertes Remake des gleichnamigen Films von 1962 erweist sich mit seinen (religiösen) Anspielungen und in der Psychologie der Figuren weit komplexer als die Vorlage, verliert sich aber gegen Schluß in ein überzogenes Horrorspektakel. (Zoom, zit. nach Lothar R. Just, Film-Jahrbuch 1993)

Was Martin Scorsese an dem Remake interessiert hat, bleibt so fragwürdig wie das Unternehmen, das mit Schreckensspiralen à la »Das Schweigen der Lämmer« mehr zu tun hat als mit Scorseses persönlichen Obsessionen. Denn die dem Schocker immanenten Fragen nach Schuld und Sühne, Erlösung und Fegefeuer werden in dieser Höllenfahrt des formal überreizten Grauens derart plakativ und sinnlos in den Dialog eingebaut, daß es zum Weinen ist. Bis zum endlosen und mit Blutorgien vollgestopften Finale entwirft Scorsese mit den Zynismen des Formalisten Horror, dessen Ästhetik trotz perfekter Kamera- und Schnittarbeit leer bleibt. (Horst Schäfer/Walter Schobert, Fischer Film Almanach 1993)

35. **Mistress** (Mistress – Die Geliebten von Hollywood)
USA 1991/92; Regie: Barry Primus; Produktion: Tribeca Prods., (ROBERT DE NIRO, Meir Teper); Buch: J. F. Lawson, Barry Primus (auch Story); Kamera: Sven Kirsten; Schnitt: Steven Weisberg; Musik: Galt MacDermot; Darsteller: Danny Aiello (Carmine Russo), ROBERT DE NIRO (Evan Wright), Martin Landau (Jack Roth), Eli Wallach (George Lieberhof), Robert Wuhl (Marvin Landis-

man), Jace Alexander (Stuart Stratland Jr.), Laurie Metcalf (Rachel Landisman), Sheryl Lee Ralph (Beverly), Jean Smart (Patricia Riley), Tuesday Knight (Peggy), Ernest Borgnine (als er selbst), Christopher Walken (Warren Zell); 110 Min., Farbe (DE: 21.5.1992).

Barry Primus' Mistress weiß sehr viel über die Leute, die in einem Geschäft ein bißchen Geld gemacht haben und es nun ins Showbusineß stecken wollen. Insbesondere weiß er, wie das Wort »Produzent« unter den Hollywood-Möchtegernen benutzt wird. »Produzent« meint keinen, der einen Film produzieren kann oder will. Unter Männern meint es den, der einen Scheck schreiben kann. (...) Mistress hört genau hin, wenn die Leute ihre Treffen und ihre Essensverabredungen haben und entdeckt die Verzweiflung gleich unter der Oberfläche. (...) Und einige wenige dieser Momente – einschließlich der Art und Weise, in der De Niro ein Treffen durchführt mit Leuten, die er verachtet – besitzen eine solche Wahrheit, daß es schmerzt. (Roger Ebert, Chicago Sun-Times, 21.8.1992)

Es macht eine gewisse Freude, Schauspielern bei etwas zuzuschauen, das ihnen am Herzen liegt. (...) Trotz der lebendigen Beteiligung von De Niro und anderen tragen die Insiderwitze nicht den ganzen Film. Die weitschweifige Reise, die der Film unternimmt, um gemacht zu werden, ist klar gezeichnet. Doch das Thema des Künstlers in dieser modernen, kommerziellen Welt ist reichlich abgedroschen. (Desson Howe, Washington Post, 28.2.1992)

Gleichzeitig ein satirisches Bild vom Film und von Hollywood, eine zeitgenössische Fabel über Künstler und Kaufleute sowie eine Sittenkomödie, ist dieser erste Film von Barry Primus, offensichtlich von eigenen Erfahrungen inspiriert, auch der erste von Robert De Niro produzierte Film, in dem er selbst eine Nebenrolle übernommen hat – die eines Produzenten, der wenig verläßlich wirkt, aber herrisch und von sich selbst überzeugt. (Jean-Pierre Lavoignat, Studio Magazine Mai 1992)

Barry Primus erzählt seine Geschichte zu konventionell, zu unausgeglichen im Timing, um sie zu einem boshaften oder melancholischen Vergnügen zu machen. Sein dialogbetonter Film reizt auch die Möglichkeiten der guten Schauspieler nicht aus, die ihm zur Verfügung standen. (Horst Schäfer/Walter Schobert, Fischer Film Almanach 1993)

36. **Night and the City** (Night and the City)
USA 1992; Regie: Irwin Winkler; Produktion: Penta Entertainment, Tribeca (Irwin Winkler, Jane Rosenthal); Buch: Richard Price, nach einem Roman von Gerald Kersh und einem Drehbuch von Jo Eisinger; Kamera: Tak Fujimoto; Schnitt: David Brenner; Musik: James Newton Howard; Darsteller: ROBERT DE NIRO (Harry Fabien), Jessica Lange (Helen Nasseros), Cliff Gorman (Phil), Alan King (Boom Boom Grossman), Jack Warden (Al Grossman), Eli Wallach (Peck), Barry Primus (Tommy Tessler), Gene Kirkwood (Resnick), Richard Price (Doctor). 104 Min., Farbe (DE: 28.1.1993).

Was den Produzenten De Niro bewogen hat, den Langeweiler Winkler arbeiten zu lassen, ist ein Rätsel, dessen Lösung nach der Besichtigung dieses Dutzendfilms auch nicht mehr interessiert. (Horst Schäfer/Walter Schobert, Fischer Film Almanach 1993)

Robert De Niro, der sonst so bemüht ist, für jede Darstellung die richtige Tonart zu finden, trifft die falsche in »Night and the City«, ein Film, der auf dem Film-noir-Klassiker von 1951 beruht. Diese neue Version (...) trifft gelegentlich dieselbe Tonart, doch ohne denselben Effekt. (Roger Ebert, Chicago Sun-Times, 23.10.1992)

Es gibt nur wenig angenehmere Freuden, als einem gutaufgelegten Robert De Niro zuzusehen. In »Night and the City« strahlt er als Harry Fabian, New Yorks größter Winkeladvokat. Er benutzt jedes Lächeln, jede Grimasse und jedes Achselzucken zu seinem Vorteil und macht die Entwicklung des kleinen Gauners Fabian zur großen Nummer, zu einer erfrischenden Erfahrung – eine der besten Darstellungen seiner Karriere. (...) Selbst als Opfer einer Szene kontrolliert De Niro alles. Die Vorwegnahme des möglichen Schmerzes in seinem Gesichtsausdruck – und dann die Erleichterung, als er ausbleibt – muß man sehen, um es zu glauben. Der Film macht nur allzu deutlich, dies ist seine Nacht und seine Stadt. (Desson Howe, Washington Post, 23.10.1992)

Der Film ist nahezu eine One Man Show. De Niro ist in allen Einstellungen, nicht unbedingt sympathisch übrigens. Man möchte,
daß er verschwindet, daß er sein Schicksal verdient habe. Da liegen übrigens auch die Grenzen des Films: Man schwankt zwischen
Lust (hervorgerufen durch einen frenetischen Rhythmus) und
Indifferenz. (Catherine Wimphen, Studio Magazine, April 1993)

Stimmungsvolles Dialogfeuerwerk mit einem hervorragenden
Hauptdarsteller, aber reichlich konventioneller und recht span-
nungsarmer Handlung. (Zoom 2/93).

37. **Mad Dog and Glory** (Sein Name ist Mad Dog)
USA 1993; Regie: ROBERT DE NIRO; Produktion: Mad Dog Prods.,
Universal Pictures (Barbara De Fina, Martin Scorsese); Buch:
Richard Price; Kamera: Robby Müller; Schnitt: Elena Maganini,
Craig McKay; Musik: Elmer Bernstein; Darsteller: ROBERT DE
NIRO (Wayne Dobie), Uma Thurman (Glory), Bill Murray (Frank
Milo), David Caruso (Mike), Mike Starr (Harold), Kathy Baker
(Lee), Richard Price (Detektiv im Restaurant); 97 Min., Farbe,
(DE: 29.7.1993).

De Niro erteilt mit den knappen, aber präzisen Gesten seinem
Schauspielerkollegen, dem für diese eher ernste Rolle einfach die
mimischen Qualitäten fehlen, eine Lehrstunde. (...) Immerhin zeigt
(der Film, d. A.) Robert De Niro wieder auf dem aufsteigenden
(schauspielerischen) Ast und macht neugierig auf seinen nächsten
Film. (Rolf-Rüdiger Hamacher, Filmecho/Filmwoche 32/13.8.1993)

»Mad Dog and Glory« ist einer der wenigen neuen Filme, bei denen es sich lohnt, genau hinzusehen. Einige der besten Momente
kommen still und leise, in der Nuance eines Dialogs und des
Timings. Der Film ist sehr lustig, aber sein Humor ist nicht breit,
sondern resultiert aus persönlichen Eigenarten und dem schauspielerischen Stil. (...) De Niro ist bekannt für seine Fähigkeit,
sich durch persönliche Veränderungen in eine Figur einzufühlen.
Hier scheint er geschrumpft zu sein. Er wirkt kleiner und vorsich-
tiger. (Roger Ebert, Chicago Sun-Times, 5.3.1993)

Es ist die Beziehung zwischen den beiden Hauptakteuren, De
Niro und Murray, die »Mad Dog and Glory« von anderen Buddy-

Movies unterscheidet. Ihre reale Freundschaft fließt ein in diesen nervösen, sehr lustigen Blick auf männliche Freundschaft. (Rita Kempley, Washington Post, 5.3.1993)

38. **This Boy's Life** (This Boy's Life)
USA 1993; Regie: Michael Caton-Jones; Produktion: Art Linson, Peter Guber, Jon Peters; Buch: Robert Getchell, nach dem Buch von Tobias Wolff; Kamera: David Watkin; Schnitt: Jim Clark; Musik: Carter Burwell; Darsteller: ROBERT DE NIRO (Dwight Hansen), Ellen Barkin (Caroline Wolff), Leonardo DiCaprio (Toby Wolff), Johan Blechman (Arthur Gayle), Eliza Dushku (Pearl), Chris Cooper (Roy), Carla Gugino (Norma); 115 Min., Farbe (DE: 18.11.1993).

Dwight Hansen erweist sich als jähzorniger Tyrann, der die eigene Unsicherheit hinter betont viel männlichem Gehabe verbirgt. (...) Verkörpert wird dieser Dwight Hansen von Robert De Niro. Das ist ein weiteres Problem des Films. Nach der unfreiwilligen Selbstparodie in »Night and the City« (...) ist dies ein weiterer Versuch, einen ganz anderen Charakter darzustellen. Was bei seinem schüchternen Polizisten in »Mad Dog and Glory« funktionierte, wirkt hier teilweise ausgestellt: Hinter der Figur des Dwight Hansen sieht man immer wieder den Schauspieler De Niro. Statt vor einem brutalen Stiefvater zu erschrecken, bewundert man den Darsteller, der diese Figur mit einem Reichtum an Details ausstattet, für den man ihn immer geschätzt hat. (Frank Arnold, epd Film, 11/93)

Der Schotte Michael Caton-Jones zeichnet in dieser differenzierten Milieustudie den Leidensweg eines Teenagers, der im Zeitalter des aufkommenden Rock'n'Roll die Revolte probt und durch die traditionelle Hierarchie in der Familie an seiner Entwicklung gehindert wird. Der Regisseur verteilt keine Schuldzuweisungen, obgleich seine Sympathien auf der Seite des Heranwachsenden sind. (Margret Köhler, Filmecho/Filmwoche 17/29.4.1993)

Die Figur des Dwight ist angelegt als eine merkwürdige Mischung aus Unmensch und Clown, und indem Robert De Niro beide Pole mit der ihm eigenen Intensität bis zur Überzeichnung ausspielt, steht der Charakter stets am Rande der Unglaubwürdigkeit. Zudem tritt für den kundigen Zuschauer immer wieder der Darsteller neben die Rolle: Da gibt es Boxunterricht wie von einem gealterten, aber immer noch wilden Stier; wenn Dwight ein Saxophon malträtiert, ist New York, New York nicht weit; und wenn De Niros unberechenbar brutal verzerrte Fratze über dem ausgeliefert im Bett liegenden Toby thront, wirkt das wie ein düsterer Gruß vom Kap der Angst. (Christian Seebaum, Kölner Stadt-Anzeiger, 13./14.11.1993)

Ganz offensichtlich schenkte Michael Caton-Jones den Einstellungen der mit den Autos der Zeit gefüllten Straßen und den perfekt kostümierten Statisten mehr Aufmerksamkeit als den psychologischen Verkrümmungen seiner Figuren. (O.K., Positif 403/September 1994)

39. **A Bronx Tale** (In den Straßen der Bronx)
USA 1993; Regie: ROBERT DE NIRO; Produktion: Tribeca, Penta Entertainment, Price Entertainment (ROBERT DE NIRO, Jane Rosenthal, Jon Kilik); Buch: Chazz Palminteri nach seinem Bühnenstück; Kamera: Reynaldo Villalobos; Schnitt: David Ray, R.Q. Lovett; Musik: Jeffrey Kimball; Darsteller: ROBERT DE NIRO (Lorenzo), Chazz Palminteri (Sonny), Lillo Brancato (Calogero, 17jährig), Francis Capra (Calogero, 9jährig), Kathrine Narducci (Rosina), Taral Hicks (Jimmy Whispers). 121 Min., Farbe (UA: Sept. 1993, Int. Filmfestspiele Venedig; DE: 25.6.1994, Filmfest München).

Die ambivalente Gangsterfigur und das sorgsam rekonstruierte Milieu sind die Pluspunkte dieses Regie-Erstlings von Robert De Niro. Originellen Einzelszenen steht aber eine lahme Dramaturgie gegenüber, deren Nachteile auch von den guten Darstellern kaum aufgewogen werden. (Zoom, 8/1994)

Das Wagnis, sich dabei auf zwei Laien, Jungen aus der Bronx, in der Hauptrolle zu stützen, hat sich bewährt und zeigt De Niros Talent im Umgang mit Darstellern. Die Professionellen (einschließlich sich selbst, der in Filmen anderer Regisseure so gern überzieht) hat er zu kluger Beschränkung angehalten und erreicht dadurch jenen Grad an Glaubwürdigkeit, der für eine Geschichte dieses Typs besonders unentbehrlich ist. Damit freilich erschöpfen sich die Vorzüge seiner Inszenierung. (Franz Everschor, film-dienst 14/5.7.1994, Nr. 30 869)

Kinozuschauer sollen glücklich sein wie Straßenkinder, das scheint die Parole von Robert De Niro zu sein für seinen ersten Film in eigener Regie. Was freilich die furiose, freischwebende Aufmerksamkeit der Kamera einschränkt, mit der in den Scorsese-Filmen anfang der Siebziger die Kamera De Niros stürmisch-drängenden Streifzügen durch die New Yorker Nächte folgte. (Fritz Göttler, Süddeutsche Zeitung, 29.7.1994)

Es ist bezeichnend, den früheren »Taxi Driver« von Scorsese sich in einen vernünftigen Busfahrer verwandeln zu sehen, dessen schweigsamer Eigensinn die schlimmsten sozialen Konflikte der Nachkriegszeit durchquert, ohne davon wirklich berührt zu werden. (N.H., Positif, Mai 1994)

Bei seiner ersten Regiearbeit erzielt Robert De Niro ein beeindruckendes Ergebnis, mit einem Film, bei dem er auch noch Produzent und Schauspieler ist. (...) Man zieht daraus den erfreulichen Eindruck, daß es ihm Spaß gemacht und er sein Herz darein gelegt hat, ganz gleich, ob es sich um Stimmungs- und Dialogszenen oder Spannungs- und Actionmomente handelt. (Christian Jauberty, Premiäre, Mai 1994)

A Bronx Tale ist eine beeindruckende Unternehmung: bewegend, lustig und aufregend, mit der Botschaft, wer für sein Leben die Verantwortung übernimmt. (Tom Soter, Video, Mai 1994)

A Bronx Tale ist ein beeindruckender Erstlingsfilm, eine schwungvolle Geschichte über das Erwachsenwerden, die Nachbarschaftsnostalgie mit urbanem Realismus mischt. (Brian D. Johnson, Maclean's, 4.10.1993)

De Niro ist vielleicht kein Dämon wie sein Freund Scorsese, aber er besitzt Humor und emotionale Wärme, und das allein hebt ihn bereits heraus aus der Masse seiner Mitbewerber. (David Denby, New York, 18.10.1993)

Sicherlich ist der Regisseur De Niro weniger innovativ als der Schauspieler De Niro. Sicherlich ist dieser neue Regisseur weit entfernt davon, sich mit jenen großen Filmemachern zu vergleichen, die ihm seine besten Rollen gaben und denen er das Beste seines Talentes gab. Aber in der Wahl eines Theaterstückes, das die Geschichte eines Jugendlichen in der Bronx der sechziger Jahre erzählt, der hin- und hergerissen ist zwischen seinem liebevollen und beschützendem Vater und einem kleinen Gangster mit giftigem Charme, knüpft De Niro an seine Wurzeln an. (Jean-Pierre Lavoignat, Studio Magazine, Mai 1994)

40. **Mary Shelley's Frankenstein** (Mary Shelley's Frankenstein) USA 1993/94; Regie: Kenneth Branagh; Produktion: TriStar Pictures, Japan Broadcasting Satellite, The Indieprod. Company (Francis Ford Coppola, James V. Hart, John Veitch); Buch: Steph Lady, Frank Darabont, nach dem Roman von Mary Shelley; Kamera: Roger Pratt; Schnitt: Andrew Marcus; Musik: Patrick Doyle; Darsteller: ROBERT DE NIRO (die Kreatur), Kenneth Branagh (Victor Frankenstein), Helena Bonham Carter (Elizabeth), Tom Hulce (Henry Clerval), Aidan Quinn (Kapitän Walton); 123 Min., Farbe (DE: 5.1.1995).

Der Film hält eine bunte Vielfalt neuer Erfahrungen für uns bereit: Robert De Niro zum Beispiel, den Chaoten, den unberechenbaren Einzelgänger und Vorzeitmenschen aus dem Dschungel von New York, sehen wir hier als Figur in einem monströsen Entwicklungsroman. Sehr schnell buhlt er, in seinen Lehr- und Wanderjahren, um unsere Sympathie, um Mitleid und Verständnis. Er wirkt so menschlich in diesem Film wie nie zuvor, kein Vergleich mit dem verhaltensgestörten Travis Bickle oder dem Monster vom »Cape Fear«. (Fritz Göttler, Süddeutsche Zeitung, 5./6.1.1995)

Indem er die Körper enthüllt, erforscht Branagh die menschliche Seele und entführt uns in die Qualen eines Monsters, dem nur Robert De Niro Leben verleihen konnte. Ohne Vergangenheit oder Zukunft, ist er das Böse, ohne es zu wollen, ein unschuldiges Opfer, das zum schuldigen Opfer der eigenen Perversität wird. Und seine Tränen sind ein wenig die der ganzen Menschheit. (Thierry Klifa, Studio Magazine, Januar 1995)

Nach dieser bombastischen Neuversion, die wirklich neu ist und kein Remake der vorhergehenden Fassungen des Stoffes, die sich nur auf Bruchteile der Vorlage bezogen, kann man die Monsterfilme der Vergangenheit getrost vergessen. (Horst Schäfer/Walter Schobert (Hg.), Fischer Film Almanach 1996)

Der furchtbaren und erschütternden Vision von Mary Shelley wird hier zum ersten Male von Anfang bis Ende Rechnung getragen. (…) Daraus resultiert ein Film, der eher barock als gotisch ist, eher »erfühlt« als »konstruiert«, und mit dem sich Branagh als der lateinischste aller britischen Regisseure entpuppt. Und hierin ähnelt ihm sein Film: verwickelt bis in die Eingeweide, aufrichtig, belebend und großzügig. (Jean-Jacques Bernard, Premiäre, Januar 1995)

Robert De Niro in seiner »anderen« äußeren Verkörperung des Monsters ist glaubwürdig, vermag jedoch die Barriere zwischen gutmütiger Naivität und schicksalhafter Rächerfigur nie zu überspringen. (Franz Everschor, film-dienst 26/20.12.1994, Nr. 31 111)

41. **Les cents et une nuit** (Hundert und eine Nacht – Die Träume des Monsieur Cinéma)

Frankreich/Großbritannien 1994; Regie und Buch: Agnäs Varda; Produktion: Ciné-Tamaris, Recorded Pictures, Picture Company; Kamera: Eric Gautier; Schnitt: Hugues Darmois; Musik: Max Steiner, Nino Rota, Joseph Kosma, Bernard Herrman; Darsteller: Michel Piccoli (Simon Cinéma), Marcello Mastroianni (Freund aus Italien), Anouk Aimée, Fanny Ardant, Jean-Paul Belmondo, Romane Bohringer, Sandrine Bonnaire, Alain Delon, ROBERT DE NIRO (er selbst), u.v.a., 135 Min. (deutsche Fassung: 105 Min.), Farbe (DE: Internationale Filmfestspiele Berlin 1995).

(Robert De Niro hat neben zahlreichen anderen Stars einen winzigen Gastauftritt, der so kurz währt, daß man ihn kaum wahrnimmt. Anm. d. A.)

Mit augenzwinkernder Ironie zeichnet Agnäs Varda eine burleske Biographie des Kinos. Ein Landschloß mit 1000 und mehr Reminiszenzen an die Filmgeschichte, Pilgerort eines ganzen »Who is who« des zeitgenössischen Films. (Horst Schäfer/Walter Schobert (Hg.), Fischer Film Almanach 1996)

42. **Casino** (Casino)

USA 1995; Regie: Martin Scorsese; Produktion: De Fina-Cappa, Universal Pictures, Syalis D.A. & Legende Enterprises (Barbara De Fina); Buch: Nicholas Pileggi, Martin Scorsese, nach dem Buch Casino: Love and Honor in Las Vegas von Pileggi; Kamera: Robert Richardson; Schnitt: Thelma Schoonmaker; Musik: Diverse Originalsongs; Darsteller: ROBERT DE NIRO (Sam »Ace« Rothstein), Sharon Stone (Ginger McKenna), Joe Pesci (Nicky Santoro), James Woods (Lester Diamond), Don Rickles (Billy Sherbert), Alan King (Andy Stone), Kevin Pollak (Phillip Green), L.Q. Jones (Pat Webb), Dick Smothers (Senator); 178 Min., Farbe (UA: 22.11.1995; DE: 14.3.1996).

Der Film beruht auf Material, das Nicholas Pileggi für ein gerade veröffentlichtes Sachbuch sammelte, und das Drehbuch, das er mit Regisseur Martin Scorsese schrieb, ist deshalb auch am besten in seinen reportagehaften Passagen. Wenn Sie wissen wollen, wie die Mafia ihre Las-Vegas-Profite abschöpft, und wie weniger kluge Typen sie dabei zu betrügen versuchen, der lernt aus »Casino« auf beinahe dokumentarische Weise. Aber Scorsese, einer der größten Stilisten des Kinos, hat für seinen Film einen Stil entworfen – eine Mischung aus kleinen Überblendungen, schnellen Schnitten, eingefrorenen Bildern und optischen Effekten –, der alles andere als dokumentarisch ist. (Richard Schickel, High Stakes. Good Fellas go west in Scorsese's flashy Casino, Time Magazine, Vol. 146, No. 22, 27.11.1995)

De Niro spielt Sam »Ace« Rothstein, einen professionellen Spieler, der von der Mafia ausersehen wird, das größte Casino in Las Vegas während der glorreichen siebziger Jahre zu führen. Seine Darstellung ist gleichwertig der oscarprämierten in einem anderen Scorsese-Film, »Raging Bull«. (James Kendrick)

Letztlich funktioniert »Casino« aufgrund der unglaublichen Zusammenarbeit zwischen De Niro und Scorsese. De Niro liefert eine großartige Standard-Leistung, rundet seine Figur ab mit kleinen Kanten und Blicken, die von den verborgenen, privaten Zeiten sprechen, in denen Ace über sein tragisches Schicksal nachdenkt. (John A. Lavin, Movie Magazine International, 22.11.1995)

Martins Scorseses neuer faszinierender Film »Casino« weiß eine
Menge über die Beziehung der Mafia zu Las Vegas. (…) Scorsese
erzählt seine Geschichte mit der Energie und Schnelligkeit, für die
er berühmt ist, und mit einem Reichtum an kleinen Details, die
einfach richtig sind. (Roger Ebert, Chicago Sun-Times, 22.11.1995)

»Casino« ist so schwach, wie ein Film des Teams von Regisseur
Martin Scorsese und den Schauspielern Robert De Niro und Joe
Pesci nur sein kann. Was nicht heißt, daß der Film (…) völlig miß-
lungen ist. (…) De Niro und Pesci sind gut, aber dieses Mal wissen
sie, daß sie gut sind und die Einfälle sind verschwunden. Mit einem
Auge blicken sie auf uns und mit dem anderen liebevoll auf sich
selbst. (…) Als »Ace« Rothstein spielt De Niro eine kalte, ziemlich passive Figur, die bereits ihr kleines Königreich besitzt und
nichts mehr anstrebt. Rothsteins Passivität ist ein Problem. Er hat
alles, was er möchte, deshalb gibt es für ihn keine Herausforderung mehr. Doch verfügt er nicht über die Macht der Mafia, weshalb er ohnmächtig ist, als sein Königreich davonschwimmt. Im
Mittelpunkt des Films steht ein bewegungsloser Protagonist.
(Mick LaSalle, Scorsese's Casino Comes Up Broke, San Francisco
Chronicle, 22.11.1995)

In seiner Schilderung der gewalttätigen Geschichte zweier bester
Freunde und der Frau zwischen ihnen scheint Scorsese seine Einsicht in die amoralische Welt seiner Protagonisten verloren zu haben. Natürlich ist der Film hinreißend und virtuos – wie so häufig
bei Scorsese –, doch anstatt sich ausdrücklich mit den Themen des
Films zu verbinden, lenkt uns seine Extravaganz lediglich ab vom
zentralen Vakuum des Films. Es ist ein leerer, langweiliger Film.
(Hal Hinson, Casino: No Aces Up His Sleeve, Washington Post,
22.11.1995)

Eine Überdosis akustischer Genußmittel begleitet den Aufstieg
des New Yorker Kleingangsters Sam »Ace« Rothstein (Robert De
Niro) zum mächtigsten, von der Mafia gestützten Casino-Manager
von Las Vegas – und schließlich auch den Verrat durch seinen alten Kumpel Nicky (Joe Pesci), seinen Fall ins totale Nichts. Das
Zuviel aus den Lautsprechern reflektiert die Maßlosigkeit seiner
Ziele. Er will die Macht in der Metropole der grenzenlosen Ge-

winne, die Macht über Mensch und Material. Das ist zuviel. Vom Zuviel erzählt »Casino«, davon berichten die Bilder und trommeln die Töne. (Günter Göckenjan, Mords-Musik, Die Woche, 15.3.1996)

Das Dauerfeuer von drei Stunden komplexer, Bild und Ton überlappender Erzählerstimme wirkt für das, was berichtet wird, wie ein Overkill, als müßte Scorsese sich selbst den Teufel austreiben. Auch wenn thematisch ein Déjà-vu-Effekt herrscht – über Las Vegas, die Mobster und Moneymaker wenig Neues –, so ragt »Casino« jedoch immer noch meilenweit über vergleichbare Produktionen hinaus. (Horst Schäfer/Walter Schobert (Hg.), Fischer Film Almanach 1997)

Robert De Niro (…) hat in gewisser Weise einen Brando-Status, oder besser gesagt, Brando-Immunität. Was immer auch Brando in den vergangenen zwanzig Jahren gemacht hat, ganz gleich wie dünn oder routiniert oder ausgefallen, wurden die Lobeshymnen bereits im voraus geschrieben. De Niro, riesig talentiert, wenngleich nicht annähernd Brando vergleichbar, scheint dieser Aufnahme aber sicher zu sein. Der König kann nichts falsch machen, auch wenn er nicht viel dafür tut. (…) De Niro hat Haltung und, wenn ausgeglichen, auch Kontrolle. Nur wenn ihn der Augenblick manchmal zwingt, seine Haltung zu verlieren – als er zum Beispiel in seiner Türöffnung Stone bittet, ihn nicht zu verlassen –, verliert er auch seine Ausgeglichenheit, sein ganzheitliches Bewußtsein. Auch wenn er hier am besten ist, muß er nicht viel mehr tun, als es auch von, sagen wir, Andy Garcia sehr gut hätte gespielt werden können. (Stanley Kauffmann, The Cards Re-Shuffled, The New Republic, 25.12.1995)

43. **Heat** (Heat)
USA 1995; Regie und Buch: Michael Mann; Produktion: Warner Bros., Forward Pass, Monarchy Enterprises, Regency Pictures (Art Linson, Michael Mann); Kamera: Dante Spinotti; Schnitt: Pasquale Buba, William Goldberg, Dov Hoenig, Tom Rolf; Musik: Michael Brook, Brian Eno, Elliot Goldenthal, Kronos Quartet, Terje Rypdal; Darsteller: Al Pacino (Vincent Hanna), ROBERT DE NIRO (Neil McCauley), Val Kilmer (Chris Shiherlis), Jon Voight

(Nate), Tom Sizemore (Michael Cheritto), Diane Venora (Justine Henna), Amy Brenneman (Eady), Ashley Judd (Charlene Shiherlis), Mykelti Williamson (Detective Drucker), Wes Studi (Detective Casals); 171 Min. (Deutschland), 164 Min. (USA), Farbe (UA: 15.12.1995, DE: 29.2.1996).

Mit Heat hat der Regisseur Michael Mann den ersten Film gedreht, in dem die beiden Kinogrößen Robert De Niro und Al Pacino gemeinsam vor der Kamera standen. (…) Der Film lebt von den beiden Hauptdarstellern, die sich auf beiden Seiten des Gesetzes gegenüberstehen. (…) Durch die überaus starke Charakterisierung – nicht nur der Hauptfiguren – hat der Regisseur mit diesem Werk überzeugend Distanz zu den üblichen »Räuber und Gendarm«-Filmen geschaffen. (Heinz Online Review)

Leidenschaftslosigkeit gegen Leidenschaft, Intellekt gegen Instinkt, implosiver gegen explosiven Stil – wenn der Autor und Regisseur Michael Mann das Duell zwischen Gendarm und Räuber in »Heat« entwickelt, wird sein Film zu einer mitleidsvollen Kontemplation über die beiden grundsätzlichsten Arten, in den USA von heute ein Mann und ein Workaholic zu sein. (Richard Schickel, Duel in the Blankness, Time Magazine Vol. 146, No. 24, 11.12.1995)

Das Herzstück ist die ausgedehnte und blutige Schießerei, die die Straßen von L. A. mit Feuer und Zerstörung überzieht und uns an unsere Sitze fesselt. Als Gegenpunkt dienen Szenen mit Emotion und Familienleben, ebenso gut gespielt, auch wenn sie blaß wirken im Vergleich und gelegentlich der Geschichte aufgesetzt scheinen. Die wahre Stärke aber sind die Schauspieler, vor allem Pacino und De Niro sowie die ebenso gut besetzten Nebendarsteller. (Damion Cannon, Movie Reviews)

De Niro und Pacino, Veteranen vieler großartiger Kriminalfilme, spielen inzwischen länger Polizisten und Diebe, als es diese meist selbst sind. Es wird immer darüber geredet, wie die Leute vom Actors Studio sich an wahren Personen orientieren. An diesem Zeitpunkt ihrer Karriere, wenn Pacino und De Niro einen Polizisten oder Verbrecher studieren, dürfte es eher so sein, daß sich ihr Subjekt an ihnen in alten Filmen orientiert hat. Es gibt eine absolute

Perfektion des Effektes, das Gefühl, die Rollen wurden instinktiv erfaßt. (Roger Ebert, Chicago Sun-Times, 15.12.1995)

Das ist das erste Mal, daß De Niro und Pacino zusammen spielen, und jeder gibt eine starke, wasserdichte Vorstellung. Das Problem ist, daß beide bereits in anspruchsvollen Kriminalfilmen aufgetreten sind und Manns Story ihnen nichts Neues abverlangt oder neue Seiten ihres Talentes zeigt. (Edward Guthmann, In the Heat of Violence. De Niro, Pacino – Spiritual Brothers, San Francisco Chronicle, 15.12.1995)

Und dann gibt es DAS Treffen zweier faszinierender Schauspieler – Pacino/Henna, ein irrsinnig nervöser und rachsüchtiger Hund, der seinen Gegner zu destabilisieren versucht, gegen De Niro/ McCauley, ein mächtiger, willensstarker Kater, der einen Buckel macht und den nichts berührt. Gewinner? Also, wagen wir den Sprung ins Wasser: Robert De Niro. Erstens, weil seine Figur einnehmender, aber auch weil er der maßvollere ist. (Eric Libiot, Premiäre, März 1996)

Die Hitze des Titels ist sinnbildlich gemeint, denn Michael Manns Mischung aus Polizeifilm, Bankraub-Thriller und psychologischer Studie ist eine unterkühlte Killer-Ballade von Totmachern auf beiden Seiten des Gesetzes. Attraktiv wird der L.A.-Shootout durch die Besetzung: Zwei Giganten des amerikanischen Gegenwartkinos treffen aufeinander: Al Pacino und Robert De Niro. (Horst Schäfer/Walter Schobert (Hg.), Fischer Film Almanach 1997)

44. **The Fan** (The Fan)
USA 1996; Regie: Tony Scott; Produktion: TriStar Pictures, Mandalay Entertainment (Wendy Fineman); Buch: Phoeff Sutton nach einem Buch von Peter Abrahams; Kamera: Dariusz Wolski; Schnitt: Christian Wagner, Claire Simpson; Musik: Hans Zimmer; Darsteller: ROBERT DE NIRO (Gil Renard), Wesley Snipes (Bobby Rayburn), Ellen Barkin (Jewel Stern), John Leguizamo (Manny), Benicio Del Toro (Juan Primo), Patti D'Arbanville-Quinn (Ellen Renard); 120 Min. (USA), 115 Min. (D), Farbe (UA: 16.8.1996, DE: 3.10.1996).

Robert De Niro ist immer noch furchteinflößend. Zwanzig Jahre nach »Taxi Driver« hat er sich diese einzigartige Fähigkeit be-

›The Fan‹

wahrt, einem Publikum Angst zu machen, ohne einen Muskel zu
bewegen. Ein Blick seiner Augen, und wir wissen: Er ist verrückt.
(…) Ohne ihn wäre »The Fan« völlig überflüssig. Aber selbst mit
De Niro ist »The Fan« nur ein Klischee. Spannend ist allein zu sehen, welche Karte De Niro als nächste ausspielt. (Mick LaSalle,
The Fan Strikes Terror in San Francisco. De Niro's creepy in routine story, San Francisco Chronicle, 16.8.1996)

Scott leistet ganze filmische Arbeit, um den Film gut aussehen zu
lassen. Aber das ist vergebene Liebesmüh wegen des miserablen
Buches, das er verfilmt. Alle Figuren werden als Pappkameraden
präsentiert. (Steve Kong, The Fan, Hard Boiled Movie Review,
23.8.1996)

Die Werbefilm-Ästhetik der Inszenierung verhindert eine stringente Entwicklung der Geschichte und eine glaubhafte Zeichnung der Charaktere. Der aufdringliche Soundtrack zerstört jede Stimmung. Was bleibt, ist ein überaus präsenter Hauptdarsteller und einige, die oberflächliche Hochglanzinszenierung durchbrechende licht- und farbdramaturgische Effekte. (Rolf-Rüdiger Hamacher, film-dienst 20/1996)

Da die Wendungen der Story jede Glaubwürdigkeit mißachten, scheint auch die Darbietung von De Niro mehr eine Angelegenheit gut geübter Gesten als wirkliche Überzeugung zu sein, und das lange, dumme Finale eher eine leere Stilübung von Regisseur Tony Scott als ein wirklich packendes, spannendes Stück mit Menschen, an denen uns liegt. (Richard Schickel, Raging Fan, Time Magazine, Vol. 148, No. 10, 26.8.1996)

De Niro dreht durch und voll auf – was eine nicht besonders originelle Story von anderen Filmen dieses Genres abhebt. (Horst Schäfer/Walter Schobert (Hg.), Fischer Film Almanach 1997)

45. **Sleepers** (Sleepers)
USA 1996; Regie: Barry Levinson; Produktion: Polygram Filmed Entertainment, Propaganda Films, Baltimore Pictures (Steve Golin, Barry Levinson, Lorenzo Carcaterra); Buch: Lorenzo Carcaterra, Barry Levinson; Kamera: Michael Ballhaus; Schnitt: Stu Linder; Musik: John Williams; Darsteller: Kevin Bacon (Sean Nokes), Billy Crudup (Tommy), ROBERT DE NIRO (Pater Bobby), Ron Eldard (John), Minnie Driver (Carol), Vittorio Gassman (King Benny), Dustin Hoffman (Danny Snyder), Terry Kinney (Ferguson), Bruno Kirby (Shakes Vater), Jason Patric (Shakes/Lorenzo), Brad Pitt (Michael), 147 Min., Farbe (UA: September 1997, Internationale Filmfestspiele Venedig, UA-USA: 18.10.1996, DE: 30.1.1997).

Hochkarätig besetztes Rachedrama, in dem Barry Levinson zunächst auf Martin Scorseses Spuren wandelt, sich dann aber zunehmend als Sozialarbeiter und Moralapostel entpuppt. Trotz – oder wegen – seiner hochgesteckten Ambitionen ist der Film oft erstaunlich flach und eindimensional. (Frank Schnelle, tip, 3/1997)

›Sleepers‹

Einer der stärksten Momente des Films ist ein wortloses Starren, fast eine Minute lang, von De Niro, der einen Priester spielt und eine monumentale, moralische Frage zu bewerten hat. De Niros Vater Bobby sagt kein Wort, aber seine Augen und die tiefe Stille, in der Levinson diesen Augenblick inszeniert hat, sind nahezu brandmarkend in ihrem inneren Aufruhr – es ist ein brillanter Pinselstrich. (Peter Stack, Sleepers – Guaranteed to Keep Audiences Awake, San Francisco Chronicle, 18.10.1996)

Die Kamera bleibt auf De Niro in Nahaufnahme, während er denkt und denkt. Das nächste Mal, wenn wir ihn sehen, ist er im Zeugenstand. In einem dialogbetonten Film hat er kein einziges Wort, um seine Entscheidung zu erklären, möglicherweise, weil die Filmmemacher wissen, daß es keine Erklärung gibt – alles, was er sagen würde, würde die flache Moral deutlich machen. (…) Robert De Niro ist mehr wegen seiner Aura als wegen seines Kön-

nens eingesetzt, aber er macht aus Vater Bobby die glaubwürdig-
ste Figur des Films. (Roger Ebert, Sleepers, Chicago Sun-Times)

Die erste Hälfte des Films ist die überzeugendste, die, ohne umwerfend zu sein, Ambiente und Personen lebendig darstellt. Ein
Zufall? Es ist auch die Hälfte, in der De Niro als ein kühler, starker Priester am stärksten präsent ist. (Jean-Yves Katelan, Premiäre, November 1996)

Es ist der handwerklich gut gemachte Film eines Professionellen,
der weiß, wie er von seiner starken Besetzung gute Leistungen erhält. Levinsons eigentliche Schwäche ist seine Tendenz zur Sentimentalität, wenn es, wie am Ende, hart her geht. (Barbara Shul-
gasser, Sleepers, San Francisco Examiner, 16.10.1996)

46. **Marvin's Room** (Marvins Töchter)
USA 1996; Regie: Jerry Zaks; Produktion: Tribeca (ROBERT DE
NIRO, Jane Rosenthal, Scott Rudin, Bonnie Palef-Woolf, Adam
Schroeder, David Wisnievitz); Buch: Scott McPherson nach sei-
nem Theaterstück; Kamera: Pjotr Scobocinski; Schnitt: Jim Clark;
Musik: Rachel Portman; Darsteller: Meryl Streep (Lee), Leonardo
DiCaprio (Hank), Diane Keaton (Bessie), Hume Cronyn (Mar-
vin), ROBERT DE NIRO (Dr. Wally), Gwen Verdon (Ruth), Hal
Scardino (Charlie), Dan Hedaya (Bob); 98 Min., Farbe (DE:
20.2.1997, Internationale Filmfestspiele Berlin, Panorama)

Der Film hätte leicht auf Seifenoper-Niveau abrutschen können.
Die Starbesetzung kann aber nicht darüber hinwegtäuschen, daß
der Handlung ein wichtiges Element fehlt. Leider kommt sehr
schnell Langeweile auf. Daran kann auch die selbstironische Darstellung Robert De Niros als Dr. Wally nichts ändern. Die Charaktere bleiben durchweg flach und blaß. (ch, Queer View, April
1997)

Seine Herkunft vom Theater kann und will »Marvins Töchter«
nicht leugnen. Fast kammerspielartig wird die Handlung entwickelt, alle Dynamik geht von den Personen aus, die ein sehr in-
stabiles, sich ständig veränderndes Spannungsfeld untereinander
auf- und ausbauen. Ein solches Regiekonzept versetzt die Schauspieler natürlich in die Lage, ihr ganzes Können in die Waagscha-

le zu werfen, gegen- und miteinander aufzuspielen, wobei jede der Rollen sehr vielschichtig angelegt ist. (...) Ein Schauspielerfilm, bei dem auch Robert De Niro nicht nachstehen will, der als kauziger und vergeßlicher Arzt Dr. Wally brilliert und sich gegen sein Klischee des »tough guy« in Szene setzt. (Hans Messias, filmdienst 11/27.5.1997)

Und dann gibt es Robert De Niro in einem seiner seltenen komischen Auftritte. Als freundlicher Dr. Wally ist er eine Millionen Meilen entfernt von seinen Rollen in Filmen wie »Cape Fear« und »Taxi Driver«. Dr. Wally taucht gelegentlich auf, um die Stimmung etwas vergnüglicher zu machen, zusammen mit seinem tumben Bruder Bob (Dan Hedaya), der am Empfang der Praxis arbeitet. Sie haben den ganzen Film lang eine humorvolle Beziehung, die keiner von diesen beiden Darstellern erwartet hätte. (James Kendrick 1997)

Robert De Niro gibt Bessies Hausarzt mit skurrilem Humor. Ein eigentlich großer, ein wirklich starker Film ist »Marvin's Room« indessen nicht geworden: Er wirkt denn doch um entscheidende Grade zu harmlos und gelackt, die anstehenden entwicklungspsychologischen Schritte sind allzu vorhersehbar. (Torbjörn Bergflödt, Ungleiche Schwestern, Neue Zürcher Zeitung, 13.6.1997)

47. Cop Land (CopLand)
USA 1997; Regie und Buch: James Mangold; Produktion: Woods Entertainment, Across the River Prods., Miramax Films (Cathy Konrad, Kerry Orent, Ezra Swerdlow, Cary Woods, Bob & Harvey Weinstein, Meryl Poster); Kamera: Eric Alan Edwards; Schnitt: Craig McKay; Musik: Howard Shore; Darsteller: Sylvester Stallone (Sheriff Freddy Heflin), Harvey Keitel (Ray Donlan), Ray Liotta (Gary »Figgsy« Figgis), ROBERT DE NIRO (Moe Tilden), Peter Berg (Joey Randone), Janeane Garofalo (Dept. Cindy Bretts), Robert Patrick (Jack Duffy), Michael Rapaport (Murray Babitch), Annabella Sciorra (Liz Randone), Cathy Moriarty (Rose Donlan); 104 Min., Farbe (UA: 15.8.1997; DE: 29.1.1998).

Einen mit Gewalt und Mord belasteten Korruptionsskandal unter Angehörigen der New City Police deckt unter Gefahr für Leib und Leben der einzelgängerische Sheriff einer Wohngemeinde na-

›Cop Land‹

he der Stadtgrenze von New York auf, verkörpert von Sylvester
Stallone. Welch guter Schauspieler Stallone eben ist, läßt sich nicht
nur isoliert an der Charakterisierung seiner Figur ablesen. Vor allem wird seine Qualität dort erkennbar, wo er einem Harvey Keitel und einem Robert De Niro mehr als nur standzuhalten vermag.
(O.A., Der Einzelgänger und sein Gewissen, Neue Zürcher Zeitung, 27.2.1998)

James Mangolds »Cop Land« ist eine Erweckungsgeschichte und
ein als Polizeifilm verkleideter Western, der zeigt, wie gebrochen
heute Helden aussehen können. (...) Stallone ist es, der »Cop

Land« sehenswert macht, der über die recht konventionelle Story hinweghilft und nachsehen läßt, daß die übrigen Figuren, inklusive der von Keitel und De Niro, trotz der Besetzung recht flach bleiben. (Christian Seebaum, Rambo erwacht kurz vor zwölf, Kölner Stadt-Anzeiger, 31.1./1.2.1998)

»Cop Land« ist ein schönes Beispiel für einen Film, der den Figuren (und ihren Darstellern) Raum läßt, gerade auch weil er ihnen diesen Raum nicht auf Kosten der Geschichte verschafft, sondern sie sich ihn geradezu erkämpfen müssen – gegen einengende Verhältnisse und die selbstgewählte Ohnmacht. (Frank Arnold, A Man Gotta Do, What a Man Gotta Do, Filmbulletin 5/1997)

»Cop Land« kommt mit seiner Starbesetzung und seinem Patchwork aus Scorsese- und Ferrara-Einflüssen, aus Hawks-Reminiszenzen und postmodernen Independantstrukturen, aus Polizei- und Westernkonventionen wie ein Konzeptfilm daher. Doch die Chemie stimmt zumeist zwischen den verschiedenen Darstellern, und im Zusammenspiel entsteht ein amerikanisches Generationsbild. Dazu ergeben sich Momente voll Spannung und Magie. (Hans Schifferle, N.Y.P.D. Blues, Süddeutsche Zeitung, 29.1.1998)

Natürlich gibt es wie in den besten Polizeifilmen Gute und Böse, Sieger und Besiegte, Verfolgungen, die mit einer Schießerei enden, aber sehr schnell verliert man in der Seltsamheit dieses von Polizisten bevölkerten Niemandslandes seine Orientierungspunkte, um in einen beinahe irreellen Mikrokosmos hinabzustürzen, in dem der Weg zur Macht zum einzigen Ziel wird. Mit viel Intelligenz und einem Bemühen um Authentizität spielt Mangold mit unseren Nerven und mischt, in einem entfesselten Tanz, die Erinnerungen an die Gegenwart, läßt ununterbrochen die »Helden« dieses merkwürdigen Bruderkrieges zwischen Schatten und Licht wechseln, oszilliert zwischen der Moral und der Unmoral. (T.K., Studio Magazine, November 1997)

48. **Wag the Dog** (Wag the Dog – Der mit dem Schwanz wedelt) USA 1997; Regie: Barry Levinson; Produktion: Tribeca, Baltimore Pictures, Punch (Jane Rosenthal, ROBERT DE NIRO, Barry Levinson); Buch: Hilary Henkin, David Mamet, nach dem Roman Ame-

rican Hero von Larry Beinhart; Kamera: Robert Richardson;
Schnitt: Stu Linder; Musik: Mark Knopfler; Darsteller: Dustin
Hoffman (Stanley Motss), ROBERT DE NIRO (Conrad Brean), An-
ne Heche (Winifred Ames), Woody Harrelson (Sgt. William Schu-
mann), Denis Leary (Fad King), Willie Nelson (Johnny Green),
Andrea Martin (Liz Butsky), Michael Belson (Präsident); 97 Min.,
Farbe (DE: 20.2.1998 Internationale Filmfestspiele Berlin, Wett-
bewerb).

Unter den anderen Schauspielern scheint sich De Niro zurückzuhalten, um seinem Kostar das Feld zu überlassen, was einerseits
als Generösität verstanden werden kann oder aber als Mangel
an Ideen für den quirligen Brean. (Godfrey Cheshire, Variety,
15.–21.12.1997)

Ein genialer Spin-Doctor – also einer, der einen negativen Trend
in einen positiven umdreht – denkt sich dafür ein Manöver aus,
das Erfolg verspricht. Nach der Logik »Was lenkt vom Wedeln mit
dem Schwanz mehr ab als das Wedeln mit dem Hund?« sucht
Robert De Niro als nüchterner Jago mit Filzhütchen Hilfe bei einem kompetenten Hollywood-Produzenten, und gemeinsam mit
ein paar verschworenen Hofschranzen inszenieren sie einen virtu-
ellen Krieg mit Albanien. (…) Die unerwartete »Methode« der
Zuspitzung durch Verlangsamung bewirkt eine satirische Wirkung
von ganz eigener Klangfarbe. Womöglich verschärft sie die Bitterkeit der Analyse: Die Verblödung der Politik durch die Medien
und die Instrumentalisierung der Medien durch die Politik schil-
lern am Ende in den düsteren Farben eines Trauerspiels und nicht
im bunten Feuerwerk der Farce. (Pia Horlacher, Der mit dem
Schwanz wedelt, Neue Zürcher Zeitung, 30.4.1998)

Ausgerechnet Barry Levinson, der in den vergangenen Jahren allenfalls kunstgewerbliche Streifen drehte, seziert hier messer-
scharf und bitterböse, wie Politik funktioniert. (…) Der Hinter-
sinn und die Treffsicherheit, mit der Levinson hier Gesellschafts-
kritik irgendwo zwischen Bob Roberts und Dr. Seltsam inszeniert,
sind bemerkenswert und mutig. Natürlich kann man an dem großartig besetzten und gespielten Film auch Kritik üben – ab der Mitte verläuft sich »Wag the Dog« etwas, hat seine Längen und

rutscht zum Finale in schwarzen, klamottigen Humor ab. An diesem Punkt aber haben Levinson und Mamet, De Niro und Hoffman jedoch längst Zweifel am System gestreut und einem die fragwürdige Wechselwirkung zwischen Politik und Medien ausreichend um die Ohren gehauen. (Thomas Klein, Die Schlacht der Lügen, taz, 20.2.1998)

Zwei Gestalten sind es vor allem, mit denen Levinson die ja im Grunde etwas klobig medienkritische Gleichung »Krieg ist Showbusineß« im Detail durchnimmt. Der eine heißt Conrad Brean und wird gespielt von Robert De Niro. Mit Vollbart, Fliege und Filzhut sieht dieser Red Adair des medialen Krisenmanagements zwar aus wie ein Hinterwäldler auf Sonntagsausflug. De Niro vermittelt aber schnell, daß dieser Aufzug die ideale Berufskleidung ist. Zwischen Filz und Fliege hält man auch die fiesesten Strategien leicht für braven Common sense. (…) De Niros Rolle ist im Grunde zurückhaltend – verglichen jedenfalls mit seinen üblichen Vulkan-vor-dem-Ausbruch-Charakteren. De Niro spielt scharfkantig, aber zart und und fügt sich damit besonders bruchlos in den Ton des Films. (Merten Worthmann, Neues aus dem Spiegelkabinett, Berliner Zeitung, 20.2.1998)

»Wag the Dog« ist ein Thesenfilm. Ein wunderbarer Thesenfilm. Ein köstlicher Thesenfilm, zumindest solange er seine These – eher überzeugend als suggestiv – entwickelt. Und spannend: Denn die Zuschauer sind Augenzeugen bei der Fabrikation der Lüge. (Jan Schulz-Ojala, Existiert Saddam?, Der Tagesspiegel, 20.2.1998)

Der Film zum Skandal ist das gewissermaßen, und das Besondere daran ist: Der Film kam zuerst. Eine Self-fulfilling-prophecy gewissermaßen. So eng sind demnach Washington und Hollywood schon verdrahtet. Und wenn dann, ziemlich zu Anfang von Barry Levinsons »Wag the Dog«, ein Bild auftaucht, das den Präsidenten aus der Rückansicht vor eine Besuchergruppe und direkt vor ein junges Mädchen mit breitem Monica-Lewinski-Lächeln postiert, kann einem über der Ähnlichkeit von Fakt und Fiktion schon etwas der Atem stocken. (Brigitte Desalm, Schlacht um Albanien, Kölner Stadt-Anzeiger, 28./29.3.1998)

De Niro ist der »Mister Alleskleber«, den man immer durch den Seiteneingang ins Weiße Haus holt, wenn die Katastrophe nahe ist. Er ist der Klempner fürs Grobe, doch mit den sensiblen Fingerchen für so perfekte wie diskrete Lösungen. (Dieter Strunz, Der Film zur Sex-Affäre, Berliner Morgenpost, 20.2.1998)

49. Jackie Brown (Jackie Brown)
USA 1997; Regie und Buch: Quentin Tarantino, nach dem Roman Rum Punch von Elmore Leonard; Produktion: A Band Apart (Lawrence Bender, Bob & Harvey Weinstein, Richard N. Gladstein, Elmore Leonard); Kamera: Guillermo Navarro; Schnitt: Sally Menke; Musik: Diverse Originalsongs der siebziger Jahre; Darsteller: Pam Grier (Jackie Brown), Samuel L. Jackson (Ordell Robie), Robert Forster (Max Cherry), Bridget Fonda (Melanie), Michael Keaton (Ray Nicolette), ROBERT DE NIRO (Louis Gara), Michael Bowen (Mark Dargus), Chris Tucker (Beaumont Livingston), Lisa Gay Hamilton (Sheronda); 155 Min., Farbe (DE: 17.2.1998 Internationale Filmfestspiele Berlin, Wettbewerb).

Unzweifelhaft zu lang und ohne den Biß und die Unverfrorenheit des Films, der ihn (Tarantino, d. A.) zum Stadtgespräch machte, bietet diese erzählerisch werkgetreue, aber einfühlsam phantasievolle Adaption von Elmore Leonards Roman Rum Punch nichtsdestotrotz einen Überfluß an Genüssen, insbesondere in dem Bereich von Figurenzeichnung und Atmosphäre. (...) De Niro spielt die meiste Zeit eine schäbige, relativ uninteressante Nebenfigur, nur um später in einer Weise zu explodieren, die sowohl krankhaft gewalttätig ist als auch berührend aufrichtig und loyal. (Todd McCarthy, Variety, 22.12.1997-4.1.1998)

Der Regisseur setzt seinen Film erst einmal unter Valium. Es ist unvorstellbar, daß ein Meister des Tempowechsels und der Andeutung nicht bemerkt, wie quälend zäh die ersten Minuten mit der Beobachtung einer Titelheldin verstreichen, die den Zuschauer noch nichts angeht und auch noch eine Stunde später weniger berührt als jeder Nebendarsteller. (...) Was Tarantino an der prallen Pam Grier (...) so sehr berauscht, daß die Zuschauer bald jede ihrer Wimpern kennen, bleibt rätselhaft. Anders als Robert De Niro, der den stumpfsinnig brutalen Gefängniskumpel Ordells, Louis Gara, mit knappen Gesten, Blicken, einem Verziehen der Mundwinkel großartige Präsenz verleiht, fehlt Pam Grier jede Aura. (Uwe Schmitt, Laßt dumme Männer um mich sein, Frankfurter Allgemeine Zeitung, 19.2.1998)

Robert De Niro etwa gibt den weltfremden Exknacki ungeheuer empfindsam. Hilflos fummelt er an der Fernbedienung, mit der er die Auto-Alarmanlage entsichern soll; unsicher stochert er in Haschpfeifen herum oder fickt schwer verkrampft mit Bridget Fonda in der Küche. Als er sich die Hose zuknöpft, schämt er sich, weil es so furchtbar schnell ging. Später wird er sie erschießen, weil er sich über ihr Gequatsche ärgert. (Harald Fricke, Niemals wieder von vorne anfangen, taz, 18.2.1998)

Dieses Vertrauen Tarantinos auf seine Fähigkeiten verführt ihn im Fall von Jackie Brown aber zur Nachlässigkeit gegenüber einer flüssigen Abwicklung der Story. Alltagsbeobachtungen und Banalitäten, die unter der Regie eines wirklich an der Psychologie seiner Figuren interessierten Regisseurs Spannung erzeugen könnten, wirken zuguterletzt doch unbefriedigend, selbstzweckhaft – und dadurch sogar schlicht langweilig. (Hans Jörg Marsilius, film-dienst 8/1998)

50. **Great Expectations** (Große Erwartungen)
USA 1998; Regie: Alfonso Cuarón; Produktion: Art Linson; Buch: Mitch Glazer, nach dem Roman von Charles Dickens; Kamera: Emmanuel Lubezki; Schnitt: Steven Weisberg; Musik: Patrick Doyle; Darsteller: Ethan Hawke (Finnegan Bell), Gwyneth Paltrow (Estella), Hank Azaria (Walter Plane), Chris Cooper (Joe), Anne Bancroft (Ms. Dinsmoor), ROBERT DE NIRO (Gefangener/Lustig), Josh Mostel (Jerry Ragno), Kim Dickens (Maggie), Jeremy James Kissner (Finnegan, 10 Jahre), Raquel Beaudene (Estella, 10 Jahre); 111 Min., Farbe (DE: 21.2.1998 Internationale Filmfestspiele Berlin Wettbewerb).

Die in die Gegenwart verlegte Adaption eines Romans von Charles Dickens, die als Literaturverfilmung scheitert, weil sie sich nicht zwischen Interpretation und Aktualisierung entscheiden kann. Als märchenhafte Romanze aber prägen sich exzellent fotografierte Szenerien und die filmische außergewöhnliche Beschwörung von Sinnlichkeit ein. (Josef Lederle, film-dienst 5/1998)

Trotz seiner erzählerischen Ausflüge und seines Überflusses an Zufällen und Zusammenführungen, fehlt es dem Film an Komplexität und ernsthafter Überraschung. Regisseur Cuarón hat versucht, Dickens' Reichtum an sozialen Details durch Schnörkel eines magischen Realismus zu ersetzen, insbesondere in den überladenen Florida-Abschnitten, doch besitzen sie nicht annähernd die gleiche Gewichtigkeit. (Todd McCarthy, Variety, 19.-25.1.1998)

Daß »Great Expectations« trotzdem sehenswert ist, liegt an den Darstellern. Anne Bancroft wirft sich in die Rolle der verwitterten Braut Miss Dinsmoor, als hätte sie Jahrzehnte darauf gewartet, Robert De Niro als gewalttätiger Sträfling spielt seine Paraderolle. (Susanna Nieder, Engel aus Eis, Der Tagesspiegel, 21.2.1998)

Den Mäzen, eine Figur von wahrhaft Dickensscher Dämonie, könnte man als Fürst dieser Finsternis bezeichnen, wenn er nicht gleichzeitig märtyrerhafte Züge und im Märtyrerhaften wiederum Züge eines Erlösers tragen würde. Sein Bild, nicht zuletzt wegen der Schauspielkunst Robert De Niros, irisiert zwischen dem des Teufels und dem eines verstoßenen Christus. (Jens Jessen, Bildungsroman einer Marionette, Berliner Zeitung, 21./22.2.1998)

51. Ronin
USA 1998; Regie: John Frankenheimer; Produktion: MGM (Paul Kelmenson, Frank Mancuso Jr.); Buch: J. D. Zeik; Musik: Jerry Goldsmith; Darsteller: Sean Bean, ROBERT DE NIRO, Natascha McElhone, Jonathan Pryce, Jean Reno, Stellan Skarsgard, Katarina Witt.

Die Dreharbeiten in Frankreich wurden Ende März 1998 abgeschlossen. Der US-Kinostart dieser 20 Millionen Dollar teuren Produktion ist für Herbst 1998 vorgesehen. »Ronin« schildert das Schicksal einer Gruppe von Männern und Frauen, die am Ende des Kalten Krieges zum Opfer der politischen Verhältnisse werden. Das Wort Ronin bezieht sich auf einen führungslosen Samurai.

52. Analyze This
USA 1998; Regie: Richard Loncraine, Harold Ramis; Produktion: Warner Bros., Tribeca (Billy Crystal, Jane Rosenthal, Paula Weinstein); Buch: Ken Lonergan, Phoef Sutton, Peter Tolan; Musik:

Trevor Jones; Darsteller: Billy Crystal, ROBERT DE NIRO, Molly Shannon.

Der Start dieser Mafiakomödie ist für September 1998 angekündigt.

53. Out on My Feet

USA 1998; Darsteller: ROBERT DE NIRO, Mark Wahlberg (Boogie Nights).

Die Dreharbeiten begannen im Januar 1998.

54. Flawless

USA 1999; Regie: Joel Schumacher; Produktion: Tribeca; Darsteller: ROBERT DE NIRO.

Der Beginn der Dreharbeiten ist für Herbst 1998 in New York vorgesehen.

Anmerkungen

KAPITEL 1

1 Barbara Goldsmith. De Niro – Chamäleon. In: Kölner Illustrierte Nr. 1/Juni 1985
2 Michèle Halberstadt. De Niro. En toute humilité. In: Première No. 96/März 1985
3 Yvonne Baby. Robert De Niro – Autoportrait. In: Le Monde 19.2.1981
4 zit. nach Jack Kroll. De Niro: A Star for the '70s. In: Newsweek 16.5.1977
5 zit. n. Keith McKay. Robert De Niro. The Hero Behind the Masks. New York 1986, S. 6
6 Deutsches Presseheft *Raging Bull*/Wie ein wilder Stier
7 zit. n. Keith McKay, a.a.O., S. 6−7
8 Yvonne Baby, a.a.O.
9 Dialogue on Film. Robert De Niro. In: American Film, März 1981
10 zit. n. Keith McKay, a.a.O., S. 15
11 ebda., S. 19
12 ebda., S. 24
13 zit. n. Jack Kroll, a.a.O.
14 Raimund le Viseur. Hollywoods Nr. 1. In: Quick
15 ebda.
16 zit. n. Keith McKay, a.a.O., S. 155−56
17 ebda., S. 158
18 vgl. Keith McKay, a.a.O., S. 166
19 Express, 4.11.1986
20 Henry Marx. Ungehobene Schätze bei Tennessee Williams. Theaterbrief vom New Yorker Broadway: Die Hollywood-Stars Robert De Niro und Jack Lemmon versuchen sich auf der Bühne. In: Die Welt, 11.6.1986
21 Mel Gussow. Dad the Dealer. In: New York Times, 19.5.1986

KAPITEL 2

1 zit. n. Susan Braudy. Robert De Niro – The Return of the Silent Screenstar. In: The New York Times, 6.3.1977
2 ebda.
3 Alle folgenden Stanislawski-Zitate stammen aus: Konstantin Sergejewitsch Stanislawski. Die Arbeit des Schauspielers an der Rolle: Fragment eines Buches. Mit einem Essay von Dieter Hoffmeier

»Das literarische Spätwerk Stanislawskis«. Anhang: »K. S. Stanislawski bei der Probe«, Berlin 1984 (3. Auflage)
4 zit. n. Keith McKay, a.a.O., S. 14
5 Michèle Halberstadt, a.a.O.
6 Foster Hirsch. A Method to Their Madness. Zit. n. Keith McKay,
a.a.O., S. 13
7 Dialogue on Film, a.a.O.
8 Stuart Byron, The Keitel Method. In: Film Comment, Jan/Feb. 1978
9 Deutsches Presseheft zu *The Deer Hunter*/Die durch die Hölle gehen
10 Dialogue on Film, a.a.O.
11 ebda.
12 ebda.
13 ebda.
14 Yvonne Baby, a.a.O.

KAPITEL 3

1 zit. n. James Cameron-Wilson. The Cinema of Robert De Niro. London 1986, S. 10
2 zit. n. Cameron-Wilson, a.a.O., S. 10
3 Brian De Palma. Edinburgh International Film Festival News
4 ebda.
5 zit. n. Jack Kroll. De Niro, a.a.O.
6 Brian De Palma. Edinburgh International Film Festival News
7 Jean-Paul Chaillet. Une legende fracassante. In: Première – Le Magazine du Cinéma, 127/Oct. 1987
8 ebda.
9 ebda.

KAPITEL 4

1 Dialogue on Film, a.a.O.
2 Hans-G. Kellner, J. M. Thie, Meinolf Zurhorst. Der Gangster-Film.
Regisseure, Stars, Autoren, Spezialisten, Themen und Filme von
A-Z, München 1977, S. 18
3 zit. n. Jack Kroll, a.a.O.
4 ebda.
5 zit. n. Keith McKay, a.a.O.
6 David Denby. Bang the Drum Slowly. In: Film Quarterly, Vol.
XVII, No. 2, Winter 1973–74
7 Dialogue on Film, a.a.O.
8 David Denby, a.a.O.
9 zit. n. Jack Kroll, a.a.O.
10 zit. n. Susan Braudy, a.a.O.

KAPITEL 5

1 Deutsches Presseheft zu *Mean Streets*/Hexenkessel

2 ebda.

3 Thomas Honickel. Wir hatten noch mehr Freiheit, als wir weniger Geld hatten. Ein Interview mit Martin Scorsese. In: Frankfurter Rundschau, 5.8.1980

4 Deutsches Presseheft zu *Mean Streets*

5 ebda.

6 ebda.

7 Martin Scorsese, zit. nach dem amerikanischen Presseheft zu *Mean Streets*

8 Mary Pat Kelly. Martin Scorsese. The First Decade. South Salem, New York 1980, S. 18

9 Derek Malcolm. Quality Streets. In: The Guardian, 9.8.1976

10 Wilfried Wiegand. Auf der Schwelle zum Wahnsinn. In: Frankfurter Allgemeine Zeitung, 29.5.1976

11 Jack Kroll. Hackie in Hell. In: Newsweek, 1.3.1976

12 Derek Malcolm, a.a.O.

13 Georg Alexander, Inferno und Befreiung. In: Die Zeit, Nr. 42/ 8.10.1976

14 Screen Writer. Taxi Driver's Paul Schrader interviewed by Richard Thompson. In: Film Comment, März-April 1976

15 ebda.

16 ebda.

17 zit. n. Jack Kroll. De Niro, a.a.O.

18 Dialogue on Film, a.a.O.

19 ebda.

20 zit. n. Jack Kroll. De Niro, a.a.O.

21 ebda.

22 ebda.

23 Deutsches Presseheft zu *New York, New York*

24 Taxi Dancer. Martin Scorsese interviewed by Jonathan Kaplan. In: Film Comment, Juli/August 1977

25 Terrence Rafferty. Martin Scorsese's Still Life. In: Sight and Sound, Summer 1983

26 Julia Cameron, zit. n. Susan Braudy, a.a.O.

27 Dialogue on Film, a.a.O.

28 zit. n. Susan Braudy, a.a.O.

29 Dialogue on Film, a.a.O.

30 Richard Combs, Louise Sweet. American Boy. In: Sight and Sound, Winter 1977/78

31 zit. n. Jack Kroll. De Niro, a.a.O.
32 Fred Ferretti. The Delicate Art of Creating a Brutal Film Hero. In: The New York Times, 23.11.1980
33 Robert De Niro. Autoportrait. In: Le Monde, 19.2.1981
34 Jake La Motta, zit. n. Ferretti, a.a.O.
35 De Niro, zit. n. Ferretti, a.a.O.
36 Jake La Motta, a.a.O.
37 Joe Pesci, zit. n. Ferretti, a.a.O.
38 Scorsese, zit. n. Ferretti, a.a.O.
39 Thomas Wiener. Martin Scorsese Fights Back. In: American Film, November 1980
40 De Niro, zit. n. Ferretti, a.a.O.
41 Dialogue on Film, a.a.O.
42 Ferretti, a.a.O.
43 Deutsches Presseheft zu *Raging Bull*
44 ebda.
45 ebda.
46 zit. n. Keith MacKay, a.a.O., S. 121, 122
47 Hans Günther Pflaum. Lieber ein König für eine Nacht. In: Süddeutsche Zeitung, 20.3.1983
48 Paul D. Zimmerman. In: Französisches Presseheft zu *King of Comedy*
49 Michael Henry. L'obsession magnifique. Martin Scorsese et *The King of Comedy*. In: Französisches Presseheft zu *The King of Comedy*
50 Arnon Milchan, zit. n. dem deutschen Presseheft zu *The King of Comedy*
51 Michael Henry, a.a.O.
52 Fred Ferretti. On Location With ›King of Comedy‹. In: The New York Times
53 James Cameron-Wilson, a.a.O., S. 103
54 »Gefällig sein ist gefährlich«. Robert De Niro im Gespräch mit Martin Schweighofer. In: Wochenpresse 37/13.9.1990
55 Barry Paris. Word Perfect. In: 20/20, 7/Oct. 1989

KAPITEL 6

1 Dialogue on Film, a.a.O.
2 zit. n. Jack Kroll. De Niro, a.a.O.
3 Deutsches Presseheft zu *The Godfather, Part II*/Der Pate, Teil 2
4 ebda.
5 ebda.
6 Dialogue on Film, a.a.O.
7 Deutsches Presseheft zu *The Godfather, Part II*

356

8 Dialogue on Film, a.a.O.

9 zit. n. Jack Kroll. De Niro, a.a.O.

10 Dialogue on Film, a.a.O.

11 ebda.

12 Deutsches Presseheft zu *Novecento*/1900

13 ebda.

14 Karl Korn. Bertoluccis Jahrhundertfilm. Der zweite Teil von »1900«; fragwürdiges Ende eines großen Projektes. In: Frankfurter Allgemeine Zeitung, 23.12.1976

15 Enzo Ungari. Bertolucci. München 1984, S. 130

16 Sinah Kessler. Der Fall Bertolucci. In: Frankfurter Allgemeine Zeitung, 1.10.1976

17 zit. n. James Cameron-Wilson, a.a.O., S. 107

18 »Ein Märchen über die Mafia« – Der italienische Regisseur Sergio Leone über seinen neuesten Film »Es war einmal in Amerika«. In: Der Spiegel Nr. 41/1984

19 ebda.

20 zit. n. Hans-Ulrich Pönack. Der große Traum. In: Tip-Magazin Nr. 20/1984

21 »Ein Märchen über die Mafia«, a.a.O.

22 zit. n. Hans-Ulrich Pönack, a.a.O.

23 Pete Hamill. Once Upon A Time In Leone's America. In: American Film, Juni 1984

24 ebda.

25 ebda.

26 ebda.

27 zit. n. Keith McKay, a.a.O., S. 167

28 Pete Hamill, a.a.O.

29 ebda.

30 Deutsches Presseheft zu *Once Upon A Time In America*/Es war einmal in Amerika

31 Oreste de Fornari. Sergio Leone. München 1984, S. 26

KAPITEL 7

1 Charles Silver, Mary Corliss. Hollywood Under Water. Elia Kazan on *The Last Tycoon*. In: Film Comment, Jan./Feb. 1977

2 Deutsches Presseheft zu *The Last Tycoon*/Der letzte Tycoon

3 Dialogue on Film, a.a.O.

4 Charles Silver, Mary Corliss, a.a.O.

5 Rolf Thissen. »Mehr als ein Leben«. Ein großer alter Mann Hollywoods: Gespräch mit dem Regisseur Elia Kazan. In: Kölner Stadtanzeiger, 10.3.1977

6 Hans Günther Pflaum. Freundliches Töten in Hollywood. Ein Gespräch mit Elia Kazan über seinen neuesten Film »The Last Tycoon«. In: Süddeutsche Zeitung, 17.3.1977

7 Charles Silver, Mary Corliss, a.a.O.

8 zit. n. Keith McKay, a.a.O., S. 77

9 ebda., S. 78

10 Christa Maerker. Aus einem Interview mit Michael Cimino. In: Berlinale Infos

11 zit. n. Diana Maychick. Meryl Streep. The Reluctant Superstar, New York 1984, S. 67

12 zit. n. Keith McKay, a.a.O., S. 81

13 Christa Maerker, a.a.O.

14 Karsten Witte. Es führt kein Weg zurück. In: Frankfurter Rundschau, 19.3.1979

15 Dialogue on Film, a.a.O.

16 Dialogue on Film, a.a.O.

17 zit. n. Keith McKay, a.a.O.

18 ebda., S. 103−104

19 ebda., S. 105

20 ebda., S. 124

21 ebda., S. 144

22 ebda., S. 140

23 ebda., S. 138

24 zit. n. Diana Maychick, a.a.O., S. 67

25 zit. n. Keith McKay, a.a.O., S. 139−140

26 ebda., S. 138

27 Fatima Igramhan. New York. Zürich, Cochabamba 1984, S. 125

28 zit. n. James Cameron-Wilson, a.a.O., S. 128, 130

29 Jeremy Irons in einem Interview des belgischen Fernsehens

30 zit. n. James Cameron-Wilson, a.a.O., S. 129

31 ebda., S. 136

32 ebda., S. 136−137

33 ebda., S. 136

KAPITEL 8

1 Martin Brest. Zit. nach dem deutschen Presseheft zu *Midnight Run*

2 Barry Paris, a.a.O.

3 Robert De Niro. Zit. nach dem deutschen Presseheft zu *Jacknife*

4 Peter Dean. De Niro: Rag, Tag & Bob Tales. In: Film Review, Dec. 1991

5 Barry Paris, a.a.O.

6 Oliver Sacks. Awakenings – Zeit des Erwachens. Reinbek bei Hamburg 1991

7 Barry Paris, a.a.O.
8 Rob Buchanan, Hollywood at Its Worst. In: The Sunday Times Magazine, 16.5.1991
9 ebda.

KAPITEL 9

1 Andy Dougan. Untouchable Robert De Niro, Unauthorized. London 1996, S. 291
2 Christine Haas. Les héros du mois. In: Premiäre, Mai 1994, S. 48
3 ebda.
4 Jean-Pierre Lavoignat. Un producteur nommé De Niro. In: Studio Magazine Mai 1992
5 Christine Haas, a.a.O.
6 Andy Dougan, a.a.O., S. 302
7 Brian D. Johnson. You talkin' to me?. In: Maclean's, 4.10.1993
8 ebda.
9 Andy Dougan, a.a.O., S. 317
10 In: Studio Magazine, November 1997
11 Jean-Pierre Lavoignat. Duo sur canapé. De Niro-Tarantino. In: Studio Magazine, April 1998, S. 115
12 ebda., S. 116

KAPITEL 10

1 Andy Dougan, a.a.O., S. 332
2 Michel Rebichon. Mon Frankenstein, par Branagh. In: Studio Magazine, Januar 1995
3 Christine Haas. Le Monstre Branagh. In: Premiäre, Januar 1995
4 Andy Dougan, a.a.O., S. 339
5 ebda., S. 345
6 Christophe d'Yvoire. Enfin face à face. Pacino/De Niro. In: Studio Magazine, Februar 1996
7 Jean-Pierre Lavoignat. De Niro forcement. In: Studio Magazine, Februar 1998
8 Catherine Deneuve. In: Studio Magazine, Februar 1998

Diskographie

von Wolfgang Maier & Viktor Rotthaler (SoundtrackResearch)

BLOODY MAMA (Don Randi)
American International ST-A-1031 *

JENNIFER ON MY MIND (Stephen J. Lawrence)
UA 50844 (45) *

BANG THE DRUM SLOWLY (Stephen J. Lawrence)
Paramount PAS 1014 *

THE GODFATHER, PART II (Nino Rota)
MCA MCAD 10232

NOVECENTO (Ennio Morricone)
SLC SLCD 1005

TAXI DRIVER (Bernard Herrmann)
Arista Aris 07822-19005-2

THE LAST TYCOON (Maurice Jarre)
Decca FR 13703 (45) *

NEW YORK, NEW YORK (John Kander & Ralph Burns)
EMI Manhattan CDP 746 090-2

THE DEER HUNTER (Stanley Myers u.a.)
Capitol SOO 11940 *

RAGING BULL (Various)
Motown 1504 (45) *

TRUE CONFESSIONS (Georges Delerue)
Varèse Sarabande STV 81141 *

THE KING OF COMEDY (Robbie Robertson)
WB 923765-1 *

ONCE UPON A TIME IN AMERICA (Ennio Morricone)
Restless/BMG (TBA)

BRAZIL (Michael Kamen)
Milan 74321-11124-2

THE MISSION (Ennio Morricone)
Virgin CDV 2402

ANGEL HEART (Trevor Jones)
Island 208 396 *

THE UNTOUCHABLES (Ennio Morricone)
A&M 393 909-2

MIDNIGHT RUN (Danny Elfman)
MCA MCAD 6250

WE'RE NO ANGELS (George Fenton)
Varèse Sarabande VCL 9201.12

STANLEY & IRIS (John Williams)
Varèse Sarabande VSD 5255

GOODFELLAS (Various)
Atlantic 7567-82152-2

AWAKENINGS (Randy Newman)
Reprise 926 466-2

BACKDRAFT (Hans Zimmer)
Milan CD CH 807

GUILTY BY SUSPICION (James Newton Howard)
Varèse Sarabande VSD 5310

CAPE FEAR (Elmer Bernstein & Bernard Herrmann)
MCA MCAD 10463

NIGHT AND THE CITY (James Newton Howard)
Parlophone 781 230-2

MAD DOG AND GLORY (Elmer Bernstein)
Varèse Sarabande VSD 5415

THIS BOY'S LIFE (Various)
KT 1060

A BRONX TALE (Various)
Epic 474 806-2

MARY SHELLEY'S FRANKENSTEIN (Patrick Doyle)
Epic 477 987-2

CASINO (Various)
MCA MCD 11389

HEAT (Elliot Goldenthal)
WB 946 144-2

THE FAN (Hans Zimmer)
Snapper 806 SMA

SLEEPERS (John Williams)
Philips 454 988-2

MARVIN'S ROOM (Rachel Portman)
Hollywood 162 106-2

COP LAND (Howard Shore)
Milan 74321-53128-2

WAG THE DOG (Mark Knopfler)
Vertigo 536 864-2

GREAT EXPECTATIONS
Atlantic 7567-83058-2 (Various)
Atlantic 7567-83063-2 (Patrick Doyle)

JACKIE BROWN (Various)
Maverick/A Band Apart/WEA 9362-46841-2

Format: CD; LPs und Singles sind mit * gekennzeichnet
TBA = To be announced; Referenznummer wird bekanntgegeben

Bibliographie

Bücher über Robert De Niro

Keith McKay. Robert De Niro. The Hero behind the Masks. New York 1986

James Cameron-Wilson. The Cinema of Robert De Niro. London 1986

Bücher über Regisseure

Michael Bliss. Brian De Palma (Filmmakers No. 6). Metuchen, N. J. 1983

Peter W. Jansen/Wolfram Schütte (Hg. in Zusammenarbeit mit der Stiftung Deutsche Kinemathek). Francis Ford Coppola. Mit Beiträgen von Bodo Fründt, Wolfgang Jacobsen, Peter W. Jansen, Christa Maerker. München/Wien 1985

Diess. Martin Scorsese. Mit Beiträgen von Frank Arnold, Peter W. Jansen, Christa Maerker, Hans Günther Pflaum, Heinz Rusche. München/Wien 1986

Mary Pat Kelly. Martin Scorsese. The First Decade. Pleasantville, N. Y. 1980

Bücher über Hollywood

Peter W. Jansen/Wolfram Schütte (Hg. in Zusammenarbeit mit der Stiftung Deutsche Kinemathek). New Hollywood. Mit Beiträgen von Hans C. Blumenberg, Peter Figlestahler, Hans Peter Kochenrath, Hans Günther Pflaum, Hans Helmut Prinzler, Martin Ripkens, Heinz Ungureit München/Wien 1976

Axel Madsen. The New Hollywood. American Movies in the 70's. New York 1975

Ulli Weiss. Das neue Hollywood. Francis Ford Coppola, Steven Spielberg, Martin Scorsese. München 1986

Interviews mit Robert De Niro

Dialogue on Film. Robert De Niro. In: American Film, März 1981

Michèle Halberstadt. De Niro en toute humilité. In: Première. Le Magazin du Cinéma, No. 96, 3/1985

Zeitschriften

American Film, Film Comment, film-dienst, films and filming, focus on film, Monthly Film Bulletin, The New York Times, Sight and Sound, Der Spiegel, Time, Tip-Magazin, Die Zeit

Register